KB249531

Jpt
완전대책

나카무라 하루카 지음

딱 세번 만풀어 보자!

J PLUS
Language Publishing Co.

머리말

본 책은 JPT(Japanese Proficiency Test)를 대비하는 수험자를 위한 문제집으로 청해편과 독해편을 모두 넣어 1회와 2회는 문제해설로, 3회는 실전문제 유형으로 총 3회분을 수록한 것입니다.

일본어능력시험이 1년에 한 번(12월 첫째 일요일) 치러지는 것이고, 급수별로 자신이 선택해서 일정 점수를 얻으면 인정서를 주는 방식이라면, JPT는 청해와 독해 두 유형의 토익방식으로 치러지므로 총점을 기준으로 몇점대이냐로 실력을 구분할 수 있습니다.

JPT시험이 일본어능력시험과 다른 점은 청해문제(100문제 45분)가 많다는 것과 시간이 부족하게 느껴진다는 것입니다. 따라서 모르는 문제는 넘어가고 아는 문제는 정확하게 풀어가는 것이 요령입니다. 특히 청해문제의 경우 보통 회화체의 반말표현이나 신조어 등이 나오면 당황할 수 있기 때문에 주의가 필요합니다.

이 책은 지문에 나오는 어휘와 문제의 요점만을 해설함으로써 지루한 해설을 피하고 문제를 파악하는 힘을 키우는 데 주안점을 두었습니다.

고득점을 얻기 위해서는 자주 나오는 단어나 문형을 단편적으로만 알기보다는 전체를 파악하는 힘이 필요합니다. 독해문제의 경우, 지문이 길고, 생소한 단어들이 많이 나오기 때문에 풀지도 않고 포기하는 경우가 많은데, 단어나 한자를 모두 알지 못하더라도 국어문제 풀듯이 질문에서 묻고 있는 포인트를 파악하고 차근차근 하다 보면 논리력과 문장파악력이 문제해결의 열쇠가 될 수도 있습니다.

더불어 틀린 부분 찾기나 회화의 응대표현 같은 문제는 '점수를 주기 위한 문제'이므로 신속하고도 정확하게 풀어나가야 할 것입니다.

이 책의 해설부분에 나온 단어는 교과서에서는 쉽게 접할 수 없는 생활에 관련된 단어들이 많이 나옵니다. 부디 어휘력 보강에 도움이 되었으면 합니다.

저자 씀

JPT에 대해

1. **시험 일시** : 1월~12월 매달 일요일 시행
2. **시험 장소** : 서울을 포함한 30개지역(부산, 대구, 광주, 대전, 전주, 청주, 울산, 마산 등)
3. **시험 내용** : 청해(100문제 45분/ 495점 만점) 독해(100문제 50분/ 495점) 총 990점 만점

구성	유형별 내용	문항수	수험시간	배점
청해	PART 1. 사진묘사	20	45분	100문항 495점
	PART 2. 질의응답	30		
	PART 3. 회화문	30		
	PART 4. 설명문	20		
독해	PART 5. 정답찾기	20	50분	100문항 495점
	PART 6. 오문정정	20		
	PART 7. 공란 메우기	30		
	PART 8. 독해	30		
계	8개유형	200문항	95분	990점

4. 평가기준

취업에 반영이 되려면 600점 이상은 취득하는 것이 좋다.

등급	JPT점수	평가내용
A	880점 이상	어떤 주제로도 자유롭게 대화할 수 있는 수준.
B	740점 이상	일상회화가 가능하며, 여러 상황에서 완벽하지는 않지만 적절히 대응할 수 있는 수준.
C	610점 이상	제한적인 범위에서 일상 회화는 무리없이 진행할 수 있는 수준.
D	460점 이상	단순한 내용의 대화는 가능하나 정확성은 떨어지는 수준.
E	220점 이상	기본적인 인사말과 자기소개가 가능한 초보 수준.
F	220점 이만	글자를 알고 간단한 인사는 가능하지만 의사소통 및 독해는 불가능한 수준.

● 그밖의 자세한 시험문의는 www.ybmsisa.co.kr로.

차례

JPT 문/제/해/설

1회

天智天皇
てんぢてんわう

秋の田の
あきた

かりほの庵の
いほ

苫をあらみ
とま

わが衣手は
ころもて

露にぬれつつ
つゆ

Part 1 ～ Part 4 청해문제

次の質問1番から質問100番までは聞き取りの問題です。

どの問題も1回しか言いませんから、よく聞いて答えを(A)(B)(C)(D)の中から 一つ選びなさい。答えを選んだら、それにあたる答案用紙の記号を黒くぬりつぶしなさい。

1번에서 100번까지는 듣기문제입니다. 각 문제는 1번씩만 말해 주므로 잘 듣고 답하세요. 실제 시험때는 답안지에 정답기호를 칠해야 하므로 듣고 바로 정답을 체크하는 것이 좋습니다. JPT는 대부분 시간이 부족한 편이므로 잘 모르는 문제는 연연해 하지 말고 다음 문제로 넘어가는 것이 요령입니다.

Part 1 사진묘사

次の写真を見て、その内容にあっている表現を(A)から(D)の中で一つ選びなさい。

사진의 내용과 가장 맞는 표현을 고르는 문제.

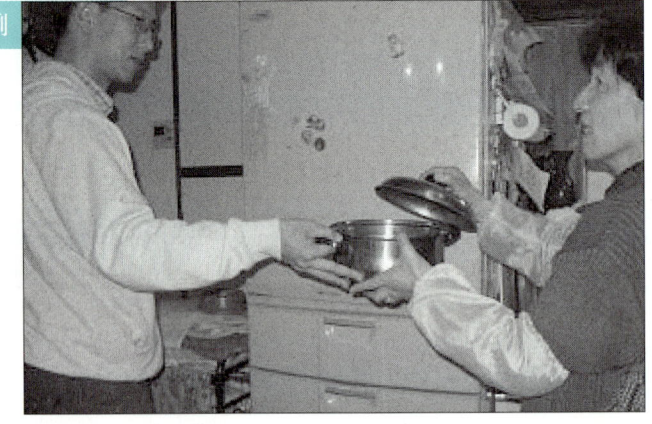

(A) 女の人が鍋のふたを開けています。

(B) 鍋の中においしそうな料理が入っています。

(C) 二人で鍋をうばい合っています。

(D) 男の人が鍋の中身をかき混ぜています。

(A)(B)(C)(D)の中で(A)が上の写真を一番適切に表しています。

それで答えは(A)です。

(●)(B)(C)(D)

1.

(A) 墓地の向こうに建設中の建物が見えています。

(B) 高層ビルの林立するオフィス街です。

(C) 公園で大勢の家族連れがくつろいでいます。

(D) 建設現場で作業員が忙しそうに働いています。

번역 (A) 묘지 맞은편에 건설 중인 건물이 보이고 있습니다.
   (B) 고층 빌딩이 늘어선 오피스가입니다.
   (C) 공원에서 가족 동반의 많은 사람들이 편히 쉬고 있습니다.
   (D) 건설 현장에서 작업원이 바쁜 듯이 일하고 있습니다.

해설

☞「向(む)こう」는 맞은편, 저쪽, 건너편이라는 의미이다.

☞「～中(ちゅう)」는 어떤 일을 하는 중 혹은 상태라는 표현.

☞「～連(づ)れ」는 ～동반(접미어 역할) ＊「連(つ)れる」는 '데리다' 라는 동사

· 墓地(ぼち) 묘지
· 建設(けんせつ) 건설
· 林立(りんりつ) 죽 늘어섬
· くつろぐ 편안하다, 여유 있게 쉬다
· 現場(げんば) 현장
· 作業員(さぎょういん) 작업원

2.

(A) 男の人と女の人が向かい合って仕事をしています。

(B) 男の人たちがパソコンを挟んで商談をしています。

(C) 女の人がパソコンに向かって操作をしています。

(D) 女の人が横からパソコンをのぞきこんでいます。

번역　(A) 남자와 여자가 마주보고 일을 하고 있습니다.
　　　(B) 남자들이 컴퓨터를 사이에 두고 상담하고 있습니다.
　　　(C) 여자가 컴퓨터 앞에서 조작을 하고 있습니다.
　　　(D) 여자가 옆에서 컴퓨터를 들여다보고 있습니다.

해설
· 向(む)かい合(あ)う 서로 마주 보다
· 挟(はさ)む 끼우다, 사이에 두다
· 商談(しょうだん) 상담
· 操作(そうさ) 조작
· 覗(のぞ)き込(こ)む 들여다보다, 살피다

3.

(A)　カウンターにお客さんが並んで座っています。

(B)　カウンターの上においしそうなコーヒーが置いてあります。

(C)　女の人がお客さんにコーヒーを出しているところです。

(D)　女の人はカウンターの向こう側で作業をしています。

해설

☞コーヒーを出(だ)す　커피를 내놓다, 대접하다

・並(なら)ぶ 나란히 하다
・作業(さぎょう) 작업

번역　(A) 카운터에 손님이 나란히 앉아 있습니다.
　　　(B) 카운터 위에 맛있어 보이는 커피가 놓여 있습니다.
　　　(C) 여자가 손님에게 커피를 내고 있는 중입니다.
　　　(D) 여자는 카운터 맞은편에서 작업을 하고 있습니다.

4.

(A) お巡りさんが交番で道案内をしています。

(B) 駐車場で車の誘導をしています。

(C) 棒を持って動物を追いかけています。

(D) 道路で飲酒運転の取り締まりをしています。

번역 (A) 순경아저씨가 파출소에서 길 안내를 하고 있습니다.
(B) 주차장에서 차의 유도(안내)를 하고 있습니다.
(C) 막대기를 들고 동물을 뒤쫓고 있습니다.
(D) 도로에서 음주운전 단속을 하고 있습니다.

해설

☞「誘導(ゆうどう)」는 유도, 즉 '안내'라는 의미로 해석하고, 한자 읽기와 뜻에 주의!

☞「飲酒運転(いんしゅうんてん)」 음주운전 = 酔(よ)っぱらい運転(うんてん)

· 交番(こうばん) 파출소
· 棒(ぼう) 막대기
· 追(お)い掛(か)ける 쫓아가다
· 取(と)り締(し)まり 단속

5.

(A) 公園でドラマの撮影が行われています。

(B) カメラの前でモデルがポーズをとっています。

(C) 固定されたカメラで写真を撮っています。

(D) 撮った映像をモニターで確認しています。

번역 (A) 공원에서 드라마 촬영이 이루어지고 있습니다.
(B) 카메라 앞에서 모델이 포즈를 취하고 있습니다.
(C) 고정된 카메라로 사진을 찍고 있습니다.
(D) 촬영한 영상을 모니터로 확인하고 있습니다.

해설

☞ポーズをとる 포즈를 취하다

☞写真(しゃしん)を撮(と)る 사진을 찍다

• 撮影(さつえい) 촬영
• 固定(こてい) 고정
• 映像(えいぞう) 영상

6.

(A) この商店は店内を改装していて休業中です。

(B) 工事中の建物の前を人が通っています。

(C) 商店はシャッターを下ろしたままです。

(D) 建物の前に人だかりができています。

번역 (A) 이 상점은 가게 내부를 새로 꾸미고 있어서 휴업중입니다.
(B) 공사중인 건물 앞을 사람이 지나고 있습니다.
(C) 상점은 셔터를 내린 채로 입니다.
(D) 건물 앞에 군중이 모여 있습니다.

해설

☞공사중인 모습이 포인트!

· 改装(かいそう) 개장, 새롭게 꾸밈
· 休業中(きゅうぎょうちゅう) 휴업중
· 通(とお)る 지나다
· 下(お)ろす 내리다
· 人(ひと)だかり 사람들이 많이 모여 있음

7.

(A) 下の本棚から本を取り出しています。

(B) しゃがんで本を床に高く積み上げています。

(C) 伸び上がって本棚に本を押し込んでいます。

(D) 床にある本を拾い上げています。

번역 (A) 아래 책장에서 책을 꺼내고 있습니다.
(B) 웅크려 책을 바닥에 높게 쌓아올리고 있습니다.
(C) 발돋움하여 책장에 책을 밀어넣고 있습니다.
(D) 바닥에 있는 책을 집어올리고 있습니다.

해설

· 取(と)り出(だ)す 꺼내다, 빼내
다
· しゃがむ 웅크리다, 쭈그리다
· 積(つ)み上(あ)げる 쌓아올리다
· 伸(の)び上(あ)がる 발돋움하다
· 押(お)し込(こ)む 억지로 밀어
넣다
· 拾(ひろ)う 줍다 ↔ 捨(す)てる
버리다

8.

(A) 川にかかった橋を電車が走っています。

(B) 川のほとりを散歩する人たちがいます。

(C) 川の向こうに海が見えています。

(D) 川の両側には草が生えています。

(A) 강에 놓여진 다리를 전차가 달리고 있습니다.
(B) 강가를 산책하는 사람들이 있습니다.
(C) 강 건너 저쪽에 바다가 보이고 있습니다.
(D) 강 양쪽에는 풀이 나 있습니다.

해설

☞ ほとり는 '근처, 부근'을 의미하므로 「川(かわ)のほとり」는 '강가'란 뜻이 된다.

・橋(はし)がかかる 다리가 놓이다

・生(は)える 나다〈주로 싹, 풀, 뿌리, 수염, 이 등에 씀〉

9.

(A) 自転車に乗った人が横断歩道を渡っています。

(B) 信号を無視して横断歩道を渡る人たちがいます。

(C) 自転車に乗った人は車と並んで走ります。

(D) 横断歩道の右側は自転車専用になっています。

번역 (A) 자전거를 탄 사람이 횡단보도를 건너고 있습니다.
(B) 신호를 무시하고 횡단보도를 건너는 사람들이 있습니다.
(C) 자전거를 탄 사람은 차와 나란히 달립니다.
(D) 횡단보도 우측은 자전거 전용으로 되어 있습니다.

해설

· 自転車(じてんしゃ) 자전거
· 横断歩道(おうだんほどう) 횡단
  보도
· 渡(わた)る 건너다
· 信号(しんごう) 신호
· 専用(せんよう) 전용

10.

(A) バスが来るのを待っている人たちがいます。

(B) 道路の向こう側を二階建てのバスが走っています。

(C) 通りを走るバスは通勤客で満員です。

(D) 信号の前でバスとオートバイの事故が起きました。

(A) 버스가 오는 것을 기다리고 있는 사람들이 있습니다.
(B) 도로 맞은편을 2층 버스가 달리고 있습니다.
(C) 도로를 달리는 버스는 통근객으로 만원입니다.
(D) 신호 앞에서 버스와 오토바이 사고가 발생했습니다.

해설

☞二階建て(にかいだて)　2층으로 된, 2층짜리

・通(とお)り 도로, 거리
・通勤客(つうきんきゃく) 통근객
・満員(まんいん) 만원

11.

(A) お店の人がシャッターを開けて開店の準備をしています。

(B) シャッターがおりかかっていて、お店が開いているかどうか分かりません。

(C) もう閉店しているので、お店の前に自転車が何台もとまっています。

(D) お店に用のある人は、インターホンを押してお店の人を呼びます。

해설

☞「동사ます형+かかる」형태로 막(마침) ~하다

• 開店(かいてん) 개점
• 下(お)りかかる 막 내려지다
• 開(あ)く 열리다
• 閉店(へいてん) 폐점

번역 (A) 가게 사람이 셔터를 열어 개점 준비를 하고 있습니다.
(B) 셔터가 마침 내려지고 있어서 가게가 열려 있는지 어떤지 모르겠습니다.
(C) 이미 폐점했기 때문에 가게 앞에 자전거가 몇 대나 세워져 있습니다.
(D) 가게에 볼일이 있는 사람은 인터폰을 눌러서 가게 사람을 부릅니다.

12.

(A) 男の人が車のタイヤにチェーンをつけようとしています。

(B) 車の整備工場でタイヤの交換を行っています。

(C) 店の壁一面に色々な種類のタイヤが並べられています。

(D) トラックの脇にタイヤがいくつか積まれています。

번역 (A) 남자가 자동차 타이어에 체인을 달려 하고 있습니다.
(B) 차 정비공장에서 타이어 교환을 하고 있습니다.
(C) 가게 벽 전체에 다양한 종류의 타이어가 진열되어 있습니다.
(D) 트럭 옆에 타이어가 몇 개인가 쌓여져 있습니다.

해설

☞「チェーンをつける」체인을 달다(부착하다)

☞「積(つ)まれる」는「積(つ)む(쌓다)」의 수동표현임.

· 整備工場(せいびこうじょう) 정비공장

· 交換(こうかん) 교환

· 一面(いちめん) 일면, 전체

· 脇(わき) 옆, 겨드랑이

13.

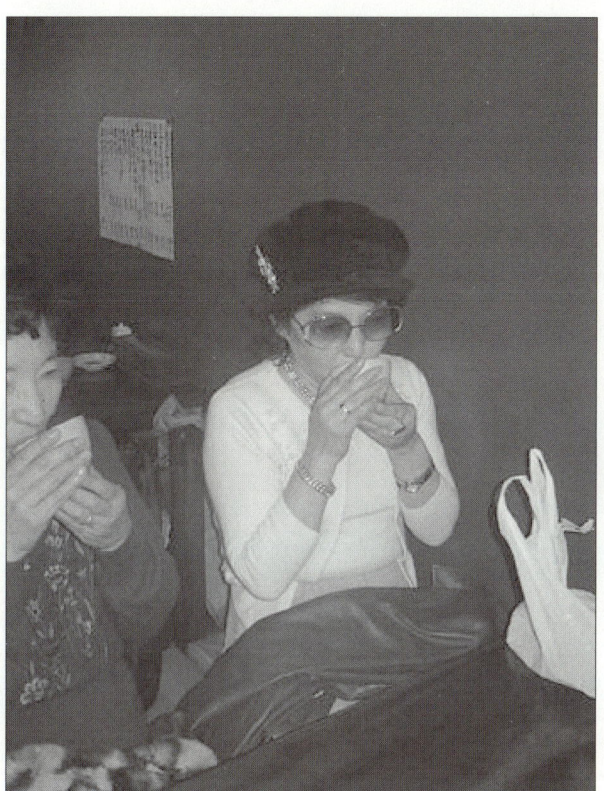

(A) 女の人が畳に座ってお茶をたてています。

(B) やかんからお湯をそそいで、お茶を入れています。

(C) 湯飲みを両手で持ってお茶を飲んでいます。

(D) 机の上にやかんと湯飲みが置いてあります。

번역 (A) 여자가 다타미에 앉아서 차를 끓이고 있습니다.
　　　 (B) 주전자에서 뜨거운 물을 부어 차를 끓여내고 있습니다.
　　　 (C) 찻잔을 양 손에 들고 차를 마시고 있습니다.
　　　 (D) 책상 위에 주전자와 찻잔이 놓여 있습니다.

해설

☞ お茶(ちゃ)を立(た)てる
　 차를 끓이다

☞ お茶(ちゃ)を入(い)れる
　 차를 내다

• 注(そそ)ぐ 붓다, 따르다
• 湯飲(ゆの)み 찻잔
• やかん 주전자

14.

(A) 木の枝に鳥がとまっています。

(B) 鳥小屋の中に鳥が何羽も入っています。

(C) 鳥たちがエサ箱からエサを食べています。

(D) 鳥が卵をうんだところです。

(A) 나뭇가지에 닭이 앉아 있습니다.
(B) 닭장 안에 닭이 여러 마리 들어 있습니다.
(C) 닭들이 먹이통에서 먹이를 먹고 있습니다.
(D) 닭이 알을 막 낳았습니다.

해설
· 留(と)まる (새 등이) 앉다, 쉬다
· ～羽(わ·は) 새, 토끼를 세는 단위, ～마리
· 鳥小屋(とりごや) 닭장
· 餌(えさ) 먹이
· 産(う)む 낳다

15.

(A) 電車の天井に広告がぶらさがっています。

(B) 部屋の壁にはポスターや写真が貼ってあります。

(C) 掲示板にポスターを貼っているところです。

(D) 壁にかかった絵を取り外そうとしているところです。

(A) 전차의 천장에 광고가 매달려 있습니다.
(B) 방 벽에는 포스터와 사진이 붙어 있습니다.
(C) 게시판에 포스터를 붙이고 있는 중입니다.
(D) 벽에 걸린 그림을 떼어내려 하고 있는 중입니다.

해설

☞「〜ている+ところ」는 '〜하고 있는 중'임을 나타내고, 「〜た ところ」는 방금 끝난 상태를 나타낸다.

• 天井(てんじょう) 천장
• ぶら下(さ)がる 매달리다
• 貼(は)る 붙이다
• 掲示板(けいじばん) 게시판
• 取(と)り外(はず)す 떼내다

16.

(A) 駅のホームに電車が入ってきたところです。

(B) 踏切を電車が通り過ぎようとしています。

(C) 踏切の前で車が列になっています。

(D) 自転車に乗った人が遮断機をくぐり抜けて行きます。

(A) 역 플랫폼에 전차가 막 들어왔습니다.
(B) 건널목을 전차가 통과하려 하고 있습니다.
(C) 건널목 앞에서 차가 줄지어 있습니다.
(D) 자전거를 탄 사람이 차단기를 빠져나갑니다.

해설

☞「동사의지형+とする」 ～하려고
하다

☞「동사た형+ところ」 막 ～했다
(하기를 끝냈다)

• 踏切(ふみきり) 〈철도〉건널목
• 通(とお)り過(す)ぎる 지나가다
• 遮断機(しゃだんき) 차단기
• 潜(くぐ)り抜(ぬ)ける 빠져나가
다

17.

(A) 卵を買う人は、レジへ持って行ってお金を払います。

(B) 左側にある箱に代金を入れて、卵を買って行きます。

(C) 卵の代金はワンパック150円です。

(D) 卵の代金は払いたい人だけ払えばいいです。

해설

・レジ = レジスター 금전등록기, 계산대
・払(はら)う 지불하다
・代金(だいきん) 대금

(A) 달걀을 사는 사람은 계산대로 가지고 가서 돈을 지불합니다.
(B) 좌측에 있는 상자에 대금을 넣고 달걀을 사 갑니다.
(C) 달걀 대금은 한 팩에 150엔입니다.
(D) 달걀 대금은 지불하고 싶은 사람만 내면 됩니다.

18.

(A) 女の人が着物を着るのを手伝っています。

(B) 女の人たちが着物を着て写真を撮りあっています。

(C) 左側の女の人だけ着物を着て歩いています。

(D) 着物を着た女の人たちがガードレールの側に立っています。

해설

• 着物(きもの) 기모노(일본 전통 옷)
• 着(き)る 입다 〈위로 입는 것은 着る, 아래고 입거나 신는 것은 はく〉
• 手伝(てつだ)う 돕다
• ガードレール 가드레일, 철책

번역 (A) 여자가 기모노를 입는 것을 도와주고 있습니다.
(B) 여자들이 기모노를 입고 사진을 서로 찍고 있습니다.
(C) 좌측의 여자만 기모노를 입고 다니고 있습니다.
(D) 기모노를 입은 여자들이 가드레일 쪽에 서 있습니다.

19.

(A) 料理人のかっこうをした人が、紙袋を持って立っています。

(B) 料理人たちがお店の前でチラシを配る宣伝活動をしています。

(C) 帽子をかぶってハイキングコースを歩いて行く人たちがいます。

(D) お店の前は、買い物袋を抱えた人たちでいっぱいです。

해설

- 料理人(りょうりにん) 요리사 = 板前(いたまえ ＊일식 요리사)
- 格好(かっこう) 모습, 모양
- 紙袋(かみぶくろ) 종이가방
- 配(くば)る 나누다
- 宣伝活動(せんでんかつどう) 선전활동
- 抱(かか)える 팔에 안다, 감싸 쥐다

번역 (A) 요리사 모습을 한 사람이 종이가방을 들고 서 있습니다.
(B) 요리사들이 가게 앞에서 전단지를 배포하는 선전활동을 하고 있습니다.
(C) 모자를 쓰고 하이킹코스를 걸어가는 사람들이 있습니다.
(D) 가게 앞은 쇼핑가방을 껴안은 사람들로 가득합니다.

20.

(A) スーパーの売り場に箱が積み上げられています。

(B) 荷物を満載したトラックが道を走っています。

(C) 荷台の後ろが開いていて中の荷物が見えています。

(D) トラックからトラックへと荷物を移しているところ
　　 です。

> **해설**
> ・積(つ)み上(あ)げる 쌓아올리다
> ・満載(まんさい) 만재, 가득 실음
> ・荷台(にだい) 짐받이, 짐칸
> ・移(うつ)す 옮기다

번역 (A) 슈퍼 매장에 상자가 쌓아 올려져 있습니다.
　　 (B) 짐을 가득 실은 트럭이 길을 달리고 있습니다.
　　 (C) 짐칸 뒤가 열려 있어, 안의 짐이 보입니다.
　　 (D) 트럭에서 트럭으로 짐을 옮기고 있는 중입니다.

Part2 질의 응답

||. 次の言葉の返事として、最も適した答えをAからDの中で一つ選びなさい。

🎸 상대방의 말에 대한 적절한 대답을 고르는 문제.

例	お勤めはどちらですか。	(A) 営業の仕事をしています。
		(B) 電車で30分くらいです。
		(C) 東京駅の近くです。
		(D) どちらでもいいです。

質問(しつもん)に対(たい)するもっとも適(てき)した返事(へんじ)は(C)ですので、答(こた)えは(C)です。

(A) (B) (●) (D)

---

21. 今から東洋商事に行って参ります。

(A) そうですか。行っていらっしゃい。

(B) では、お帰りなさい。

(C) それでは、失礼します。

(D) ええ、行って来ます。

번역 이제부터 동양상사에 다녀오겠습니다.

해설

☞사무실을 나서며 하는 말 "다녀오겠습니다"에 대한 응대표현은?

☞「参(まい)る」는 겸양어로 내 쪽에서 사용하는 말이며, 「いらっしゃる(오시다, 가시다, 계시다)」는 존경어로 상대에게 사용하는 말이다.

☞「お帰(かえ)りなさい」는 「ただいま(다녀왔습니다)」에 대한 응대표현.

---

22. この近くに郵便局はありますか。

(A) いいえ、郵便局ではありません。

(B) いいえ、あまり遠くありません。

(C) はい、あそこの白い建物がそうです。

(D) はい、ここは郵便局です。

번역 이 근처에 우체국이 있습니까?

해설

☞존재 여부를 묻는 질문이므로 "그렇다, 아니다, 있다, 없다" 식의 답을 요구한다.

・郵便局(ゆうびんきょく) 우체국
・遠(とお)い 멀다
・建物(たてもの) 건물

27

23. ちょっとおじゃましてもいいですか。

　　(A) いいえ、おじゃまはこまります。

　　(B) ちょっとですから、いいですよ。

　　(C) ええ、たくさんあるのでかまいません。

　　(D) ええ、ご遠慮なくどうぞ。

　　　번역 잠시 실례해도 됩니까?

해설

☞ 남의 집 방문 시, 들어갈 때 양해를 구하는 표현이므로 상대의 응대에 포인트!

「ご遠慮(えんりょ)なく」는 사양하지 마시고, 사양하지 않고의 뜻.

• 邪魔(じゃま)する 방해하다, 실례하다 〈남의 집을 들어갈 때는 おじゃまします, 나올 때는 おじゃましました〉

• 困(こま)る 곤란하다

24. 上司は日本人じゃないんですか。

　　(A) はい、日本人なんです。

　　(B) はい、スウェーデンの人です。

　　(C) いいえ、アメリカ人です。

　　(D) 上司ですからちがいます。

　　　번역 상사가 일본인이 아닌가요?

해설

☞ 「じゃないんですか」는 "～가 아닌가요?"라는 반문의 표현이므로 대답에 유의해야 한다. "네, 일본인이 아닙니다/ 네, 스웨덴 사람입니다" 혹은 "아뇨, 일본인입니다"의 대답이 가능하다.

• 上司(じょうし) 상사

• 違(ちが)う 틀리다, 다르다

25. ここが私の席ですか。

　　(A) いえ、こちらの席ですよ。

　　(B) いえ、こちらではありません。

　　(C) はい、あちらに座ってください。

　　(D) はい、私の席はここです。

　　　번역 여기가 내 자리입니까?

해설

☞ 방향을 묻는 표현이므로, 기본 「こ·そ·あ·ど」에 충실하면 된다. 대답은 "네, 그쪽입니다(거깁니다)"또는 "아뇨, 이쪽입니다".

• 席(せき) 자리, 좌석

• 座(すわ)る 앉다

26. 新しい部長はどんな人ですか。

(A) 今食事中です。

(B) さっき外出しました。

(C) まだよく分かりません。

(D) 一番奥の席に座っている人です。

번역 새로 오신 부장님은 어떤 사람입니까?

해설

☞성질, 성격, 성품 등을 묻는「どんな」에 포인트가 있다. 「どの人」로 묻는다면 D가 답이 될 수 있다.

• 食事中(しょくじちゅう) 식사 중
• 奥(おく) 안, 속

27. 資料が届くのはいつですか。

(A) 昨日届きました。

(B) いつ届いたか知りません。

(C) 今日の午後です。

(D) まだ届いていません。

번역 자료가 도착하는 것은 언제입니까?

해설

☞언제 도착하느냐는 미래적 때를 묻는 표현이므로 과거형 대답은 나올 수 없다.

• 届(とど)く 도달하다, 미치다

28. お母さんの具合はいかがですか。

(A) ちょっと都合が悪いです。

(B) 少し大きいですね。

(C) だいぶよくなりました。

(D) 明日の予定です。

번역 어머님의 건강은 어떠십니까?

해설

☞건강 상태를 묻는 표현이므로 상당히 좋아졌다는 뜻의 (C)가 답이 된다.

• 具合(ぐあい) 형편, 상태
• 都合(つごう)が悪(わる)い 형편(기회)이 나쁘다
• だいぶ 상당히, 몹시

29. 英語はどのくらい話せますか。

(A) 英語とフランス語が少し話せます。

(B) 簡単なあいさつ程度です。

(C) アメリカに留学するつもりです。

(D) 中国語の方が得意です。

[번역] 영어는 어느 정도 말할 수 있습니까?

해설
☞ '정도'를 묻는 표현이다.

☞ 「つもり」는 주어의 생각이나 계획, 예정을 나타낸다.

· 話(はな)せる →「話(はな)す」 (말하다)의 가능동사
· 簡単(かんたん) 간단함
· 程度(ていど) 정도
· 留学(りゅうがく) 유학
· 得意(とくい) 잘하는, 자신있는

30. めがねをかけてはいけませんか。

(A) はい、めがねはかけないでください。

(B) はい、めがねをかけてください。

(C) いいえ、かけなくてもいいです。

(D) いいえ、かけてはいけません。

[번역] 안경을 쓰면 안 됩니까?

해설
☞ 「～ては いけませんか」는 "～해서는 안됩니까?"라는 허가, 금지표현으로 대답은 긍정의 경우 「はい、～いけません。혹은 「～ないでください(～하지 마세요)」, 부정의 경우는 「いいえ、～ても いいです(해도 됩니다)」등이 올 수 있다.

· 眼鏡(めがね)をかける 안경을 쓰다

31. あ、雨が降ってきましたね。

(A) ええ、空が明るくなりましたから。

(B) ええ、かさを持って来ましたから。

(C) かさを持って来てよかったです。

(D) かさがなくて大変でした。

[번역] 아, 비가 내리기 시작했네요.

해설
☞ 「～てきた」는 과거에서 현재까지의 계속, 변화, 발생을 나타낸다. 「降(ふ)ってきた」는 내리기 시작했다는 뜻.

☞ 「동사て+よかった」는 ～하기를 잘했다, ～해서 다행이다.

· 明(あか)るい 밝다
· 持(も)つ 가지다, 들다
· 大変(たいへん) 큰일임, 대단함

32. 昼ご飯は和食と洋食とどちらがいいですか。

(A) どちらでもいいですよ。
(B) 昨日食べましたよ。
(C) 和食の方が高いです。
(D) 中華料理はきらいです。

번역 점심은 일식과 양식 중 어느 쪽이 좋겠습니까?

해설

☞「AとBとどちらが〜ですか」는 둘을 비교하는 표현이므로 어느 한 쪽이 좋을 때는 「〜の方(ほう)がいいです」둘 다 좋을 때는 「どちら(で)も」로 표현한다.

• 和食(わしょく) 일식
• 洋食(ようしょく) 양식
• 中華料理(ちゅうかりょうり) 중화(중국)요리
• 嫌(きら)い 싫어함

33. 今日は私の誕生日です。

(A) そうですか、残念でしたね。
(B) そうですか、おめでとうございます。
(C) それは困りましたね。
(D) それはありがとうございました。

번역 오늘은 제 생일입니다.

해설

☞생일이라고 했으므로, 축하의 말이나 선물에 관련된 말이 와야 한다.

• 残念(ざんねん) 유감임
• おめでとうございます 축하합니다
• 困(こま)る 곤란하다, 난처하다

34. 今日は色々お世話になりました。

(A) 本当にそうでしょうか。
(B) ええ、お世話になりましたね。
(C) いえ、迷惑をかけましたね。
(D) いえ、こちらこそ。

번역 오늘 여러 가지로 신세 졌습니다.

해설

☞「お世話(せわ)になる」는 '신세지다'라는 감사표현이므로, "아니에요, 천만에요" 혹은 "저야말로 그런데요" 등의 응대가 나와야 한다
☞「迷惑(めいわく)をかける」는 '폐를 끼치다'는 뜻.

35. おやすみなさい。

(A) はい、おやすみなさい。

(B) いいえ、まだ寝ません。

(C) どうしたんですか。

(D) おじゃましました。

번역 잘자요!

해설

☞ 「おやすみなさい」는 잠자기 전의 인사로 응대도 「おやすみなさい」라고 하면 된다.

☞ 「どうしたんですか」는 몹시 궁금해서 묻는 표현이다. "무슨 일이에요? 어떻게 된 거예요?"

☞ 「お邪魔(じゃま)しました」(실례했습니다.)는 방문을 끝내고 나설 때 하는 인사말이다.

36. 3時までに来られそうですか。

(A) はい、2時半に着きました。

(B) はい、間に合うと思います。

(C) いいえ、3時半だったと思います。

(D) いいえ、3時なら来られそうです。

번역 3시까지 올 수 있을 것 같습니까?

해설

☞ 「동사ます형+そうです」는 "~할(일) 것 같습니다"라는 가능성에 대한 추측 표현임.

☞ 「동사, 형용사, 명사의 보통형+と思(おも)います」는 "~라고 생각합니다"라는 추측 표현.

• 着(つ)く 도착하다
• 間(ま)に合(あ)う 시간에 맞추어 대다, 늦지 않게 가다

37. 午前の受付は終了してしまったんですが。

(A) そうですか、じゃあまた午後に来ます。

(B) そうですか、午前中に来ればいいんですね。

(C) それじゃあ、受付に行ってみます。

(D) それじゃあ、午後はだめなんですね。

번역 오전 접수는 종료해 버렸습니다만.

해설

☞ 「終了(しゅうりょう)してしまった」는 이미 끝났다는 뜻. 「동사て+しまう(~해 버리다)」는 완료와 유감을 나타내므로 뉘앙스에 주의.

• 受付(うけつけ) 접수
• 午前中(ごぜんちゅう) 오전중

38. これ、旅行先で記念に買ったんです。

    (A) それじゃあ旅行が楽しみですね。

    (B) それはいい思い出になりますね。

    (C) 旅行の後で買った方がいいですよ。

    (D) どうして先に買ったんですか。

    번역 이거 여행지에서 기념으로 산 것입니다.

> **해설**
>
> ☞ 이미 여행지에서 사 온 것이기 때문에 여행이 기대된다는 「楽(たの)しみ」나 (C)와 같은 충고 표현, (D)와 같이 "왜 먼저 샀느냐"라는 따지는 말투는 맞지 않으며, 좋은 추억이 되겠다는 (B)가 답이 된다.
>
> · 旅行先(りょこうさき) 여행지
> · 記念(きねん) 기념
> · 楽(たの)しみ 기대, 즐거움
> · 思(おも)い出(で) 추억

39. この名前の読み方、分かりますか?

    (A) あれ、山下さんの名前がありませんね。

    (B) 私は国原ともうします。

    (C) おおこうど、じゃないですかね。

    (D) 私も読んだことがありますよ。

    번역 이 이름의 읽는 법 아십니까?

> **해설**
>
> ☞ 이름의 읽는 법을 묻고 있으므로 읽는 법을 말하거나, 모른다거나 해야 한다.
>
> ☞ 「~じゃないですかね」는 "~가 아닌가 싶은데요"라는 뜻으로 불확실함을 나타낸다. 「~と申(もう)します(~라고 합니다)」는 자기 이름을 말할 때, 동사「た형」+「ことがある」는 ~한 적이 있다는 경험을 나타낸다.
>
> · 読(よ)み方(かた) 읽는 법
> · 国原(くにはら) 쿠니하라〈성씨〉

40. そのネクタイとハンカチ、色がぴったりね。

    (A) やっぱりちょっと地味だよね。

    (B) 少し小さいかな、とは思ったんだけど。

    (C) 会社ではネクタイをしめないといけないんだよ。

    (D) デパートでいっしょに買ったんだ。

    번역 그 넥타이와 손수건 색이 딱 맞네요.

> **해설**
>
> ☞ 「色(いろ)がぴったりね(색이 딱 맞네요)」에 상응하는 답을 찾는다.
>
> · ぴったり 꼭 알맞음, 딱 맞음
> · 地味(じみ) 수수함
> · しめる 메다
> · ~ないと ~하지 않으면

41. これ、本物そっくりでしょう。

    (A) うん、とても偽物には見えないね。

    (B) うん、さすが本物はちがうね。

    (C) うん、やっぱり本物はいいね。

    (D) うん、すっかり忘れていたよ。

번역 이거 진품 그대로이죠!

해설

☞여기서 「でしょう」는 상대에게 동의를 구하는 표현이므로 "가짜로 보이지 않는군"이라는 (A)가 적절한 대답이다. 그맛 くり는 생김새나 모양이 쏙 빼닮았다는 뜻.

- 本物(ほんもの) 진짜
- 偽物(にせもの) 가짜
- さすが 과연, 정말로
- 違(ちが)う 다르다
- すっかり 완전히, 깨끗이

42. 朝から何だかそわそわしていませんか。

    (A) うん、頭が痛くてかぜをひいたみたいなんだ。

    (B) うん、実は昨日部長にひどく怒られてね。

    (C) うん、実はこの間の審査の結果が今日出るんだ。

    (D) うん、急ぎの仕事がたくさんあってね。

번역 아침부터 왠지 불안해 있지 않습니까?

해설

☞「そわそわ」는 안절부절 못하는 모습을 표현한 것으로 그 원인을 찾으면 된다.

- 風邪(かぜ)を引(ひ)く 감기에 걸리다
- 怒(おこ)られる 꾸지람 듣다 「怒(おこ)る」의 수동형.
- この間(あいだ) 지난번
- 審査(しんさ) 심사
- 結果(けっか)が出(で)る 결과가 나오다
- 急(いそ)ぎ 급함

43. 子供の国語力の低下が大きな問題になっているようですよ。

    (A) 日本人なんだから、日本語が話せて当たり前なんですよ。

    (B) これからますます英語教育が重要になってきますね。

    (C) 小中学校での少人数学級の実現が急がれますね。

    (D) 最近の子供は驚くほど本を読まなくなっていますからね。

번역 아이의 국어 실력 저하가 큰 문제가 되고 있는 것 같습니다.

해설

☞질문에서 포인트가 되는 단어는 "국어력 저하"이므로 국어와 관련된 답을 찾아야 한다.

- 低下(ていか) 저하
- 当(あ)たり前(まえ) 당연함
- 重要(じゅうよう) 중요함
- 驚(おどろ)く 놀라다
- 少人数(しょうにんずう) 소인수
- 実現(じつげん) 실현
- 急(いそ)ぐ 서두르다, 급하다

44. また渋滞ですね。

(A) たぶん雨が降るでしょう。

(B) 通勤の時間帯はいつもこうです。

(C) 次の電車に乗りましょうか。

(D) タクシーに乗った方がいいですね。

[번역] 또 (교통)정체네요.

해설

☞ 교통 정체라는 「渋滞(じゅうたい)」의 정확한 뜻만 파악하면 된다.

☞ (D)의 「동사た형+ほうがいい」는 ~하는 편이 좋다(권유표현)

• 多分(たぶん)~でしょう 아마 ~일겁니다
• 通勤(つうきん) 통근
• 時間帯(じかんたい) 시간대

45. 今日は私におごらせてください。

(A) いいえ、おごらせないでください。

(B) いいえ、今日はわりかんにしましょう。

(C) そうですか、じゃあお邪魔します。

(D) そうですか、じゃあ私がおごります。

[번역] 오늘은 나에게 한 턱 내게 해 주세요.

해설

☞ 「동사의 사역형+てください」는 '~하게 해 주세요'라는 뜻으로 상대에게 허가를 구하는 표현이다. (B)의 「명사+にする」는 '~로 하다'라는 선택의 표현이다.

• おごる 한 턱 내다
• 割(わ)り勘(かん) 각자 계산

46. 暑い中を歩いたので、のどがカラカラです。

(A) 何か食べたいものはありますか。

(B) 早く家に帰って休んだ方がいいですよ。

(C) 熱をはかってみたらどうですか。

(D) どこか喫茶店に入りませんか。

[번역] 더위 속을 걸었더니 목이 마릅니다.

해설

☞ 「喉(のど)がカラカラ」는 목이 마른 상태를 표현한 것이므로 갈증을 해결하는 문장이 오게 될 것이다.

• 熱(ねつ)をはかる 열을 재다
• 喫茶店(きっさてん) 커피숍, 찻집

47. 田中さんから連絡が入っていませんか。

(A) さっき電話で話しておきました。

(B) さっきFAXが届いていましたよ。

(C) 今日は携帯電話を持っていないんです。

(D) メールでもいいですか。

번역 다나카 씨에게서 연락이 오지 않았습니까?

해설

☞「連絡(れんらく)がはいる」는 '연락이 들어오다' 즉 '연락이 오다'는 뜻.

- さっき 조금 전, 아까
- 届(とど)く 도달하다, 미치다
- 携帯電話(けいたいでんわ) 휴대 전화, 휴대폰

---

48. 熱がひどいので、今日は休ませてください。

(A) いいですよ、じゃあお大事に。

(B) いいですよ、ご苦労様でした。

(C) そうですか、ご愁傷様です。

(D) そうですか、お気の毒ですね。

번역 열이 심하니, 오늘은 쉬게 해 주세요.

해설

☞「休(やす)む(쉬다)」의 「사역형 +てください」로 허락을 구하고 있으며, 「お大事(だいじ)に (건강 조심하라)」라는 말로 응대해 주어야 한다.

- ひどい 심하다
- ご苦労様(くろうさま)でした 수고했습니다.
- ご愁傷様(しゅうしょうさま)です 삼가 명복을 빕니다.
- 気(き)の毒(どく) 가엾음, 불쌍함〈안됐다는 느낌〉

---

49. ラジオがかかっていると、気が散ってしまうんですが。

(A) すみません、ボリュームを上げます。

(B) すみません、気にしないで下さい。

(C) わかりました、今消します。

(D) わかりました、今電気をつけます。

번역 라디오가 켜져 있으면 마음이 산란해져 버리는데….

해설

☞접속조사「が」는 역접, 순접 모두 쓰이며, 「～ですが」로 끝나면 상대의견에 은근히 반대하거나, 상대방의 반응을 기다릴 때, 또는 희망이나 가벼운 감동을 나타내기도 한다.

- 気(き)が散(ち)る 마음이 산란해지다
- 気(き)にする 걱정하다, 마음에 두다 ≒ 気になる
- 上(あ)げる 올리다
- 消(け)す 끄다

50.
遠慮なく足をくずしてください。

(A) はい、じゃあここで脱ぎます。

(B) はい、遠慮なくいただきます。

(C) すみません、じゃあ失礼します。

(D) すみません、ご迷惑をおかけします。

번역 사양하지 마시고 다리를 편안하게 하세요.

해설

☞꿇어 앉지 말고 편히 앉으라는 권유를 받았을 때, "감사합니다. 그렇게 하겠습니다"는 (C)와 같이 "그럼 좀 실례하겠습니다"라고 표현한다.

· 遠慮(えんりょ)なく 사양하지 마시고, 사양 않고
· 足(あし)を崩(くず)す 다리를 펴고 편하게 하다
· 脱(ぬ)ぐ 벗다

Part 3 회화문

III. 次の会話をよく聞いて、後の問いにもっとも適したものを（A）から（D）の中で一つ選びなさい。　🎣 두 사람의 대화를 듣고 질문에 답하는 문제.

> **例**
>
> A：この近くに銀行はありますか。
>
> B：いいえ、駅まで行かないとありませんよ。
>
> A：駅のどこにありますか。
>
> B：駅ビルの2階にあります。
>
> 銀行はどこにありますか。
>
> （A）この近く
>
> （B）駅の中
>
> （C）駅ビルの中
>
> （D）駅前

質問（しつもん）に対（たい）するもっとも適（てき）した返事（へんじ）は（C）ですので、答（こた）えは（C）です。

（A）（B）（●）（D）

51.

A：すみません、このトマトはいくらですか。

B：1つ70円、3つだと200円ですよ。

A：じゃ、6つください。

B：はい、毎度ありがとうございます。

女の人はいくらお金を払いましたか。

（A）70円　　　　　　　　（B）200円

（C）270円　　　　　　　（D）400円

해설

☞조수사에서 보통 '하나'라는 수량은 한정이나 한계가 필요하지 않으므로 조사를 붙이지 않는다. 그러나 둘 이상으로 모두 합해서라는 뜻일 때는 조사 「で」를 붙여야 한다.

・毎度（まいど）매번
・払（はら）う 지불하다

번역 A：여기요, 이 토마토는 얼마입니까?

B：하나에 70엔, 세 개에 200엔입니다.

A：그러면 여섯 개 주세요.

B：네, 매번 감사합니다.

여자는 얼마 돈을 지불했습니까?

（A）70엔 （B）200엔 （C）270엔 （D）400엔

52.
A : 最近習い事を始めました。
B : 英会話か何かですか。
A : いえ、フラワーアレンジメントです。
B : へえ、生け花とはまた違うんですね。

女の人は最近何を始めましたか。

(A) 英会話
(B) ダイエット
(C) フラワーアレンジメント
(D) 生け花

해설

☞「～か何(なに)か」 "～인지 뭔지"라는 뜻으로 불확실함을 나타낸다.

• 習(なら)い事(ごと) 배울 것, 공부
• 生(い)け花(ばな) 꽃꽂이

번역 A: 최근 공부를 시작했습니다.
B: 영어 회화 같은 것 말입니까?
A: 아뇨, 플라워 어레인지먼트(flower arrangement)입니다.
B: 와, 꽃꽂이와는 또 다른 거네요.

여자는 최근 무엇을 시작했습니까?

(A) 영어 회화　(B) 다이어트　(C) 플라워 어레인지먼트　(D) 꽃꽂이

53.
A : すみません、このビルに郵便局はありますか。
B : いえ、郵便局は向かいのビルの1階にあります。
A : あの黒っぽい色のビルですか。
B : いえ、その右どなりの白いビルですよ。

郵便局はどこにありますか。

(A) このビルの1階

(B) 黒っぽいビルの1階

(C) 白いビルの1階

(D) となりのビルの1階

해설

☞질문에 대해서는 모두 「いえ」로 부정을 하고 있고, 뒷문장에서 답을 제시하고 있다.

• 黒(くろ)っぽい 검은색을 띠다
• 隣(となり) 옆〈주로 건물이나 사람〉

번역 A : 실례합니다. 이 빌딩에 우체국이 있습니까?
B : 아니오, 우체국은 맞은편 빌딩 1층에 있습니다.
A : 저 거무스름한 색깔의 빌딩입니까?
B : 아닙니다. 그 오른쪽 옆의 하얀 빌딩입니다.

우체국은 어디에 있습니까?

(A) 이 빌딩 1층　(B) 거무스름한 빌딩 1층
(C) 하얀 빌딩 1층　(D) 옆 빌딩 1층

54.
A : 今日は7日ですよね。（↗）
B : いえ、8日ですよ。
A : あれ、飲み会はいつですか。
B : あさってですよ。

飲み会は何日にしますか。

(A) 7日　　　　　　　　　　(B) 8日

(C) 9日　　　　　　　　　　(D) 10日

해설

☞ 오늘이 8일이라는 것과 회식은 '모레' 라는 것이 힌트.

・飲(の)み会(かい) 회식
・明後日(あさって) 모레

번역　A : 오늘은 7일이지요?
　　　B : 아니오, 8일입니다.
　　　A : 어, 회식은 언제입니까?
　　　B : 모레입니다.

회식은 며칠로 합니까?
(A) 7일　(B) 8일　(C) 9일　(D) 10일

55.
A : 1番線の電車は中野にとまりますか。
B : ええ。でも各駅停車なので少し時間がかかりますよ。
A : 早いほうがいいんですが。
B : じゃあ、3番線から急行電車に乗ってください。

女の人はどこからどの電車に乗りますか。

(A) 1番線から各駅停車に乗る。

(B) 1番線から急行電車に乗る。

(C) 3番線から各駅停車に乗る。

(D) 3番線から急行電車に乗る。

해설

☞ 1번선 전차는 「各駅停車」여서 시간이 걸린다는 말에 대해 "빠르게 좋겠다"는 불편함을 드러냈고 그에 대해 제시한 것이 「3番線から急行電車」였다.

・停(と)まる 정차하다
・停車(ていしゃ) 정차
・各駅停車(かくえきていしゃ) 각 역마다 정차
・急行(きゅうこう) 급행

번역　A : 1번선 전차는 나카노에 정차합니까?
　　　B : 예, 하지만 각 역마다 정차하기 때문에 조금 시간이 걸립니다.
　　　A : 빠른 쪽이 좋은데…
　　　B : 그러면 3번선에서 급행 전차를 타세요.

여자는 어디에서 어느 전차를 탑니까?
(A) 1번선에서 완행을 탄다.　　　(B) 1번선에서 급행전차를 탄다.
(C) 3번선에서 완행을 탄다.　　　(D) 3번선에서 급행전차를 탄다.

56. B : きれいなネックレスですね。彼からもらったんでしょう。

A : 違いますよ、母にもらったんです。

B : あれ、彼からは何ももらわなかったんですか。

A : いいえ、ちゃんと指輪をもらいましたよ。

女の人はお母さんから何をもらいましたか。

(A) 花束　　　　　　　　(B) 指輪

(C) ネックレス　　　　　(D) ブローチ

해설

☞「(대상)에／から（～を）もらう」에서 조사는「から」,「に」둘 다 사용할 수 있다. 단, 어떤 단체나 회사로부터 받을 때는「から」를 쓴다.

· もらう 받다
· ちゃんと 정확하게, 가지런히, 훌륭히〈제대로 된 느낌〉
· 指輪(ゆびわ) 반지
· 花束(はなたば) 꽃다발

번역 B : 아름다운 목걸이네요. 그 사람에게 받은 것이죠!

A : 아닙니다. 엄마에게 받았습니다.

B : 어머, 그 사람으로부터는 아무것도 받지 않았나요?

A : 아니에요. 제대로 반지를 받았습니다.

여자는 어머니에게서 무엇을 받았습니까?

(A) 꽃다발　(B) 반지　(C) 목걸이　(D) 브로치

57. A : 高橋さんにファックスです。

B : 高橋は今外に出ているよ。

A : 急ぎの用件みたいなんですけど。

B : じゃあ、携帯に電話してみたら。

女の人はこれから何をしますか。

(A) 高橋さんにファックスを送る。

(B) 高橋さんにファックスを届ける。

(C) 高橋さんと外出する。

(D) 高橋さんに電話をかける。

해설

☞「携帯に電話してみたら」라고 권하는 표현으로 봐서 여자는 전화할 것으로 짐작할 수 있다.「みたら」뒤에「どうですか」가 생략되었다. 우리말의 '～하지 그래요?' 정도의 뉘앙스.

· 外(そと)に出(で)る ＝ 外出(がいしゅつ)する 밖에 나가다, 외출하다
· 用件(ようけん) 용건
· 届(とど)ける 보내다

번역 A : 다카하시 씨에게 팩스입니다.

B : 다카하시는 지금 외출했습니다.

A : 급하고 중요한 일 같은데요.

B : 그러면 휴대 전화로 전화해 보면…

여자는 이제 무엇을 합니까?

(A) 다카하시 씨에게 팩스를 보낸다.　(B) 다카하시 씨에게 팩스를 보내 준다.

(C) 다카하시 씨와 외출한다.　(D) 다카하시 씨에게 전화를 건다.

58.

A ： 最近仕事はどうですか。

B ： 仕事は減ったのに給料が上がるから、何か心配で。

A ： えっ、一体何が心配なんですか。

B ： 急に会社が倒産するとか、最近はよくあるから。

男の人は何を心配していますか。

(A) 仕事が増えたこと。

(B) 給料が減ったこと。

(C) 会社が倒産すること。

(D) 仕事がつまらないこと。

번역 A : 요즘 일은 어떻습니까?

B : 일은 줄었는데 급료가 오르니까 뭔가 걱정이 되어서.

A : 네? 도대체 뭐가 걱정이에요?

B : 갑자기 회사가 도산한다든가, 요즘은 흔히 있으니까요.

남자는 무엇을 걱정하고 있습니까?

(A) 일이 늘어난 것.　　　(B) 급료가 줄어든 것.

(C) 회사가 도산하는 것.　(D) 일이 시시한 것.

해설

☞「どうですか」 대신 「うまくいっていますか(잘 되어 가고 있습니까?)」라고 물을 수도 있다.

・減(へ)る 줄다
・給料(きゅうりょう) 급료
・上(あ)がる 오르다
・一体(いったい) 도대체
・心配(しんぱい) 걱정
・倒産(とうさん) 도산
・増(ふ)える 늘다
・つまらない 시시하다

59.

A ： 大阪出張はいつですか。

B ： 今月の２０日です。

A ： １泊ですか。

B ： 今回は日帰りで行ってきます。

男の人はいつ出張から戻りますか。

(A) ８日　　　　　　　　(B) ９日

(C) 20日　　　　　　　(D) 21日

번역 A : 오사카 출장은 언제입니까?

B : 이번 달 20일입니다.

A : 1박입니까?

B : 이번은 당일로 갔다올 겁니다.

남자는 언제 출장에서 돌아옵니까?

(A) 8일　(B) 9일　(C) 20일　(D) 21일

해설

☞포인트는 당일로 돌아오는「日帰(ひがえ)り」에 있다.

・出張(しゅっちょう) 출장
・一泊(いっぱく) 1박
・日帰(ひがえ)り 당일치기
・戻(もど)る 돌아오다

60.

A : 三田さん、展示会は今日の午後に行ってしまいませんか。

B : あれ、予定では明日じゃありませんでしたか。

A : ええ、でも明日の朝からちょっと忙しくなりそうなんです。

B : じゃあ、早く行っておいた方がいいですね。

二人は展示会にいつ行きますか。

(A) 今日の午前

(B) 今日の午後

(C) 明日の朝

(D) 明日の午後

해설

☞빨리 가는게 좋다는 마지막 (B)의 대답이 포인트.

☞忙(いそが)しくなりそうだ 바빠질 것 같다.

・展示会(てんじかい) 전시회

・忙(いそが)しい 바쁘다

번역 A : 미타 씨 전시회는 오늘 오후에 가지 않겠습니까?

B : 어머, 예정으로는 내일이 아니었나요?

A : 예, 하지만 내일 아침부터 조금 바빠질 것 같습니다.

B : 그러면, 빨리 가 두는 게 좋겠네요.

두 사람은 전시회에 언제 갑니까?

(A) 오늘 오전 (B) 오늘 오후 (C) 내일 아침 (D) 내일 오후

61.

B : あの、ケーキセットを、紅茶とこのケーキでお願いします。

A : すみません、400円以上のケーキはセットにできないんです。

B : じゃあ、こちらの380円のケーキならいいですか。

A : ええ、そちらならだいじょうぶですよ。

男の人は何を注文しましたか。

(A) コーヒーと380円のケーキ

(B) コーヒーと420円のケーキ

(C) 紅茶と380円のケーキ

(D) 紅茶と420円のケーキ

해설

☞「명사+なら(〜라면)」는 한정을 나타내는 가정조건.

☞セットにできない 세트로 할 수 없다.

・紅茶(こうちゃ) 홍차

・大丈夫(だいじょうぶ) 괜찮음. 문제없음

・注文(ちゅうもん) 주문

번역 B : 저- 케이크 세트를, 홍차와 이 케이크로 부탁합니다.

A : 죄송합니다. 400엔 이상의 케이크는 세트로 안됩니다.

B : 그러면 이쪽의 380엔 짜리 케이크라면 됩니까?

A : 예, 그거라면 괜찮습니다.

남자는 무엇을 주문했습니까?

(A) 커피와 380엔 짜리 케이크   (B) 커피와 420엔 짜리 케이크

(C) 홍차와 380엔 짜리 케이크   (D) 홍차와 420엔 짜리 케이크

62.

A : あら、元気ないみたいだけど、どうしたの。(↗)

B : 家で飼ってる犬が死んじゃいそうなんだよ。

A : えっ、あんなにかわいがってたのに。

B : 課長に適当に嘘をついて、今日は早退しようかな。

男の人はどうして元気がないのですか。

(A) 昨日から風邪をひいているから。

(B) 飼っている犬が死んだから。

(C) 飼っている犬の具合が悪いから。

(D) 早退ができなかったから。

해설

☞ 상대의 형편이나 사정이 몹시 궁금하여 물을 때 사용하는 「どうしたの(무슨 일이니?)」는 「どうしましたか」 혹은 「どうしたんですか」의 보통말 표현이다. 「の」는 의문 조사.

☞ 「死(し)んじゃう(죽어 버리다)」는 「死(し)んでしまう」의 줄임말 표현.

- 飼(か)う (동물 등을)기르다
- 可愛(かわい)がる 귀여워하다
- 嘘(うそ)をつく 거짓말하다
- 早退(そうたい) 조퇴
- 具合(ぐあい) 형편, 상태

번역 A : 어머, 기운 없는 것 같은데 무슨 일이야?

B : 집에서 기르고 있는 개가 죽을 것 같아.

A : 뭐? 그렇게 귀여워했었는데.

B : 과장님에게 적당히 둘러대고, 오늘은 조퇴할까?

남자는 왜 기운이 없는 것입니까?

(A) 어제부터 감기에 걸려 있어서

(B) 기르고 있는 개가 죽었기 때문에

(C) 기르고 있는 개의 상태가 좋지 않기 때문에

(D) 조퇴를 할 수 없었기 때문에

63.

B : 先に食事にする。(↗)

A : 今はまだ混んでいる時間だから、後にしない。(↗)

B : そうだね、じゃあ映画のチケットを買ってくるよ。

A : ありがとう。じゃあ食事の方は私に任せて。

二人はこれから何をしますか。

(A) 女の人が食事をおごってから映画を見る。

(B) 男の人が食事をおごってから映画を見る。

(C) 映画を見てから男の人が食事をおごる。

(D) 映画を見てから女の人が食事をおごる。

해설

☞ 「명사+にする」는 '〜로 하다'라는 선택 표현이다.

☞ 의문 조사를 사용하지 않더라도 문장 끝을 올리면 의문문이 된다. (주로 반말투에서)

- 混(こ)む 혼잡하다
- 任(まか)せる 맡기다
- 食事をおごる 밥을 사주다〈한턱 내다〉

번역 B : 먼저 식사로 할까?

A : 지금은 아직 혼잡한 시간이니까 나중에 하지 않을래?

B : 그렇군, 그러면 영화 티켓을 사올게.

A : 고마워. 그러면 식사는 나에게 맡겨.

두 사람은 앞으로 무엇을 할 겁니까?

(A) 여자가 식사를 대접하고 나서 영화를 본다.

(B) 남자가 식사를 대접하고 나서 영화를 본다.

(C) 영화를 보고 나서 남자가 식사를 대접한다.

(D) 영화를 보고 나서 여자가 식사를 대접한다.

64.

A : 明日の打ち合わせの件、まだ決まっていないんですか。

B : えっ、山本さんに君に話しておくように言っておいたのに。

A : 場所については山本さんから聞きましたけど、時間が分からないんです。

B : ごめん、時間は僕が決めて話すんだった。

女の人は打ち合わせについて誰から聞きますか。

(A) 山本さんから場所を聞く。

(B) 山本さんから時間を聞く。

(C) 男の人からメンバーを聞く。

(D) 男の人から必要な物を聞く。

해설

☞장소는 야마모토에게, 시간은 남자에게 듣는다.

☞「まだ 동사+ていない」아직 ~ 하지 않았다.

☞「동사기본형+ように」'~하도록'이라는 목적, 바람의 표현.

· 打(う)ち合(あ)わせ 협의
· 決(き)まる 결정되다
· 決(き)める 정하다

* ~合わせ가 붙는 말
· 問い合わせ : 조회, 문의
· 打ち合わせ : 협의
· 待ち合わせ : 약속한 곳에서 기다림.
· 組み合わせ : 배합

번역 A : 내일 협의 건, 아직 결정되지 않았습니까?

B : 아, 야마모토씨한테 자네에게 이야기하도록 말해 놓았는데.

A : 장소에 대해서는 야마모토 씨에게 들었습니다만, 시간을 모르겠습니다.

B : 미안, 시간은 내가 정해서 말한다고 했어.

여자는 협의에 대해 누구에게 듣습니까?

(A) 야마모토씨에게 장소를 듣는다.

(B) 야마모토씨에게 시간을 듣는다.

(C) 남자에게 멤버를 듣는다.

(D) 남자에게 필요한 것을 듣는다.

65.

A：あら、車通勤はやめたんですか。

B：いや、今週は妻がどうしても使う用事があるって言うから。

A：一度電車通勤にしてみたら、その方がよくありませんか。

B：時間は正確でいいけど、僕はやっぱり運転が好きなんだよ。

男の人は、どうして今週は車で通勤しないのですか。

(A) 奥さんが車を使うから。

(B) 電車の方が時間が正確だから。

(C) 運転が好きだから。

(D) 車が修理中だから。

해설

☞「って」는 회화체 표현으로 인용을 나타내는「と」「という」「というのは」의 줄임말이다.

• 通勤(つうきん) 통근
• 妻(つま) (본인의) 아내
  *奥(おく)さん(타인의) 부인
• 用事(ようじ) 용무, 볼 일
• 正確(せいかく) 정확함
• 修理中(しゅうりちゅう) 수리중

번역 A : 어머 자동차 통근은 그만두었습니까?
B : 아니에요, 이번 주는 아내가 아무래도 사용할 일이 있다고 해서.
A : 한 번 전차 통근으로 해 보면(어떨까요?), 그쪽이 좋지 않겠습니까?
B : 시간은 정확해서 좋지만, 나는 역시 운전을 좋아하는 걸요.

남자는 왜 이번 주는 차로 통근하지 않는 것입니까?
(A) 부인이 차를 사용하기 때문에.　(B) 전차 쪽이 시간이 정확하니까.
(C) 운전을 좋아해서.　(D) 차가 수리중이기 때문에.

66.

B：宮田さんは背が高いですね。

A：ええ、185センチあるので、困ることもありますけど。

B：へえ、じゃあご両親も背が高いんですか。

A：いえ、母よりも20センチも伸びちゃって。

宮田さんのお母さんの身長はどのくらいですか。

(A) 150センチ　　　　　(B) 155センチ

(C) 160センチ　　　　　(D) 165センチ

해설

☞동사「ある」는 거리, 중량, 높이 등과 같이 쓰여 '이다, 되다'의 뜻으로 쓰인다.

• 背(せ)が高(たか)い 키다 크다
• 両親(りょうしん) 부모님
• 伸(の)びる(키가) 자라다, 성장하다
• 身長(しんちょう) 신장

B : 미야타씨는 키가 크군요.

A : 예, 185센티여서 곤란한 경우도 있지만요.

B : 와, 그러면 부모님도 키가 크십니까?

A : 아니에요. 엄마보다도 20센티나 커 버려서.

미야타 씨 어머니의 신장은 어느 정도입니까?

(A) 150 센티　(B) 155 센티　(C) 160 센티　(D) 165 센티

67.

A : お昼ご飯は外に食べに行きましょうよ。

B : 時間がないから出前にしませんか。

A : 少し外に出て気分転換でもした方がいいかと思って。

B : それもそうですね。

二人はどこでお昼ご飯を食べますか。

(A) 会社を出て外食する。

(B) 出前をとって食べる。

(C) お弁当を持ってきて食べる。

(D) 台所で作って食べる。

해설

☞「동사(ます형)+に 行(い)く／来(く)る」에서「に」는 '～하러'라는 뜻의 목적을 나타낸다.

☞「出前(でまえ)」는 요리 배달을 의미하고, 배달하는 사람은 「出前持(でまえも)ち」라고 한다.

・外(そと) 바깥

・気分転換(きぶんてんかん) 기분 전환

・外食(がいしょく) 외식

・台所(だいどころ) 부엌

A : 점심은 밖으로 먹으러 가요.

B : 시간이 없으니까 주문으로 하지 않을래요?

A : 조금 밖에 나가 기분 전환이라도 하는 것이 좋지 않을까 해서.

B : 그것도 그러네요.

두 사람은 어디에서 점심을 먹습니까?

(A) 회사를 나와 외식한다.　　　(B) 주문을 해서 먹는다.

(C) 도시락을 가지고 와서 먹는다.　(D) 부엌에서 만들어 먹는다.

68.

A : 今日の飲み会ですけど、食べ物が1人3500円で、飲み物はどうなっていますか。

B : プラス1500円で飲み放題にするか、飲んだ分だけ払うかのどちらかですね。

A : めんどうだから、飲み放題にしてしまいましょう。

B : 分かりました。じゃあ費用は事前に集めておきますね。

男の人は費用をいくらずつ集めますか。

해설

☞「동사(ます형)+放題(ほうだい)」는 '마음껏(자유롭게) ～하다'는 뜻으로 「飲み放題」는 일정금액을 내고 마음껏 마시는 것을 가리킨다. 「食べ放題」, 「歌い放題」등도 있다.

・飲(の)み物(もの) 마실 것, 음료

・面倒(めんどう)だ 귀찮다

・事前(じぜん)에 사전에, 미리

・集(あつ)める 모으다

(A) 1500円   (B) 3500円
(C) 5000円   (D) 5500円

번역 A : 오늘 회식 말인데요. 음식이 일인당 3500엔이라고 들었는데, 음료는 어떻게 되어 있습니까?
B : 플러스 1500엔으로 자유롭게 마시든가, 마신 만큼 내든가 고르는 겁니다.
A : 귀찮으니까 자유로이 마시는 것으로 해 버립시다.
B : 알았습니다. 그러면 비용은 사전에 모아 두겠습니다.

남자는 비용을 얼마 씩 모읍니까?
(A) 1500 엔   (B) 3500 엔   (C) 5000 엔   (D) 5500 엔

69.
B : 最近、どこかいいマンションの話を聞きませんでしたか。
A : あら、今の社宅に何か不満でもあるんですか。
B : いえ、その社宅が今度閉鎖されることになったので、マンションを買おうかと思って。
A : 最近は地価も下がっていますから、思い切って一戸建てにしたらどうですか。

男の人は今どこに住んでいますか。

(A) マンション   (B) 社宅
(C) 一戸建て   (D) アパート

해설
☞「동사(ます형)+ことになる」(〜하게 되다)는 결정된 사항을 나타낸다

· 社宅(しゃたく) 사택
· 不満(ふまん) 불만
· 閉鎖(へいさ) 폐쇄〈발음에 주의〉
· 地価(ちか) 땅값
· 一戸建(いっこだ)て 단독주택

번역 B : 최근, 어디 좋은 맨션 이야기 들은게 없나요?
A : 어머, 지금 사택에 뭔가 불만이라도 있습니까?
B : 아뇨. 그 사택이 이번에 폐쇄되게 되어서 맨션을 살까 하구요.
A : 요즘은 땅값도 내렸으니까, 마음먹고 단독으로 하는 게 어떻습니까?

남자는 지금 어디에 살고 있습니까?
(A) 맨션   (B) 사택   (C) 단독주택   (D) 아파트

70.

A : ねえ、今日の朝刊見なかった。（↗）

B : さっき見て机の上に置いておいたけど。

A : これ、夕刊なのよ。

B : あ、ごめん。朝刊は会社に持って行っちゃったんだ。

夕刊はどこにありますか。

(A) 机の上   (B) テレビの上

(C) 会社   (D) 電車の中

해설

☞「동사+ちゃう」는 유감, 완료의 표현인 「동사て+しまう（~해 버리다）」의 줄임말이다.

・朝刊（ちょうかん）조간신문
・夕刊（ゆうかん）석간신문

번역 A : 저, 오늘 조간신문 못봤어?

B : 아까 보고 나서 책상 위에 놓아 두었는데.

A : 이거, 석간이야.

B : 아, 미안. 조간신문은 회사에 갖고 가 버렸다.

석간은 어디에 있습니까?

(A) 책상 위   (B) 텔레비전 위   (C) 회사   (D) 전차 안

71.

A : ねえ、このテーブルいいと思わない。（↗）

B : うん、いいね。でも本当にこの色かな。（↗）

A : 画面で見るのと実際とでは違うことが多いものね。

B : やっぱり店に行って選ぼうよ。

二人は何を見ていますか。

(A) 家具店でテーブルを見ている。

(B) 友達の家のテーブルを見ている。

(C) カタログでテーブルを見ている。

(D) インターネットでテーブルを見ている。

해설

☞「もの」는 '물건', '것'이란 뜻도 있지만, 여기서는 '~하는 법'이란 뜻으로 쓰였다.

☞「~と~とでは」（~와 ~와는）비교할 때 흔히 쓰는 문형이다. 뒤에 나오는 「と」에 주의.

・画面（がめん）화면
・実際（じっさい）실제
・選（えら）ぶ 고르다
・家具店（かぐてん）가구점

번역 A : 봐. 이 테이블 좋아 보이지 않니?

B : 응, 좋네. 하지만 정말 이 색깔일까?

A : 화면에서 보는 것과 실제와는 다른 경우가 많거든.

B : 역시 가게에 가서 고르자.

두 사람은 무엇을 보고 있습니까?

(A) 가구점에서 테이블을 보고 있다.

(B) 친구 집 테이블을 보고 있다.

(C) 카탈로그에서 테이블을 보고 있다.

(D) 인터넷으로 테이블을 보고 있다.

72.　A : 駅前の映画館のチケットをもらったんだけど、いっしょに行く。(↗)

　　　　B : ああ、あそこだったら歩いて１０分だから、近くていいね。

　　　　A : 今日の６時からなんだけど、行けそう。(↗)

　　　　B : 会議が終わってすぐ出発できれば間に合うよ。

해설

☞회의가 끝나는 대로 출발한다면 늦지 않게 갈 수 있다고 했다.

・間(ま)に合(あ)う 시간에 대다

会議は何時ごろまでに終わる予定ですか。

(A)　5時

(B)　5時10分

(C)　5時30分

(D)　6時

번역　A : 역 앞에 있는 영화관의 티켓을 받았는데, 같이 갈래?

　　　　B : 아, 거기라면 걸어서 10분이니까 가까워서 좋네.

　　　　A : 오늘 6시부터인데, 갈 수 있을까?

　　　　B : 회의가 있지만, 끝나는 대로 출발한다면 늦지 않을 거야.

회의는 몇 시경까지 끝날 예정입니까?

(A) 5시　(B) 5시 10분　(C) 5시 30분　(D) 6시

73.　B : もしもし、机の上に封筒を忘れていないかな。(↗)

　　　　A : ああ、あるわよ。駅まで持って行く。(↗)

　　　　B : 頼むよ。でも朝の会議に遅刻しちゃうな。

　　　　A : じゃあ、ついでがあるから後で会社まで持って行ってあげるわよ。

해설

☞「な(あ)」는 감동, 확인 등에 혼잣말처럼 쓰이기도 하고, 「동사기본형+な」에서는 "～하지 마"라는 뜻의 부정금지표현으로도 쓰인다.

・封筒(ふうとう) 봉투
・遅刻(ちこく) 지각
・ついで 마침 좋은 기회〈가는 길에, 하는 김에〉
・自宅(じたく) 자기 집
・取引先(とりひきさき) 거래처

男の人はどこから電話をかけていますか。

(A)　自宅

(B)　駅

(C)　会社

(D)　取引先

번역　B : 여보세요. 책상 위에 봉투를 놔두고 오지 않았나?

　　　　A : 아 있어요. 역까지 가지고 갈까요?

　　　　B : 부탁해. 하지만 아침 회의에 지각해 버리는데.

　　　　A : 그러면 그 쪽으로 갈 일이 있으니까 나중에 회사까지 갖다 줄게요.

남자는 어디에서 전화를 걸고 있습니까?

(A) 자택　(B) 역　(C) 회사　(D) 거래처

74.

A : こんな不景気の時代に会社を辞めるなんて、勇気が
あるわね。

B : あのまま働いていたら、絶対に体をこわしていたよ。

A : 奥さんには反対されなかったの。（↗）

B : 過労死でもされるよりは、ましだと思ったんじゃない
のかな。

男の人は、どうして会社を辞めましたか。

(A) 不景気だから。

(B) 体をこわしたから。

(C) 奥さんに反対されたから。

(D) 仕事が大変すぎたから。

해설

☞「～よりましだ」～보다 낫다

☞体(からだ)を壊(こわ)す 몸(건강)을 해치다

・不景気(ふけいき) 불경기
・辞(や)める 그만두다
・勇気(ゆうき) 용기
・絶対(ぜったい) 절대로, 틀림없이
・反対(はんたい)される 반대당하다
・過労死(かろうし) 과로사

번역 A : 이런 불경기 시대에 회사를 그만두다니, 용기가 있네요.
B : 그대로 일하고 있었으면 틀림없이 건강을 해쳤을 거야.
A : 부인에게는 반대당하지 않았나요?
B : 과로사라도 당하는 것보다는 낫다고 생각한 것은 아닐까요?

남자는 왜 회사를 그만두었습니까?

(A) 불경기이기 때문에   (B) 건강을 해쳤기 때문에
(C) 부인이 반대했기 때문에   (D) 일이 너무 힘들었기 때문에

75.

A : 部長、北京にはいつ行くんですか。

B : いや、北京じゃなくて上海に変わったんだよ。

A : じゃあ東京本社の高田課長もいっしょに上海ですか。

B : いや、彼はもう北京に行っていると思うよ。

部長はどこへ行きますか。

(A) 北京

(B) 上海

(C) 東京本社

(D) 大阪支社

해설

☞「AじゃなくてB」A가 아니라 B.

・北京(ぺきん) 북경
・変(か)わる 바뀌다
・本社(ほんしゃ) 본사
・支社(ししゃ) 지사

번역 A : 부장님, 북경에는 언제 갑니까?
B : 아니야, 북경이 아니라 상해로 바뀌었어.
A : 그러면 도쿄본사의 다카타과장님도 함께 상해입니까?
B : 아니. 그 사람은 이미 북경에 가 있을 거야.

부장님은 어디에 갑니까?

(A) 북경   (B) 상해   (C) 도쿄 본사   (D) 오사카 지사

76.

B : 札幌に明日の午前11時までに着く飛行機をお願いします。

A : 申し訳ございませんが、午前便は全て満席になっております。

B : そうですか、じゃあ今夜のなるべく遅い便でお願いします。

A : はい、では19時50分発の便で席をお取りいたします。

男の人はどの飛行機で札幌に行きますか。

(A) 明日の午前11時30分発の飛行機

(B) 明日の午前10時30分着の飛行機

(C) 今日の午後7時50分発の飛行機

(D) 今日の午後9時50分発の飛行機

해설

☞일반 동사를 겸양 표현으로 만
드는 법→「お+동사(ます형)+す
る／いたす」～해 드리다

• 着(つ)く 도착하다
• 全(すべ)て 전부
• 満席(まんせき) 만석
• ～便(びん) ～편
• 今夜(こんや) 오늘 밤
• なるべく 가능한 한
• 席(せき)を取(と)る 좌석을 잡
다

번역 B : 삿뽀로에 내일 오전 11시까지 도착하는 비행기를 부탁합니다.
A : 죄송합니다만, 오전 편은 모두 만석이 되어 있어서.
B : 그렇습니까? 그러면 오늘 밤 가능한 한 늦은 편으로 부탁합니다.
A : 네, 그러면 19시 50분 발 편으로 좌석을 잡아드리겠습니다.

남자는 어느 비행기로 삿뽀로에 갑니까?
(A) 내일 오전 11시 30분 발 비행기
(B) 내일 오전 10시 30분 착 비행기
(C) 오늘 오후 7시 50분 발 비행기
(D) 오늘 오후 9시 50분 발 비행기

77.

A : タイ旅行はどうでしたか。

B : それが、文字が全然分からなくて苦労しました。

A : 英語表記もあったんじゃないですか。

B : ええ、それだけが頼りでしたね。

男の人は何に苦労しましたか。

(A) タイ語が話せなかったこと。

(B) タイの文字が読めなかったこと。

(C) 英語の表記がなかったこと。

(D) 英語が通じなかったこと。

해설

☞어땠냐고 물었을 때 「それが」
는 하고 시작하면 주로 부정적
인 내용이 따라온다.

• 文字(もじ) 문자
• 苦労(くろう)する 고생하다
• 表記(ひょうき) 표기
• 頼(たよ)り 의지
• 通(つう)じる 통하다

번역 A : 태국 여행은 어땠습니까?

B : 그게, 문자를 전혀 몰라서 고생했습니다.

A : 영어 표기도 있지 않았나요?

B : 예, 그것만이 의지였지요.

남자는 무엇으로 고생했습니까?

(A) 태국 말을 하지 못한 것.　　(B) 태국 문자를 읽을 수 없었던 것.

(C) 영어 표기가 없었던 것.　　(D) 영어가 통하지 않았던 것.

78.

A : あの、ここにあった喫茶店はなくなっちゃったんですか。

B : いえ、新館の方に移動することになりまして。

A : そうですか。新館へはどう行けばいいんですか。

B : いえ、オープンは来週になるんですよ。

喫茶店はどうなりましたか。

(A) 閉店してなくなった。

(B) 先週新館に移動した。

(C) 3階に移動してオープンしている。

(D) 新館に来週オープンする。

해설

☞「동사(가정형)ば+いい」 '～하면 된다'는 목적달성을 나타낸다.

・新館(しんかん) 신관
・移動(いどう) 이동
・オープンする 오픈하다

번역 A : 저 여기에 있었던 찻집은 없어져 버렸습니까?

B : 아니에요. 신관 쪽으로 이동하게 되어서.

A : 그래요? 신관에는 어떻게 가면 됩니까?

B : 아니, 오픈은 다음 주가 될 겁니다.

커피숍은 어떻게 되었습니까?

(A) 폐점해서 없어졌다.　　(B) 지난 주 신관으로 이동했다.

(C) 3층으로 이동해서 오픈했다.　　(D) 신관에 다음 주 오픈한다.

79.

A : 薬局が地下にあるって聞いたんですけど、どこか分からなくて。

B : 薬局はもう1つ下の階ですよ。

A : えっ、ここは地階じゃないんですか。

B : そうですけど、薬局は地下2階にあるんですよ。

해설

・薬局(やっきょく) 약국
・地下(ちか) 지하
・地階(ちかい) (고층 건물의)지하층

男の人と女の人はどこで話していますか。

(A) 1階 (B) 2階

(C) 地下1階 (D) 地下2階

번역 A: 약국이 지하에 있다고 들었는데, 어디인지 몰라서…
B: 약국은 한 층 더 아래입니다.
A: 네에, 여기가 지하층이 아닙니까?
B: 그렇지만, 약국은 지하 2층에 있습니다.

남자와 여자는 어디에서 이야기하고 있습니까?

(A) 1층 (B) 2층 (C) 지하 1층 (D) 지하 2층

80. A : 悪いけど、小林課長にそこにあるコピーを渡して来
てもらえる。(↗)

B : いいですけど、これ全部持って行くんですか。

A : ううん、1人2部ずつ渡るように持って行ってほしい
の。

B : えっと、あそこは全部で8人でしたよね。分かりまし
た。

해설

☞「동사て+ほしい」 ~해 주었으
면 한다.

• 悪(わる)い 미안하다, 나쁘다
• 渡(わた)す 건네주다
• 渡(わた)る 건너다
• ~ずつ〈수량〉~씩

男の人はコピーを何部持って行きますか。

(A) 2部 (B) 4部

(C) 8部 (D) 16部

번역 A : 미안하지만, 고바야시 과장에게 그 곳에 있는 복사물을 전해주고
오겠나?
B : 알겠습니다만, 이거 전부 다 가지고 가는 겁니까?
A : 아니야, 한 사람에 2부씩 건네도록 가지고 가지.
B : 그럼, 그 곳은 전부해서 8명이었죠. 알겠습니다.

남자는 복사를 몇 부 가지고 갑니까?

(A) 2부 (B) 4부 (C) 8부 (D) 16부

Part 4 설명문

Ⅳ. 次の文章をよく聞いて、後の問いにもっとも適した答えをAからDの中で一つ
選びなさい。 설명을 듣고, 질문에 대답하는 문제. 포인트가 되는 사항은 메모를 하면서 듣는 것이 요령.

例　昨日は母の45回目の誕生日でした。私と弟でスカーフを買ってプレゼントしま
した。父は母の好きな料理をたくさん作りました。近所に住んでいる母の友だ
ちが、お祝いのケーキを持って来てくれたので、みんなで一緒に食べました。

1. 昨日は誰の誕生日でしたか。

(A) 弟

(B) 母の友だち

(C) 母

(D) 父

2. お父さんは何をしましたか。

(A) スカーフをプレゼントした。

(B) 料理を作った。

(C) ケーキを持って来た。

(D) カードを贈った。

質問に対するもっとも適した返事(へんじ)は、1番は (C)，2番は(B)です。
それで(C)(B)と答(こた)えるべきです。

1. (A)(B)(●)(D)

2. (A)(●)(C)(D)

81~84

　きのうは母の日でした。私は去年結婚したので、今年は2人の母にプレゼントをあげました。主人の母のプレゼントを選ぶのは、とても難しかったです。どんな物が好きか、まだよく分からないからです。はじめは家の近くの店で探しましたが、いい物がなかったので、車で少し遠くのデパートに行って買いました。大変でしたが、どちらの母もとてもよろこんでいたので、私もうれしくなりました。

해설

- 結婚(けっこん) 결혼
- あげる (상대에게) 주다
- 主人(しゅじん) (본인의) 남편
- 選(えら)ぶ 고르다
- 探(さが)す 찾다
- 遠(とお)く 먼 곳
- 大変(たいへん) 대단함
- 喜(よろこ)ぶ 기뻐하다
- 嬉(うれ)しい 기쁘다

번역 어제는 어머니의 날이었습니다. 나는 작년에 결혼했기 때문에 금년에는 두 분 어머니께 선물을 드렸습니다. 남편 어머니의 선물을 고르는 것은 매우 어려웠습니다. 어떤 것을 좋아하시는지, 아직 잘 모르니까요. 처음에는 집 근처 가게에서 찾았습니다만, 좋은 물건이 없어서, 차로 조금 먼 백화점에 가서 샀습니다. 힘들었지만, 두 분 어머니 모두 매우 기뻐하셨기 때문에 나도 즐거워졌습니다.

81. だれにプレゼントをあげましたか。

(A) 自分の母親と、ご主人の母親
(B) 自分の母親と父親
(C) ご主人の母親と父親
(D) ご主人の母親

번역 누구에게 선물을 주었습니까?

해설

☞「2人の母にプレゼントをあげました」라는 것은 본인의 어머니와 남편의 어머니(시어머니)를 말한다.

- 自分(じぶん) 자신
- 母親(ははおや) 어머니, 모친
- 父親(ちちおや) 아버지, 부친

82. ご主人のお母さんのプレゼントを選ぶのが難しい理由は何ですか。

(A) 自分のお母さんと好きな物が違うから。
(B) 予算に制限があるから。
(C) 好みが分からないから。
(D) とてもおしゃれな人だから。

번역 남편의 어머니(시어머니) 선물을 고르는 것이 어려운 이유는 무엇입니까?

해설

☞그 이유는 바로 뒤 문장에 "어떤 물건을 좋아하는지 「まだよく分からないから」라고 이어지고 있다.

- 好(す)き 좋아함
- 制限(せいげん) 제한
- 好(この)み 기호, 취향
- おしゃれ 멋을 냄, 멋쟁이

83. どこでプレゼントを買いましたか。

(A) 家の近くの店

(B) 家の近くのデパート

(C) 少し遠くのデパート

(D) 少し遠くの店

해설

☞다섯 번째 문장인 「はじめ
は…」에서 답을 찾는다.

・近(ちか)く 근처

변역 어디에서 선물을 샀습니까?

84. この人は何がうれしかったですか。

(A) 去年結婚したこと。

(B) プレゼントをもらった人がよろこんでいたこと。

(C) いいプレゼントが買えたこと。

(D) 主人といっしょにプレゼントを選んだこと。

해설

☞마지막 문장에서 "힘들었지만,
「どちらの母もとてもよろこん
でいたので」"가 그 이유가 되
고 있다.

・もらう 받다
・買(か)える 살 수 있다→「買
(か)う」의 가능 동사

변역 이 사람은 무엇이 기뻤습니까?

85～87

最近、運動のためにウォーキングを始めました。家の近所を
歩くだけですが、時間をかけて歩くので、いい運動になりま
す。商店の人や、犬の散歩をしている人などとあいさつをす
ることもあります。昨日は、小さいですがとてもきれいな花
が咲いているのを見つけて、とてもうれしくなりました。
こんな温かさが、ジョギングにはないウォーキングの良さだ
と思います。

해설

☞형용사를 명사화하는 방법 중
에 그 정도를 표현하려고 할
때는 「어간+さ」라는 형식을 취
하는 말 : 「長(なが)い→ 長
(なが)さ(길이)」「高(たか)い
→高(たか)さ(높이)」

☞명사+のために ～을 위해서

・ウォーキング 워킹, 걷기
・近所(きんじょ) 근처
・歩(ある)く 걷다
・商店(しょうてん) 상점
・咲(さ)く (꽃이)피다
・見(み)つける 발견하다
・温(あたた)かさ 따뜻함
・良(よ)さ 좋은 점

변역 최근 운동을 위해 워킹을 시작했습니다. 집 근처를 걷는 것뿐이지만, 시
간을 들여 걷기 때문에 좋은 운동이 됩니다. 상점 사람이나 개 산책을 하
고 있는 사람 등과 인사를 하는 일도 있습니다. 어제는 작지만 매우 아름
다운 꽃이 피어 있는 것을 발견하고 너무 기분이 좋아졌습니다. 이런 따뜻
함이, 조깅에는 없는 워킹의 좋은 점이라고 생각합니다.

85. この人は運動のために何をしていますか。

(A) 家の近所を走っている。

(B) 家の近所を歩いている。

(C) スポーツクラブに通っている。

(D) 毎週ゴルフをしている。

[번역] 이 사람은 운동을 위해 무엇을 하고 있습니까?

해설

☞문장 첫 부분에서 운동을 위해 「ウォーキングを始めました」라고 했다.

• 通(かよ)う 다니다

86. 昨日はどんなことがありましたか。

(A) 商店の人と話をした。

(B) 犬の散歩をしている人とあいさつをした。

(C) 花が咲いているのを見つけた。

(D) 偶然知り合いに会った。

[번역] 어제는 어떤 일이 있었습니까?

해설

☞네 번째 문장 「昨日(きのう)は～を見つけて」에서 그 답을 찾는다.

• 偶然(ぐうぜん) 우연히
• 知(し)り合(あ)い 친지, 아는 사람

87. ウォーキングの良い点はどんな点ですか。

(A) 近所だけ歩けばいいこと。

(B) 犬の散歩といっしょにできること。

(C) ジョギングより疲れないこと。

(D) 温かさを感じられること。

[번역] 워킹의 좋은 점은 어떤 점입니까?

해설

☞마지막 문장에서 「こんな温かさが…」라며 좋은 점을 말하고 있다.

• 疲(つか)れる 피곤하다
• 感(かん)じられる 느껴지다 「感(かん)じる 느끼다」의 수동.

88~90

　私は今年の夏休みも海に行くつもりです。毎年、大学時代の友だちと行っていましたが、今年は友だちの1人がだんなさんを連れてくるそうです。結婚式で少し顔を見ただけなので、どんな人かとても楽しみです。私も来年は自分のだんなさんをいっしょに連れて行けたらいいなと思っています。

해설

☞ 「連(つ)れる」는 '데리다'의 뜻으로 '데리고 가다'는 「連(つ)れていく」, '데리고 오다'는 「連(つ)れてくる」.

☞ 「行(い)っていた」(가곤 했다)는 과거의 습관적 표현을 말한다.

・旦那(だんな)さん　남편

번역 나는 금년 여름휴가도 바다에 갈 생각입니다. 매년, 대학 시절 친구와 가곤 했는데, 금년에는 친구 한 명이 남편을 데리고 온다고 합니다. 결혼식에서 조금 얼굴을 본 것뿐이어서, 어떤 사람인지 매우 기대됩니다. 나도 내년에는 내 남편을 함께 데리고 갈 수 있으면 좋겠다고 생각하고 있습니다.

88. 誰といっしょにキャンプに行きますか。

(A) 大学時代の友だち

(B) 大学時代の友だちとそのだんなさん

(C) 大学時代の友だちと自分のだんなさん

(D) 大学時代の友だち夫婦と自分のだんなさん

해설

☞ 「毎年(まいねん)~ともだちの1人がだんなさんを連れてくる」가 답이 된다.

・夫婦(ふうふ) 부부

번역 누구와 함께 캠프에 갑니까?

89. この人は友だちのだんなさんに会ったことがありますか。

(A) 大学時代に会ったことがある。

(B) 結婚式で会ったことがある。

(C) 去年のキャンプで会ったことがある。

(D) 1度も会ったことがない。

해설

☞ 「顔(かお)を見(み)ただけ」라는 문구에서 한 번 본 적이 있음을 나타낸다.

번역 이 사람은 친구의 남편을 만난 적이 있습니까?

90. この人は来年何がしたいですか。

(A) 同じ人たちと海に行きたい。

(B) 同じ人たちと海外旅行をしたい。

(C) 結婚してだんなさんと2人で海に行きたい。

(D) 結婚してだんなさんを連れて行きたい。

번역 이 사람은 내년에 무엇이 하고 싶습니까?

해설

☞마지막 문장 「私も来年は…連(つ)れて行けたらいいな」라고 되어 있다.

・海外旅行(かいがいりょこう) 해외 여행

91~94

　毎日子どものお弁当を準備するのは、とても大変なことです。私は子どもが幼稚園のころ、早く子どもが小学生になれば、こんな苦労はしなくていいのに、とずっと思っていました。
　でも、実際にお弁当を作る必要がなくなってみると、とてもさびしいです。うれしそうな顔をしてお弁当箱をかばんに入れる子どもの顔が見られなくなるのですから。6年後、子どもが中学生になったら、その時はもっと楽しい気持ちでお弁当を作ってあげようと思っています。

해설

☞「동사なくて(も)いい」 ~는 하지 않아도 된다(좋다)는 불필요의 표현.

☞「형용사 어간+そうだ」 눈으로 보고 추측하는 표현으로 "그렇게 보인다, 그런 것 같다"의 뜻이다.

・幼稚園(ようちえん) 유치원
・小学生(しょうがくせい) 초등학생
・苦労(くろう) 고생
・実際(じっさい)に 실제로
・寂(さび)しい 쓸쓸하다
・中学生(ちゅうがくせい) 중학생

번역　매일 아이의 도시락을 준비하는 것은 정말 힘든 일입니다. 나는 아이가 유치원 시절, 빨리 아이가 초등학생이 되면, 이런 고생은 하지 않아도 좋은데, 라며 줄곧 생각하고 있었습니다.
　하지만 실제로 도시락을 만들 필요가 없어지고 보니 몹시 쓸쓸합니다. 기쁜 표정을 지으며 도시락 통을 가방에 넣는 아이의 얼굴을 볼 수 없게 되기 때문입니다. 6년 후, 아이가 중학생이 되면 그 때는 좀 더 즐거운 기분으로 도시락을 만들어 주려고 생각하고 있습니다.

91. 子どもは今どこに通っていますか。

(A) 幼稚園
(B) 保育園
(C) 小学校
(D) 中学校

🈟🈡 아이는 지금 어디에 다니고 있습니까?

해설

☞첫문장과 연결되어 「実際にお弁当を作る必要がなくなってみると…」(실제로 도시락을 살 필요가 없게 되고 보니…) 부분에서 답을 짐작할 수 있다.

· 通(かよ)う 다니다(통학, 통근)
· 保育園(ほいくえん) 보육원

92. この人はどうして子どもに早く小学生になってほしかったのですか。

(A) 仕事があって幼稚園への送り迎えが大変だったから。
(B) 子どもが喜ぶ顔を見たかったから。
(C) おいしいお弁当を作ってあげたかったから。
(D) お弁当を作るのがとても大変だったから。

🈟🈡 이 사람은 왜 아이가 빨리 초등학생이 되어 주었으면 했었습니까?

해설

☞문장 첫머리에 제시되어 있다.

· 送(おく)り迎(むか)え 배웅과 마중
· 喜(よろこ)ぶ 기뻐하다

93. この人は今どうしてさびしいのですか。

(A) 子どもが、お弁当はいらないと言ったから。
(B) 子どもが、お弁当がおいしくないと言ったから。
(C) 子どものうれしそうな顔が見られないから。
(D) 子どもが、おいしそうにお弁当を食べる顔が見られないから。

🈟🈡 이 사람은 지금 왜 쓸쓸합니까?

해설

☞도시락 통을 가방에 넣을 때의 「うれしそうな顔」를 볼 수 없기 때문.

· 要(い)る 필요하다

94. この人は6年後に何をするつもりですか。

(A) 子どもをお弁当のいらない中学校に入れる。
(B) 子どもにもっとおいしいお弁当を作ってあげる。
(C) 子どものお弁当をご主人のお弁当といっしょに作る。
(D) もっと楽しい気持ちで子どもにお弁当を作る。

🈟🈡 이 사람은 6년후에 무엇을 할 생각입니까?

해설

☞마지막 말에서 포인트를 찾는다.

95~97

私の父は、今大阪で単身赴任をしています。母は父といっしょに大阪に行くつもりだったのですが、祖父が急に病気になって、行けなくなってしまいました。父は、私が学校に通っていた時も、私の教育のことを考えて、名古屋に２度、京都に１度単身赴任をしていました。今回は私も社会人になっているので、やっといっしょに行けると思っていたのに、残念だろうと思います。

でも、祖父の病気の方が心配ですから仕方がありません。祖父も両親のためにも早く元気にならなければ、と言っています。祖父も元気になり、両親も仲良くいっしょに暮らせる日が早く来ればいいな、と思っています。

해설

☞「장소+で　暮(くら)す(살다)」는 "생활하다"라는 의미를 가지고 있다. 조사 「で」에 주의.

☞「장소+に　住(す)む(살다)」는 "거주하다"라는 뜻으로 조사는 「に」를 쓴다.

· 単身赴任(たんしんふにん) 단신 부임
· 病気(びょうき)になる 병이 나다
· 教育(きょういく) 교육
· 残念(ざんねん) 유감
· 祖父(そふ) 할아버지
· 仕方(しかた)がない 어쩔 수 없다
· 仲良(なかよ)く 사이좋게

번역 나의 아버지는 지금 오사카에서 단신 부임 하고 계십니다. 어머니는 아버지와 함께 오사카에 갈 생각이셨지만, 할아버지께서 갑자기 병이 나셔서 갈 수 없게 되셨습니다. 아버지는 내가 학교에 다니고 있었던 때에도 내 교육을 생각하여 나고야에 두 번, 교토에 한 번 단신 부임을 했었습니다. 이번엔 나도 사회인이 되어서 간신히 함께 갈 수 있으리라 생각했었는데, 유감이라고 생각합니다.

하지만, 할아버지의 병이 걱정되기 때문에 어쩔 수 없습니다. 할아버지께서도 부모님을 위해서 빨리 건강해져야 한다고 말씀하시고 있습니다. 할아버지께서도 건강해지시고, 부모님도 사이좋게 함께 살 수 있는 날이 빨리 오면 좋겠다고 생각하고 있습니다.

95. お父さんは、今何度目の単身赴任をしていますか。

(A) 初めて
(B) ２度目
(C) ３度目
(D) ４度目

해설

☞나고야에 두 번, 교토에 한 번 + 이번

· 初(はじ)めて 처음
· ～目(め) ～째〈순서〉

번역 아버지는 지금 몇 번째의 단신부임을 하고 있습니까?

96. お母さんは、どうしてお父さんと大阪へ行きませんでしたか。

(A) おじいさんが病気になったから。

(B) 子どもの学校のことが心配だから。

(C) 大阪のことはよく分からないから。

(D) 子どもが社会人になったから。

해설
☞두 번째 문구에서 "함께 갈 생각이었는데,「祖父が急に病気になって」라고 말하고 있다.
☞본인의 할아버지는 「祖父(そふ)」 타인의 할아버지는 「お爺(じい)さん」이다.

번역 어머니는 왜 아버지와 오사카에 가지 않았습니까?

97. おじいさんは何と言っていますか。

(A) 早く元気になっていっしょに大阪に行きたい。

(B) 両親のために元気になりたい。

(C) 自分のことは気にしないで夫婦で大阪に行ってほしい。

(D) 早く両親に仲直りをしてほしい。

해설
☞「動詞て ほしい」 ~해 주기를 바란다, ~해 주면 좋겠다.
• 仲直(なかなお)り 화해

번역 할아버지는 뭐라고 말씀하시고 계십니까?

98~100

　昨日東京スタジアムで、関東地方の大災害に備えるための「緊急消防援助隊関東ブロック合同訓練」が行われ、東京、埼玉、千葉をはじめとする1都9県から消防隊員約860名が参加しました。

　訓練では、東京南部に震度6強の地震が発生したと想定し、がれきの下や土砂に埋もれた乗用車から、電動のこぎりなどを使って逃げ遅れた被災者を救出する訓練などが行われました。また、スタジアム上空には、救出用ヘリコプターが飛び交い、会場は本番さながらの緊張感に包まれていました。

번역　어제 도쿄 스타디움에서 관동지방 대지진 피해에 대비하기 위한 "긴급 소방 구조대 관동지역 합동훈련"이 이루어져, 토쿄, 사이타마, 치바를 시작으로 하는 1도 9현에서 소방대원 약 860명이 참가했습니다.
　훈련에서는 도쿄 남부에 진도6 강지진이 발생했다고 가정하고, 기와 조각과 자갈 밑이나 토사에 묻힌 승용차로부터, 전동 톱 등을 사용하여 미처 피신하지 못한 이재민을 구출하는 훈련 등이 이루어졌습니다. 또한 스타디움 상공에는 구출용 헬리콥터가 어지러이 날아서, 훈련장은 마치 실제처럼 긴장감에 휩싸여 있었습니다.

해설
- 大災害(だいさいがい) 대재해
- 備(そな)える 대비하다
- 緊急(きんきゅう) 긴급
- 消防(しょうぼう) 소방
- 救助隊(きゅうじょたい) 구조대
- 合同訓練(ごうどうくんれん) 합동훈련
- ブロック 블록, 구획
- 震度(しんど) 진도
- 地震(じしん) 지진
- 発生(はっせい) 발생
- 想定(そうてい) 상정, 가상
- 瓦礫(がれき) 기와 조각과 자갈
- 土砂(どしゃ) 토사
- 埋(うず)もれる 파묻히다
- 乗用車(じょうようしゃ) 승용차
- のこぎり 톱
- 逃(に)げ遅(おく)れる 늦게 피하다
- 被災者(ひさいしゃ) 이재민
- 救出(きゅうしゅつ) 구출
- 飛(と)び交(か)う 어지러이 날다
- 本番(ほんばん) 정식 촬영이나 방송, 본게임
- さながら 틀림없는, 마치
- 緊張感(きんちょうかん) 긴장감
- 包(つつ)まれる 휩싸이다 「包(つつ)む」의 수동

98.　昨日どんな訓練がありましたか。

(A)　地震を想定した救助訓練
(B)　火事に備えた消防訓練
(C)　水害に備えた防災訓練
(D)　火災を想定した避難訓練

번역　어제는 어떤 훈련이 있었습니까?

해설
- 防災(ぼうさい) 방재
- 火災(かさい) 화재
- 避難(ひなん) 피난

99. 誰が参加しましたか。

(A) 東京の警察官と消防隊員

(B) 東京の消防隊員と一般市民

(C) 関東地方の消防隊員

(D) 東京、埼玉、千葉の消防隊員と一般市民

번역 누가 참가했습니까?

해설
• 警察官(けいさつかん) 경찰관
• 隊員(たいいん) 대원
• 一般市民(いっぱんしみん) 일반 시민

100. 訓練で行われていないものはどれですか。

(A) 電動のこぎりを使って被災者を救出すること。

(B) 救出用ヘリコプターを出動させること。

(C) 土砂に埋もれた乗用車から被災者を救出すること。

(D) 被災者に応急処置を行うこと。

번역 훈련에서 하지 않은 것은 어느 것입니까?

해설
• 出動(しゅつどう) 출동
• 応急処置(おうきゅうしょち) 응급 처치

Part 5 〜 Part 8 문법・독해문제

Part 5 정답찾기

Ⅴ. 下の_____線の言葉の正しい表現、または同じ意味のはたらきをしている言葉を(A)から(D)の中から一つ選びなさい。

🎻 한자읽기 또는 같은 뜻으로 사용된 예문을 찾는 문제.

101. 山本さんは何人兄弟ですか。

(A) きょだい

(B) きょうだい

(C) きょうてい

(D) あにおとうと

번역 야마모토 씨는 몇 형제입니까?

해설

☞「兄」의 음독은 「きょう」「けい」두 가지이며, 훈독은 「あに」이다. '형제'는 「きょうだい」이며 오빠나 형은 「兄(あに)」라고 읽는다.

・何人(なんにん) 몇 명

102. 寒いので上着を着て行きました。

(A) うえき

(B) うえぎ

(C) うわぎ

(D) うわき

번역 추워서 상의를 입고 갔습니다

해설

☞「上着(うわぎ)」는 상의, 웃옷을 의미하며, 훈독으로 읽는다. 「上」의 읽기는 "위"라는 뜻의 「うえ」와, 변형된 형태인 「うわ」, 위쪽이나, 상류 등의 뜻인 「かみ」가 있다. 「上役(うわやく)」상사 「上回(うわまわ)る」상회하다 「上半期(かみはんき)」상반기 등으로 쓰인다.

・着(き)る 입다

103. お金を財布から出してお店の人に払いました。

(A) ざいふ

(B) さいふう

(C) さいふ

(D) ざいぷ

번역 돈을 지갑에서 꺼내어 가게 사람에게 지불했습니다.

해설

・出(だ)す 내다

104. 昨日<u>図書館</u>で本を借りてきました。

(A) とうしょかん

(B) としょかん

(C) としょうがん

(D) どしょかん・

번역 어제 도서관에서 책을 빌려 왔습니다.

해설

☞図는　図書館(としょかん)에서는「と」,　地図(지도)에서는「ず」로 읽는다.

・借(か)りる 빌리다

105. 今朝は<u>すず</u>しい風が吹いています。

(A) 涼

(B) 冷

(C) 寒

(D) 凍

번역 오늘아침은 서늘한 바람이 불고 있습니다.

해설

☞涼(すず)しい는 "서늘하다"란 뜻이므로 서늘할「涼」(량)을 쓰게 된다.
冷(つめ)たい 차갑다
寒(さむ)い 춥다
凍(こお)る 얼다

・今朝(けさ) 오늘 아침
・吹(ふ)く 불다

106. 私の父は<u>いしゃ</u>です。

(A) 医師

(B) 医士

(C) 医者

(D) 医舎

번역 나의 아버지는 의사입니다.

해설

☞医師도 '의사' 지만 발음은「いし」.

・父(ちち) 아버지

107. 部屋を<u>そうじ</u>してから帰ってください。

(A) 清掃

(B) 掃除

(C) 洗濯

(D) 洗浄

번역 방을 청소하고 나서 돌아가세요.

해설

・清掃(せいそう) 청소
・洗濯(せんたく) 세탁
・洗浄(せんじょう) 세정, 세척

108. 小林様から<u>message</u>が届いています。

(A) メセージ

(B) メシージ

(C) メッシージ

(D) メッセージ

🔲ᵒᵉ 고바야시 씨로부터 메시지가 도착했습니다.

해설

☞메시지는 일본어로 발음할 때, 「멧세ー지」로 하는 것에 주의.

109. この家は、<u>むだな</u>電気がたくさんついていますね。

(A) 明るい

(B) 必要ない

(C) 大切な

(D) 高い

🔲ᵒᵉ 이 집은 쓸데없는 전기가 많이 켜져 있군요.

해설

☞無駄(むだ)는 "쓸데없음, 무익함, 소용없음"을 뜻한다.

· つく 점화되다, 켜지다

· 必要(ひつよう) 필요함

· 大切(たいせつ) 소중함

110. ここは<u>げんかん</u>です。

(A) 家の入り口です。

(B) 地下鉄の出口です。

(C) 飛行機に乗る所です。

(D) 食事をする所です。

🔲ᵒᵉ 여기는 현관입니다.

해설

☞「玄関(げんかん)」(현관) "집으로 들어가는 입구"를 말하며, 「げん」이 탁음임을 유의해야 한다.

· 入(い)り口(ぐち) 입구

· 出口(でぐち) 출구

· 飛行機(ひこうき) 비행기

111. 初めての海外旅行なので<u>わくわく</u>しています。

(A) 楽しみです

(B) 心配です

(C) 困っています

(D) 緊張しています

🔲ᵒᵉ 처음 해외 여행이어서 두근두근거립니다.

해설

☞「わくわく」는 가슴 설레며 기다리는 두근거림을 의미하므로 기대된다는 뜻의 「楽(たの)しみです」에 가깝다.

· 海外旅行(かいがいりょこう) 해외 여행

· 楽(たの)しみ 즐거움, 기대

· 困(こま)る 곤란하다

· 緊張(きんちょう)する 긴장하다

112. 北海道は沖縄ほど遠くありません。

(A) 北海道はとても近いです。

(B) 沖縄が一番遠いです。

(C) 北海道は沖縄より近いです。

(D) 沖縄は北海道より近いです。

변역 홋카이도는 오키나와 만큼 멀지 않습니다.

해설

☞비교문에서 긍정은 「AはBより (반대되는 단어)です」(A는 B보다 ～합니다)의 꼴로, 부정은 「BはAほど～くありません」(B는 A만큼 ～하지 않습니다)의 형태로 쓰인다.

・北海道(ほっかいどう) 홋카이도
・沖縄(おきなわ) 오키나와

113. 助手席の人もシートベルトをしてください。

(A) かけてください

(B) しめてください

(C) はめてください

(D) まいてください

변역 조수석의 사람도 안전벨트를 해 주세요.

해설

☞장식물은 일반적으로 동사 「する」만으로도 가능하지만 기본적인 의미를 갖고 있는 본래 동사가 있다. 「かける」(걸치다)는 안경이나 벨트, 「しめる」(매다)는 넥타이나 벨트, 「はめる」(차다)는 반지나 장갑, 「まく」(감다)는 머플러, 스카프를 매다, 두르다의 뜻으로 쓰인다.

・助手席(じょしゅせき) 조수석
・シートベルト 안전벨트

114. とても腰の低い人だったので、社長だとは思わなかった。

(A) 背の低い人

(B) 謙虚な人

(C) 自信のない人

(D) 静かな人

변역 너무나 겸손한 사람이어서 사장인 줄은 몰랐다.

해설

☞「腰(こし)が低(ひく)い」는 '겸손하다'는 뜻의 관용구.

・腰(こし) 허리
・背(せ)が低(ひく)い 키가 작다
・謙虚(けんきょ) 겸허, 겸손

115. 会社に電話をかけました。

(A) 部長は会議室にいます。

(B) 早く課長になりたいです。

(C) 家に帰って仕事をします。

(D) 書類を会社に忘れてきました。

번역 회사에 전화를 걸었습니다.
(A) 부장님은 회의실에 있습니다.
(B) 빨리 과장이 되고 싶습니다.
(C) 집에 돌아가서 일을 합니다.
(D) 서류를 회사에 잊고 왔습니다.

해설
☞문제의 「に」는 어떠한 장소로라는 방향을 뜻하고, (A)와 (D)는 위치를, (B)는 결과를 나타낸다.

• 書類(しょるい) 서류
• 忘(わす)れる 잊다

116. あなたが元気そうなので安心しました。

(A) 娘さんからプレゼントをもらったそうです。

(B) 早く話そうと思ったのですが、時間がありませんでした。

(C) 少し使いにくそうなのが心配です。

(D) 中田さんは1時に来るそうです。

번역 당신이 건강해 보여서 안심했습니다.
(A) 따님에게 선물을 받았다고 합니다.
(B) 빨리 말하려고 생각했는데 시간이 없었습니다.
(C) 조금 쓰기 어려워 보이는 것이 걱정입니다.
(D) 나카타 씨는 1시에 온다고 합니다.

해설
☞「형용사 어간+そうだ」는 추량 표현으로 (C)의 「そうだ」와 용법이 같다. (A)(D)는 전문이며 (B)는 [話(はな)す]의 의지형이다.

• 元気(げんき) 건강함
• 娘(むすめ) 딸

117. 部長が来ないうちに、決めてしまいましょう。

(A) 部長が来る前に

(B) 部長が来たらすぐ

(C) 部長が来ないなら

(D) 部長が来なくても

번역 부장님이 오기 전에 결정해 버립시다.
(A) 부장님이 오기 전에　　(B) 부장님이 오면 바로
(C) 부장님이 오지 않는다면　(D) 부장님이 오지 않아도

해설
☞「うちに」는 '~동안에', 「~ないうちに」는 '~하기 전에'란 뜻으로 일본 특유의 표현이다.

• 決(き)める 결정하다
• すぐ 바로

118. <u>言い訳をする</u>よりまず謝りなさい。

   (A) おわびを言う

   (B) 弁解をする

   (C) 文句を言う

   (D) 説明をする

번역 변명하기보다 우선 사과하세요.

   (A) 사과를 하다   (B) 변명을 하다

   (C) 불평을 하다   (D) 설명을 하다

> **해설**
>
> ☞ 言(い)い訳(わけ)をする(변명을 하다)와 비슷한 표현을 찾는다.
>
> ・お詫(わ)び 사죄, 사과
> ・弁解(べんかい) 변명
> ・文句(もんく) 불평, 불만

119. 課長は応接室でお客さんと話を<u>しています</u>。

   (A) このパソコンには色々なソフトがつい<u>ています</u>。

   (B) 毎週土曜日にダンスを習っ<u>ています</u>。

   (C) 今プリントアウトを<u>している</u>ので、もう少し待ってください。

   (D) 紺のスーツを着てめがねをかけ<u>ている</u>人が田中さんです。

번역 과장님은 응접실에서 손님과 이야기를 하고 있습니다.

   (A) 이 컴퓨터에는 다양한 소프트가 딸려 있습니다.

   (B) 매주 토요일에 춤을 배우고 있습니다.

   (C) 지금 출력을 하고 있으니까, 조금 더 기다려 주세요.

   (D) 감색 정장을 입고 안경을 쓰고 있는 사람이 다나카 씨입니다.

> **해설**
>
> ☞ 「～ている」의 기능을 묻는 문제. (A)(D)는 상태, (B)는 습관, (C)는 진행을 나타낸다.
>
> ・応接室(おうせつしつ) 응접실
> ・つく 붙다, 딸리다
> ・紺(こん) 감색

120. 中井さんに頼んで、プロジェクトに参加させてもらいました。

   (A) 中井さんはプロジェクトに参加してくれました。

   (B) 中井さんは私をプロジェクトに参加させてくれました。

   (C) 私は中井さんにプロジェクトに参加してもらいました。

   (D) 私は中井さんにプロジェクトに参加させられました。

번역 나카이 씨에게 부탁하여 프로젝트에 참가했습니다.

   (A) 나카이 씨는 프로젝트에 참가해 주었습니다.

   (B) 나카이 씨는 나를 프로젝트에 참가시켜 주었습니다.

   (C) 나카이 씨는 내 부탁으로 프로젝트에 참가해 주었습니다.

   (D) 나는 나카이 씨 때문에 무리하게 프로젝트에 참가했습니다

> **해설**
>
> ☞ 「동사＋させてもらう」는 '내가 ～하다'의 겸양 표현으로 호의와, 감사를 나타낸다.

Part 6 오문정정

Ⅵ. 下の＿＿＿＿＿線の（A）から（D）の中から、正しくない言葉を一つ選びなさい。

🎸 틀린 부분을 가려내는 문제.

121. 事故を<u>知らせる</u>アナウンスが<u>ありました</u>が、まわりが
              A   B

<u>うるさくて</u>よく<u>聞きません</u>でした。
   C   D

번역 사고를 알리는 방송이 있었지만, 주변이 시끄러워서 잘 들리지 않았습니다.

> **해설**
>
> ☞ 聞（き）く（듣다）와 聞（き）こえる（들리다）의 차이.
>
> • 知（し）らせる 알리다
> • うるさい 시끄럽다

122. 私の<u>課</u><u>の中には</u>、田中さん<u>が</u>いちばん<u>若くて</u>体力もあると
       A   B   C   D

思います。

번역 우리 과 안에서는 다나카 씨가 가장 젊고 체력도 있는 것 같습니다.

> **해설**
>
> ☞ 범위를 나타내는 조사는 「で」. 따라서 답은 （B）를 「では」로 고치면 된다.
>
> • 課（か） 과
> • 若（わか）い 젊다
> • 体力（たいりょく） 체력

123. 昨日友達<u>と</u>映画を<u>見に</u>行きましたが、日曜日だった<u>ので</u>
         A   B   C

とても<u>こみました</u>。
      D

번역 어제 친구와 영화를 보러 갔었는데, 일요일이어서 상당히 혼잡했습니다.

> **해설**
>
> ☞ 과거의 상태를 나타낼 때는 「～ていた」꼴이 되어야 하므로 「こんでいました」라고 해야 한다.
>
> • 込（こ）む 혼잡하다

124. 先週この服を5千円<u>で</u>買いました<u>が</u>、今週<u>は</u>同じ物を
                A   B   C

半額<u>に</u>売っていました。
    D

[번역] 지난주 이 옷을 5천엔에 샀는데, 이번 주는 같은 물건을 반액에 팔고 있었습니다.

> **해설**
>
> ☞ "금액, 수치, 상태+에"라고 할 때는 한정, 한계를 나타내는 조사 「で」를 써야 한다. 따라서 답은 (D)의「に」→「半額(はんがく)で」이다.
>
> • 半額(はんがく) 반액

---

125. 席が<u>遠くて</u>よく<u>見えない</u>ので、<u>もう少し</u><u>大きく</u>字で書いて
       A   B   C   D

ください。

[번역] 자리가 멀어서 잘 보이지 않으니까 조금 더 큰 글씨로 써 주세요.

> **해설**
>
> ☞형용사의 수식형은 「기본형+명사」이므로 답은 (C)大(おお)きく→ 大(おお)きい이다

---

126. 課長<u>が</u>今どこにいる<u>か</u>、<u>だれか</u> <u>分かっていません</u>か。
      A   B   C   D

[번역] 과장님이 지금 어디에 있는지 누군가 알고 있습니까?

> **해설**
>
> ☞단순한 일, 사항의 알고 모름에 대해서는 「知(し)る」를 사용해야 하며, 「わかる」는 항상 「~ます」형태, 「知(し)る」는 긍정형은 「知(し)っています」, 부정형은 「知(し)りません」의 형태를 취한다.

---

127. メール<u>も</u>使えない<u>し</u>、ファックス<u>が</u>ないので、資料が<u>送れ</u>
     A   B   C   D

ません。

[번역] 메일도 사용할 수 없고 팩스도 없기 때문에 자료를 보낼 수 없습니다.

> **해설**
>
> ☞접속조사 「し」는 첨가적 의미이므로 '~도 ~하고, ~도 ~하고'형으로 쓰인다. 따라서 답은 (C)의 「が」→ 「も」이다
>
> • 使(つか)える 사용할 수 있다 「使(つか)う」의 가능 동사.
> • 資料(しりょう) 자료

128. 子供が遊園地に<u>行きたいです</u> <u>が</u>、時間がなくて<u>なかなか</u>
                 A   B   C

いっしょに<u>行けません</u>。
          D

번역 아이가 유원지에 가고 싶어하지만, 시간이 없어서 좀처럼 함께 갈 수 없습니다.

해설

☞희망의 조동사 「たい」는 1,2인칭에 사용하며, 제 3자의 희망은 「동사ます형+たがる」로 표현한다.

· 遊園地(ゆうえんち) 유원지
· なかなか 좀처럼〈부정문〉, 상당히〈긍정문〉

129. <u>今日中まで</u>送らなければならない資料があるので、<u>まだ</u>
        A   B   C

家に<u>帰れません</u>。
     D

번역 오늘 중으로 보내야 할 자료가 있어서 아직 집으로 돌아갈 수 없습니다.

해설

☞한국어로도 '오늘중까지'는 어색하다. '오늘중으로'는 「今日中(きょうじゅう)に」. 시간을 의미하는 (~중으로는) 「~中(じゅう)に」의 꼴을 취한다.

· 資料(しりょう) 자료

130. <u>もうすぐ</u><u>行く</u>とサービスエリアが<u>ある</u>ので、そこで
       A   B   C

<u>しばらく</u>休みましょう。
      D

번역 조금 더 가면 휴게소가 있으니까 거기에서 잠시 쉽시다.

해설

☞「すぐ」는 바로, 곧장, 금방의 뜻이므로 문장과 어울리지 않으며, 「もう少(すこ)し」 혹은 「しばらく」를 사용해야 한다.

· サービスエリア 서비스 에리어 (고속도로 휴게소)

131. 改札口<u>で</u>出るとすぐ前に喫茶店がありますから、<u>そこの</u>
    A   B   C   D

前で会いましょう。

번역 개찰구를 나오면 바로 앞에 찻집이 있으니까 그 앞에서 만납시다.

해설

☞「出(で)る」는 어떤 장소나 지점을 "나오다, 나가다"의 뜻으로 조사는 경과 지점을 나타내는 「を」를 써야 한다.

· 改札口(かいさつぐち) 개찰구

132. ここで検査用の服で 着がえてから、検査室に入ってくだ
　　　　　　　　A　B　　　C　　　　　　　　　　D

さい。

[번역] 여기에서 검사용 옷으로 갈아입고 나서 검사실로 들어가세요.

> **해설**
>
> ☞「～に 着替(きが)える (～으로 갈아입다)」의 꼴로 변화의 조사「に」가 바른 표현이다.
> • 検査用(けんさよう) 검사용
> • 着替(きが)える 갈아입다

133. 分からないことがあったら、一人で判断しないで周りの人
　　　　　　　　　　　　A　　　B　　　　　C

に何も聞いてください。
　　D

[번역] 모르는 것이 있으면 혼자서 판단하지 말고 주위 사람에게 뭐든지 물어 보세요.

> **해설**
>
> ☞「なにも」(아무것도)는 부정문에서 쓰는 말이다. 여기서는 "무엇이든지"라는「何(なん)でも」가 어울린다.
> • 判断(はんだん) 판단
> • 周(まわ)り 주위, 주변

134. このボタンを押してながら手前に引くとドアが開きます。
　　　　　　　A　　　　　B　C　　　　　D

[번역] 이 단추를 누르면서 앞으로 당기면 문이 열립니다.

> **해설**
>
> ☞「ながら」(～하면서)는 동사 ます형에 접속한다.
> • 押(お)す 밀다
> • 引(ひ)く 당기다
> • 開(ひら)く 열리다

135. かぜをひいてお腹をこわれ、1週間で3キロもやせてしま
　　　　　A　　　　B　　　　　　C　　D

いました。

[번역] 감기에 걸리고 배탈이 나서 일주일 동안에 3킬로나 살이 빠져 버렸습니다.

> **해설**
>
> ☞ '배탈나다' 라는 관용표현 「お腹(なか)を壊(こわ)す」를 외우자!
> • 痩(や)せる 살 빠지다, 여위다

136. 社員一人一人で、自分の仕事に責任をもって働くことが
　　　　　　A　　B　C　　　　　　　　　　D

大切です。

[번역] 사원 한 사람 한 사람이 자신의 일에 책임을 갖고 일하는 것이 중요합니다.

> **해설**
>
> ☞ "사원 각자 각자가"의 뜻이므로「～一人(ひとり)が」로 해야 한다.
> • 責任(せきにん) 책임
> • 働(はたら)く 일하다

137. 早いもので、今の会社に入って<u>今年</u> <u>に</u> <u>もう</u>5<u>年</u>になりま

　　　　A　　　　　　　　　　　　　B　C　D

す。

> **번역** 빠르군요, 지금 회사에 들어온 지 올해로 벌써 5년이 됩니다.

> **해설**
> ☞ '금년으로' 라는 범위, 한정을 표현하므로 「今年(ことし)で」가 된다.
>
> • 今年(ことし) 금년, 올해

138. 他の人はみんな知って<u>いた</u><u>のに</u>、<u>どうして</u>私<u>だけ</u>知らなか

　　　　　　　　　　　　　A　　　　B

った<u>し</u> <u>分かりません</u>。

　　C　　D

> **번역** 다른 사람은 모두 알고 있었는데, 왜 나만 몰랐는지 모르겠습니다.

> **해설**
> ☞「どうして〜か わからない」 어째서 〜인지 모르겠다

139. <u>どの</u>方は<u>取引先</u>の部長<u>か</u> 分からなくて、<u>失礼</u>をしてしま

　　　　A　　　　B　　　　　　C　　　　　　　　D

いました。

> **번역** 어느 분이 거래처 부장님인지 몰라서 실례를 해 버렸습니다.

> **해설**
> ☞ 의문사(どこ, だれ, いつ 등)가 주어로 올 때는 조사 「が」를 사용해야 한다.
>
> • 取引先(とりひきさき) 거래처
> • 失礼(しつれい) 실례

140. たとえお金が<u>あった</u><u>としても</u>、そんなこと<u>で</u>使うつもりは

　　　　　　　A　　　B　　　　　　　　　C

<u>ありません</u>。

　D

> **번역** 설령 돈이 있었다고 해도 그런 일에 쓸 생각은 없습니다.

> **해설**
> ☞ 용도를 나타낼 때는 조사 「に」를 써야 한다.
>
> • たとえ 〜ても 설령 〜하더라도
> • に 〜에, 로〈대상, 목적, 용도〉
> • で 〜에서〈범위, 수단, 활동장소〉

Part 7 공란메우기

VII. 下の_____線に入る適当な言葉を(A)から(D)の中で一つ選びなさい。

🎣 빈칸에 들어갈 말을 고르는 문제. 조사, 접속사, 동사 등 다양한 어휘력이 요구된다.

141. ここ_____どこですか。

(A) が

(B) は

(C) で

(D) に

해설

☞의문문에서는 조사 「は」를 쓴다. 한국어로는 '여기가 어디예요?'라고 할 수 있지만 조사는 「は」를 써야 한다.

[번역] 여기는 어디입니까?

142. 高橋さんは英語_____上手です。

(A) が

(B) で

(C) を

(D) に

해설

☞기호나 능력을 나타내는 단어 (上手, 下手, すき, きらい) 앞에는 '을, 를'을 표현할 때 조사 「が」를 사용한다.

・上手(じょうず) 능숙하다

[번역] 다카하시 씨는 영어를 잘합니다.

143. 部長には私_____話します。

(A) で

(B) でも

(C) から

(D) にも

해설

☞'내 쪽에서'라는 의미이므로 「から」가 어울린다.

・部長(ぶちょう) 부장

[번역] 부장님께는 제가 말하겠습니다.

144. むずかしい試験に合格できて、本当に_____です。

(A) うれしい

(B) たのしい

(C) おもしろい

(D) きびしい

☞「명사+できて　うれしいです」그 일이 가능해져서 기쁩니다 라는 표현.

· 試験(しけん) 시험

· 厳(きび)しい 엄격하다

번역 어려운 시험에 합격해서 정말로 기쁩니다.

145. 私は子供のころパリにいました。

_____少しフランス語が話せます。

(A) それから

(B) それに

(C) それで

(D) そして

해설

☞「それから」는 순서,「それに」는 첨가,「それで」는 뒤에 이유가 따라 온다.

· フランス語(ご) 프랑스어

· 話(はな)せる-「話(はな)す」의 가능 동사

번역 나는 어릴 적에 파리에 있었습니다.
그래서 조금 프랑스어를 말할 수 있습니다.

146. となりの部屋に食事が_____してあるので、食べて行ってください。

(A) 並列

(B) 飲食

(C) 作成

(D) 用意

해설

☞「用意(ようい)してある」는 준비되어 있는 상태를 말한다.

· 並列(へいれつ) 병렬

· 飲食(いんしょく) 음식

· 作成(さくせい) 작성

· 用意(ようい) 준비, 마련

번역 옆방에 식사가 마련되어 있으니까 드시고 가세요.

147. 子供がうまれたら、仕事を_____つもりです。

(A) きる　　　　　　　(B) やめる

(C) 終わる　　　　　　(D) 見つかる

해설

☞「やめる」는 (회사를) 그만두다, 중지하다, (담배를) 끊다 등의 뜻으로 쓰인다.

· 生(う)まれる 태어나다

· 切(き)る 끊다

번역 아이가 태어나면 일을 그만둘 생각입니다.

148. コンセントを＿＿＿＿て、本体のスイッチを入れてください。

(A) ひい

(B) おし

(C) さし

(D) とめ

☞「差(さ)す」는 찌르다, 꽂다. 사용법을 설명하는 문장.

・本体(ほんたい) 본체
・引(ひ)く 당기다
・押(お)す 밀다, 누르다
・止(と)める 세우다

[번역] 콘센트를 꽂고, 본체 스위치를 넣으세요.

149. ろうかの掲示板に、案内の紙が＿＿＿＿あります。

(A) ついて

(B) みて

(C) はって

(D) かけて

해설

☞「貼(は)る」는 헝겊이나 종이전면에 풀을 칠해 붙이다, 혹은 (벽지를)바르다란 뜻이다.

・廊下(ろうか) 복도
・掲示板(けいじばん) 게시판
・つく 붙다, 딸리다
・かける 달다, 걸다

[번역] 복도 게시판에 안내용지가 붙여져 있습니다.

150. 私はタイ＿＿＿＿インドなどのアジアの食べ物が好きです。

(A) と

(B) か

(C) は

(D) や

해설

☞「～や～など」 ～랑 ～등. 예를 드는 표현

・タイ 타일랜드(태국)
・食(た)べ物(もの) 음식, 먹을 것

[번역] 나는 태국이나 인도 등의 아시아 음식을 좋아합니다.

151. 昨日は疲れていたので、＿＿＿＿眠れました。

(A) すっかり

(B) はっきり

(C) ぐったり

(D) ぐっすり

해설

☞ '푹 잠들었다' 는 표현이므로 「ぐっすり」가 정답이다.

・すっかり 말끔히, 깨끗이
・はっきり 분명히, 확실히
・ぐったり 지쳐 축 늘어짐

[번역] 어제는 피곤해 있어서 푹 잤습니다.

152. かさを持っていなかったので、息子を駅までむかえに

_____。

(A) 来ました

(B) 来られました

(C) 来させました

(D) 来させられました

해설

☞ "아들을 마중 나오게 하다" 라는 사역 표현이 와야 한다.

• 傘(かさ) 우산

• 迎(むか)えに来(く)る 마중 나오다

번역 우산을 갖고 있지 않아서, 아들을 역까지 마중 나오게 했다.

153. おいしい_____食べてみないと分かりません。

(A) かどうか

(B) ように

(C) ことは

(D) か

해설

☞ 「용언+かどうか ～わからない」는 '～인지 어떤지 모른다' 라는 불확실의 표현.

☞ 「ように」「こと」는 동사기본형에 접속한다.

번역 맛있을지 어떨지 먹어 보지 않으면 모릅니다.

154. 就職活動用に、スーツを_____買いました。

(A) 1枚

(B) 1足

(C) 1着

(D) 1本

해설

☞ 「枚(まい)」는 종이나 접시 등 얇고 평평한 것, 「足(そく)」는 양말이나 신발 '켤레' 「着(ちゃく)」는 양복 등의 '벌' 「本(ほん)」은 가늘고 긴 것을 헤아리는 조수사이다.
한 벌의 발음은 「一着(いっちゃく)」.

• 就職(しゅうしょく) 취직

• 活動(かつどう) 활동

번역 취직 활동용으로 정장을 한 벌 샀습니다.

155. 彼は冷たい川_____泳いで逃げて来たそうです。

(A) で
(B) に
(C) は
(D) を

번역 그는 차가운 강을 헤엄쳐 도망쳐 왔다고 합니다.

해설
☞ "강을 헤엄쳐 왔다"라는 표현이므로 통과의 「を」를 사용한다.
통과・경과의 を
・横断歩道(おうだんほどう)を渡(わた)る 횡단보도를 건너다
・道(みち)を通(とお)る 길을 지나다
・空(そら)を飛(と)ぶ 하늘을 날다
・公園(こうえん)を歩(ある)く 공원을 걷다

156. 7時_____人に会う約束があるので、これで失礼します。

(A) まで
(B) までに
(C) に
(D) で

번역 7시에 사람을 만나는 약속이 있어서 이만 실례하겠습니다.

해설
☞ 「시간+に」는 때를 나타낸다.
・会(あ)う 만나다
・失礼(しつれい) 실례

157. 身分証明書を_____ください。

(A) 見せて
(B) 見えて
(C) 見かけて
(D) 見せられて

번역 신분증명서를 보여 주세요.

해설
☞ "보여주세요"라는 표현이므로 「見(み)せる」이다.
・身分証明書(みぶんしょうめいしょ) 신분증명서〈발음에 주의〉
・見(み)える 보이다
・見(み)かける 눈에 띄다, 가끔 보다

158. そんなに失礼なことをして、「ごめんなさい」では

＿＿＿＿＿＿＿＿＿＿よ。

(A) 終わりません

(B) すみません

(C) いいません

(D) わかりません

☞「～で 済(す)む」는 '～면 충분하다'란 뜻의 관용표현.

・ごめんなさい 미안하다

번역 그렇게 실례되는 일을 하고 「미안해요」로는 충분하지 않습니다.

159. こんな簡単な漢字も書けないなんて、まったく

＿＿＿＿＿＿＿＿＿＿ものも言えませんよ。

(A) ざんねんで

(B) がっかりして

(C) あきれて

(D) 不思議で

해설

☞어이가 없다. 기가 막히다란 뜻의 단어를 찾자. 「ものを言(い)う」말하다

・簡単(かんたん) 간단함
・まったく 전혀, 정말로
・がっかり 실망한 모습
・不思議(ふしぎ) 이상함, 불가사의함
・呆(あき)れる 어이없다, 기가 막히다

번역 이런 간단한 한자도 쓸 수 없다니 정말로 어이가 없어서 아무 말도 못하겠어요.

160. 今日は主人も子供も家にいないので、＿＿＿＿に友達と遊びに行けました。

(A) 気弱

(B) 気がかり

(C) 気長

(D) 気楽

해설

☞「気楽(きらく)」는 마음 편함, 스스럼 없음을 뜻한다.

・遊(あそ)びに行(い)く 놀러 가다
・気弱(きよわ) 마음이 약함
・気掛(きが)かり 걱정, 근심
・気長(きなが) 마음이 느긋함

번역 오늘은 남편도 아이도 집에 없어서, 마음 편하게 친구와 놀러 갈 수 있었습니다.

161. サラダにレモンを入れすぎて、少し＿＿＿＿＿＿なってしまいました。

(A) すっぱく
(B) しょっぱく
(C) しぶく
(D) にがく

번역 샐러드에 레몬을 너무 넣어서 조금 시어져 버렸습니다.

해설

☞ 맛에 관련된 형용사들은 모두 외울 것. 甘(あま)い 달다, 辛(から)い 맵다

☞ 「동사ます형」+すぎる 지나치게 ~하다

· 酸(す)っぱい 시다
· しょっぱい 짜다, 인색하다
· 渋(しぶ)い 떫다
· 苦(にが)い 쓰다

162. 写真を見て決めるのではなく、サンプルを＿＿＿＿＿＿て実物を見て決定します。

(A) 引き寄せ
(B) 取り寄せ
(C) 取り上げ
(D) 引き上げ

번역 사진을 보고 결정하는 것이 아니라, 샘플을 가져오게 해서 실물을 보고 결정합니다.

해설

☞ '사진이 아니라 샘플로 결정한다'는 뜻. 「寄(よ)せる(오게하다)」와 「上(あ)げる(올리다)」의 본래의 의미를 파악하는 것이 중요하다

· 引(ひ)き寄(よ)せる 끌어당기다, 유인하다
· 取(と)り寄(よ)せる 가져오게 하다
· 取(と)り上(あ)げる 집어들다
· 引(ひ)き上(あ)げる 끌어올리다, 인상하다

163. 地震で家の前の電信柱が＿＿＿＿＿＿傾いてしまいました。

(A) まっすぐ
(B) ななめに
(C) まるく
(D) 左右に

번역 지진으로 집 앞의 전신주가 비스듬히 기울어져 버렸습니다.

해설

☞ 「傾(かたむ)く」의 뜻 자체가 '비스듬해지다'이므로 그와 어울리는 단어를 찾는다.

· 電信柱(でんしんばしら) 전신주
· 丸(まる)い 둥글다
· 左右(さゆう)に 좌우로

164. この本を読むと、絵画に対する理解がより_____。

(A) 高めます

(B) 深まります

(C) 増やします

(D) 重くなります

번역 이 책을 읽으면 회화에 대한 이해가 보다 깊어집니다.

해설

☞「理解(りかい)」와 관련된 표현으로 「～が早(はや)い(이해가 빠르다)」「～に苦(くる)しむ(이해하기 어렵다)」「～を深(ふか)める(이해를 깊게 하다)」 등이 있다.

☞「～が高まる」(～가 높아지다) 라면 가능하다.

• 絵画(かいが) 회화
• 高(たか)める 높이다
• 深(ふか)まる 깊어지다
• 増(ふ)やす 늘리다

165. まだ就職したばかりですから、こんなに高いレストランには_____来られません。

(A) まれに

(B) ときどき

(C) たまに

(D) めったに

번역 아직 취직한지 얼마 안 되어서, 이렇게 비싼 레스토랑에는 좀처럼 올 수 없습니다.

해설

☞「めったに～ない(좀처럼 ～하지 않는다)」의 꼴로 뒤에 부정어를 동반한다.

• 就職(しゅうしょく) 취직
• 稀(まれ)に 드물게
• たまに 가끔

166. あれもこれも全部下さいなんて、ちょっと_____ですよ。

(A) 欲張り

(B) 欲望

(C) 意地っ張り

(D) 意地悪

번역 이것저것 모두 주세요라니, 조금 욕심쟁이네요.

해설

• 欲張(よくば)り 욕심쟁이
• 欲望(よくぼう) 욕망
• 意地(いじ)っ張(ぱ)り 고집쟁이
• 意地悪(いじわる) 심술쟁이

167. お湯が＿＿＿＿、そこにスパゲッティのめんを入れて
ゆでてください。

(A) ねっしたら
(B) わいたら
(C) ひえたら
(D) あたたまったら

번역 물이 끓으면 거기에 스파게티 면을 넣어서 삶아 주세요.

해설

☞뜨거운 물은 水(みず)가 아니라 湯(ゆ)를 쓴다. "물이 끓다"는 「お湯(ゆ)が沸(わ)く」이며, 이 밖에도 「湯(ゆ)に行(い)く」(목욕하러 가다) 「湯(ゆ)に入(はい)る」(목욕하다)등이 있다.

• 湯(ゆ) 뜨거운 물
• 茹(ゆ)でる 삶다, 데치다
• 熱(ねっ)する 뜨거워지다
• 冷(ひ)える 차가워지다, 식다

168. 100円玉があったら、ちょっと＿＿＿＿もらえませんか。

(A) くれて
(B) かえして
(C) かりて
(D) かして

번역 백엔 짜리 동전이 있으면 좀 빌려 주시지 않겠습니까?

해설

☞「～て もらえませんか」는 「～てください」의 공손한 표현.

• 玉(たま) 구슬, 동전
• 返(かえ)す 돌려주다
• 借(か)りる 빌리다
• 貸(か)す 빌려주다

169. 薬を飲んで＿＿＿＿気分が良くなりました。

(A) なんぷん
(B) いくぶん
(C) どれほど
(D) いくらも

번역 약을 먹고 다소 기분이 좋아 졌습니다.

해설

☞다소 좋아졌다는 표현이므로 「いくぶん」이 답이다.

• どれほど 어느 정도, 얼마나 ⇒ 어느쿠라이, どんなに의 뜻〈의문문〉
• いくぶん 다소, 약간, 얼마쯤 ⇒ いくらか, 少(すこ)し, ある程度(ていど)의 뜻.

170. 新メンバーが＿＿＿＿、攻撃力が向上しました。

(A) くわわって

(B) ふやして

(C) たりて

(D) たして

번역 새로운 멤버가 추가되어, 공격력이 향상되었습니다.

해설

☞ "새로운 멤버가 늘어나다, 채워지다"라는 의미이므로 타동사인 「増(ふ)やす」「足(た)す」는 사용할 수 없다.

• 攻撃力(こうげきりょく) 공격력
• 向上(こうじょう) 향상
• 加(くわ)わる 더해지다,
• 足(た)りる 충분하다
• 足(た)す 더하다

Part 8 독해

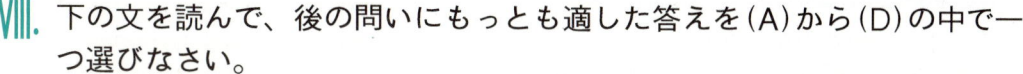

Ⅷ. 下の文を読んで、後の問いにもっとも適した答えを（A）から（D）の中で一つ選びなさい。

🔍 독해문제는 본문에 해답의 힌트가 나와 있으므로 본문의 내용을 파악하는 것이 중요하다.

171~174

　吉田さんは、毎日 6 時半ごろに起きます。奥さんはとても早起きなので、その時はもう新聞を読んだり紅茶を飲んだり①＿＿＿＿＿。それから二人でいっしょに朝ご飯を食べます。7 時半ごろに奥さんといっしょに家を出ますが、吉田さんは車で、奥さんは電車で会社に行きます。道が混まなければ会社に早めに着くので、ゆっくり②coffeeを飲んでから、その日の仕事を始めます。

해설
- 早起(はやお)き 일찍 일어남
- 出(で)る 나오(가)다
- 混(こ)む 혼잡하다
- 早(はや)めに 일찌감치

번역 요시다 씨는 매일 6시 반경에 일어납니다. 부인은 매우 빨리 일어나기 때문에 그 때는 이미 신문을 읽거나 홍차를 마시거나 합니다. 그리고 나서 두 사람이 함께 아침밥을 먹습니다. 7시 반경에 부인과 함께 집을 나서지만, 요시다 씨는 자동차로, 부인은 전차로 회사에 갑니다. 길이 막히지 않으면 회사에 일찌감치 도착하기 때문에 느긋하게 커피를 마시고 나서 그 날의 일을 시작합니다.

171. ①＿＿＿＿＿に入る言葉はどれですか。

（A）です
（B）います
（C）します
（D）しています

해설
☞습관을 나타내고 있기 때문에 「している」가 적절하다.

172. ②coffeeの正しいカタカナ表記はどれですか。

（A）コヒー
（B）コーヒー
（C）コピー
（D）カフェー

173. 吉田さんはいつ朝ご飯を食べますか。

(A) 起きてすぐ食べる。

(B) 新聞を読んでから食べる。

(C) 紅茶を飲んでから食べる。

(D) 会社に着いてから食べる。

174. 本文の内容と合っているものはどれですか。

(A) 吉田さんより奥さんの方が早く家を出ます。

(B) 吉田さんは一人で朝ご飯を食べます。

(C) 吉田さんは電車で会社に行きます。

(D) 奥さんは6時半より前に起きます。

> **해설**
>
> ☞순서를 나타내는 접속사「それから」에서 답을 찾는다.
> ☞「동사+てから」는 '～하고 나서' 라는 순차적 표현이다.

175~178

　来月の例会の日時が決まりましたのでお知らせいたします。
　今回は特に、会員のお友達で、韓国からの　①留学生パク・ヒョンジンさんが参加してくれることになりました。パクさんは韓国で映画関係の仕事をしていた関係で、今は日本の大学院で映像の勉強をしているそうです。
　韓国の映画②_____など、色々とお話が聞ける良い機会になると思いますので、皆さまふるってご参加下さい。

日　　時：10月12日（土）午後3時

場　　所：韓国文化センター　映像ルーム

上映作品：『夢のあと』

> **해설**
>
> ☞「お+동사ます형+する(いたす)」는 "～하다, 해 드리다"라는 겸양 표현.
> ☞「ご+한자어+ください」"～해 주세요"라는 존경의 의뢰 표현.
>
> ・例会(れいかい) 정례회
> ・日時(にちじ) 일시
> ・留学生(りゅうがくせい) 유학생
> ・参加(さんか) 참가
> ・関係(かんけい) 관계
> ・映像(えいぞう) 영상
> ・機会(きかい) 기회
> ・振(ふ)るって 자진해서, 분발해서

번역 다음 달 정례회 일시가 결정되어서 알려 드립니다.
　이번에는 특히 회원의 친구 분으로 한국 유학생인 박현진 씨가 참가해 주시기로 하셨습니다. 박현진 씨는 한국에서 영화 관계의 일을 하고 있었던 관계로 지금은 일본의 대학원에서 영상 공부를 하고 있다고 합니다.
　한국의 영화 사정 등 다양한 이야기를 들을 수 있는 좋은 기회가 되리라 생각하니 여러분 적극 참가해 주세요.
　　　일　　시 : 10월 12일 (토) 오후 3시
　　　장　　소 : 한국 문화 센터 영상 룸
　　　상영작품 : 『꿈꾼 뒤』

175. これは何の文章ですか。

(A) 結婚式の招待状

(B) 韓国旅行の案内

(C) 映画同好会の案内

(D) 留学セミナーの案内

해설

☞마지막 문장의 "한국 영화에 대해 여러 가지 들을 수 있는 좋은 기회가 될 것이라는 내용"으로 짐작할 수 있다.

· 招待状(しょうたいじょう) 초대장

· 同好会(どうこうかい) 동호회

176. ①留学生の読み方として合っているものはどれですか。

(A) ゆうはくせい

(B) ゆうがくせい

(C) りゅうがくせい

(D) りゅうがくせ

177. ②＿＿＿＿＿に入る適当な言葉はどれですか。

(A) 関係

(B) 事情

(C) 内容

(D) 状態

해설

☞앞 뒤 문맥상 "상황이나 사정, 형편 등"의 내용이 들어가게 된다.

· 事情(じじょう) 사정

· 状態(じょうたい) 상태

178. 参加者のパクさんはどんな人ですか。

(A) 日本で映画関係の仕事をしている人。

(B) 日本で映像の勉強をしている人。

(C) 日本語を勉強しに来ている人。

(D) 『夢のあと』を作った映画会社の人。

해설

☞パクさん은 회원의 친구인 유학생이며, 한국에서 영화 관계 일을 했으며, 지금은 일본 대학원에서 영상을 공부하고 있다고 했다.

179~182

子育ての相談相手といえば母（３９％）か友達（２８％）で、夫は３位の１９％。おもちゃのバンダイが１２歳までの子を持つ母親、約４３００人に聞いた①＿＿＿＿＿、こんな結果が出た。

子どもの年齢や性別に②かかわらず、夫の存在感は薄い。「夫」は「母」に次ぐものと予測していたバンダイは「日中を含め、いつでも話ができる人が相談しやすいのでは」と見る。数年後に再調査し、「夫」の存在感を確かめるという。

해설
- 相談(そうだん) 상담
- 相手(あいて) 상대
- 母親(ははおや) 어머니
- 性別(せいべつ) 성별
- 関(かか)わらず 관계없이
- 存在感(そんざいかん) 존재감
- 次(つ)ぐ 잇다

변역　자녀 양육의 상담 상대라고 하면 어머니(39%)나 친구(28%)이고, 남편은 3위인 19%. 장난감 회사인 '반다이'가 12세까지의 자녀를 둔 어머니, 약 4,300명에게 물었더니, 이런 결과가 나왔다.

아이들의 연령이나 성별에 관계없이 남편의 존재감은 희박하다. "남편"은 "엄마"를 잇는 존재로 예측하고 있었던 '반다이'는 "낮을 포함해 언제라도 이야기를 할 수 있는 사람이 상담하기 쉬운 것은(아닐까)?"라고 본다. 수년 후에 재조사하여, "남편"의 존재감을 확인한다고 한다.

179. ①＿＿＿＿＿に入る言葉として適当なものはどれですか。

(A) ため
(B) ところ
(C) として
(D) ように

해설
☞「동사た형+ところ」 ~했던 바, ~했더니

180. ②かかわらずはどんな意味ですか。

(A) よって
(B) 関して
(C) 関係なく
(D) 応じて

해설
☞かかわらず ＝ かかわらないで 관계없이

☞~によって ~에 따라서
　~に関(かん)して ~에 관하여
　~に応(おう)じて ~에 응하여

- 関(かか)わる 관계하다

181. バンダイはどんな予想をしていましたか。

　　(A) 夫が２位になる。

　　(B) 母親が２位になる。

　　(C) 友だちが２位になる。

　　(D) 近所の人が２位になる。

해설

☞「夫」は「母」に次ぐものと予測していた（남편은 엄마를 잇는 존재로 예측)이라는 문장에서 답을 찾는다.

・近所(きんじょ) 근처, 부근

182. 本文の内容と合っているものはどれですか。

　　(A) バンダイが子育ての協力者について調査を行った。

　　(B) 調査は１２歳の子どもを持つ母親を対象に行われた。

　　(C) バンダイではいつでも相談できる人が上位になっていると分析している。

　　(D) 来年も同じ内容の調査を行う予定だ。

해설

・協力者(きょうりょくしゃ) 협력자
・調査(ちょうさ) 조사
・対象(たいしょう) 대상
・上位(じょうい) 상위
・分析(ぶんせき) 분석

183〜185

気象庁は10日、4月〜9月の天候見通しを発表した。
　予報によると、4月〜5月の天気は数日の周期で変わるが、東日本と西日本を中心に、平年に比べ晴れる日が多い。この期間の平均気温は東日本、西日本では平年より高く、逆に北日本、南西諸島では①_____。
　梅雨の季節となる6月〜7月の降水量は北日本と東日本の日本海側で多く、そのほかの地方では平年並みを見込んでいる。また夏（6月〜8月）の平均気温は全国的に平年並みの可能性が大きいとみている。

해설
- 気象庁（きしょうちょう）기상청
- 天候見通（てんこうみとお）し 날씨 전망
- 周期（しゅうき）주기
- 平年（へいねん）평년
- 比（くら）べる 비교하다
- 晴（は）れる 맑다
- 平均気温（へいきんきおん）평균기온
- 逆（ぎゃく）に 반대로
- 南西諸島（なんせいしょとう）남서 제도
- 梅雨（つゆ）장마
- 降水量（こうすいりょう）강수량
- 並（な）み 비슷함
- 見込（みこ）む 전망하다
- 可能性（かのうせい）가능성

번역 기상청은 10일 4월〜9월의 날씨 전망을 발표했다.
　예보에 의하면, 4월〜5월의 날씨는 수일 주기로 변화하지만, 동일본과 서일본을 중심으로 평년에 비해 맑은 날이 많다. 이 기간의 평균기온은 동일본, 서일본에서는 평년보다 높고, 반대로 북 일본, 남서 제도에서는 평년보다 낮다.
　장마철이 되는 6월〜7월의 강수량은 북일본과 동일본의 일본해(동해) 측에서 많으며, 그 외 지방에서는 평년 수준임을 전망하고 있다. 그리고 여름(6월〜8월)의 평균기온은 전국적으로 평년 수준일 가능성이 클 것이으로 보고 있다.

183. ①_____に入る内容として合っているものはどれですか。

(A) 平年並みだ。
(B) 平年より低い。
(C) 西日本より高い。
(D) 東日本より低い。

해설
☞ 앞 문장에서 "평년보다 높고, 「逆に（반대로）」"라는 단어에서 뒷 문장의 내용을 짐작할 수 있다.

184. 6月から7月の西日本の降水量はどんな予想ですか。

(A) 日本海側では多い。
(B) 太平洋側では少ない。
(C) 平年より多い。
(D) 平年と同じくらい。

해설
☞ 「6月〜7月の降水量は…」에서 북일본과 동일본의 일본해 측에서는 많으며, 그 밖의 지방에서는 「平年並み（평년 수준）」을 예상하고 있다.
- 太平洋（たいへいよう）태평양

185. 7月の平均気温はどんな予想ですか。

(A) 西日本では平年より高い。

(B) 東日本では平年より低い。

(C) 全国的に平年並み。

(D) 北日本では平年並み。

해설

☞마지막 문장에서 "여름의 평균 기온은 「平年並み(평년 수준)」의 가능성이 크다고 했음.

186~189

コンビニ利用客の主役が若者から中高年へと変わり始めている。若い頃からの利用者が通い続けている①_____、商品やサービス拡充で、高齢者も利用し始めているようだ。セブンイレブンの40歳以上の顧客は2002年には35%と2年前より15%増加した。

一方、30歳以上が53%を占めるファミリーマートでは、中高年をターゲットにした通販カタログを発行、質の高い食材やツアーが好評だ。本格志向の和食弁当も人気で、今後、弁当の3割程度を②_____に変えて行く方針である。

コンビニ各社は③こうした変化は今後も続くものと予想、顧客拡大に一層力を入れていく計画だ。

번역　편의점 이용객의 주역이 젊은이에서 중장년으로 바뀌기 시작하고 있다. 젊었을 때부터의 이용자가 계속 다니고 있는 것 외에, 상품이나 서비스 확충으로 고령자도 이용하기 시작하고 있는 것 같다. 세븐일레븐의 40세 이상의 고객은 2002년에는 35%로 2년 전보다 15% 증가했다.

한편, 30세 이상이 53%를 차지하는 패밀리마트에서는 중장년을 타겟으로 한 통판 카달로그를 발행, 질 높은 식재료와 여행이 호평이다. 본격 지향의 일본식 도시락도 인기여서, 앞으로 도시락의 3할 정도를 중장년을 타겟으로 한 상품으로 바꾸어 갈 방침이다.

편의점 각사는 이러한 변화는 앞으로도 계속될 것이라 예상하여 고객 확대에 한층 진력해 갈 계획이다.

해설

☞동사「ます형」+続(つづ)ける 계속해서 ~ 하다
동사「ます형」+始(はじ)める ~ 하기 시작하다

• 利用客(りようきゃく) 이용객
• 主役(しゅやく) 주역
• 若者(わかもの) 젊은이
• 拡充(かくじゅう) 확충
• 高齢者(こうれいしゃ) 고령자
• 顧客(こきゃく) 고객
• 増加(ぞうか) 증가
• 占(し)める 차지하다
• 通販(つうはん) 통판〈통신판매〉
• 発行(はっこう) 발행
• 好評(こうひょう) 호평
• 志向(しこう) 지향
• 方針(ほうしん) 방침
• 一層(いっそう) 한층
• 力(ちから)を入(い)れる 진력하다, 힘을 쓰다

186. ①_____に入る言葉として適当なものはどれですか。

(A) うち

(B) 他

(C) だけ

(D) のみ

해설
- うち 〜중
- 他(た) 〜외(에)
- だけ 〜만
- のみ 〜만, 뿐

187. 2000年にはセブンイレブンの40歳以上の顧客は何％でしたか。

(A) 20％

(B) 25％

(C) 35％

(D) 53％

해설
- 顧客(こきゃく) 고객

188. 文脈から見て、②_____に入る適当な言葉はどれですか。

(A) 通販で買える商品

(B) 中高年をターゲットにした商品

(C) セブンイレブンに対抗できる商品

(D) 高齢者福祉を考えた商品

189. ③こうした変化とは、どんな変化ですか。

(A) 若者のコンビニ利用が減っていること。

(B) 中高年のコンビニ利用が増えていること。

(C) 本格志向が高まっていること。

(D) 通販の利用が増えていること。

190~192

「丸の内で売れても、①新橋で当たらなければ、大流行はしない」。これが東京の書店業界で聞いた法則。さすが新橋、俗化や大衆化の感度ならどこにも負けない。戦後から新橋で商売を営んでいるという書店の主に聞いてみると、②_____ ブームは早めに来たという。平凡社の百科事典、吉川英治、宅建業の本、投資入門、英語本と続いた。

そして今、本がとんと売れない時代。『こんな株式市場に誰がした』『潰れたらどうする』『会社ってなあに?』『人生を立て直す３６のヒント』。平積みの書名に時代の弱気が漂う。

번역 "마루노우찌에서 팔려도 신바시에서 히트하지 않으면 대유행은 하지 않는다" 이것이 도쿄의 서점 업계에서 들은 법칙. 과연 신바시, 통속화와 대중화의 감도라면 어디에도 지지 않는다. 전후부터 신바시에서 장사를 하고 있다는 서점 주인에게 들어 보니 확실히 붐은 일찌감치 왔다고 한다. 헤이본사의 백과사전, 요시가와에이지, 택건업 책, 투자 입문, 영어책으로 이어졌다.

그리고 지금, 책이 전혀 팔리지 않는 시대. "이런 주식시장에 누가 했나?" "망하면 어떻게 하지?" "회사란 뭔가?" "인생을 다시 세우는 36(가지)힌트". 진열되어 있는 책이름에 시대의 무력감이 감돈다.

해설

☞ 「平積(ひらづみ)」 신간이나 화제의 책 코너에 진열되어 있는 책.

☞ 「동사ます형+直(なお)す」 다시 (고쳐)～하다

- 丸(まる)の内(うち) 마루노우치(지명) 도쿄 중심부에 있는 비즈니스가
- 新橋(しんばし) 신바시(지명)
- 売(う)れる 팔리다
- 大流行(だいりゅうこう) 대유행
- 当(あ)たる 들어맞다, 히트하다
- 法則(ほうそく) 법칙
- 俗化(ぞっか) 속화, 세속에 물들어 통속화 됨
- 大衆化(たいしゅうか) 대중화
- 感度(かんど) 감도
- 負(ま)ける 지다, 패배하다
- 商売(しょうばい) 장사
- 営(いとな)む 경영하다
- 百科事典(ひゃっかじてん) 백과사전
- 宅建業(たっけんぎょう) 택건업
- 投資入門(とうしにゅうもん) 투자 입문
- 株式市場(かぶしきしじょう) 주식시장
- 潰(つぶ)れる 망하다
- 立(た)て直(なお)す 되돌리다, 다시 고쳐 세우다
- 書名(しょめい) 책이름
- 弱気(よわき) 소극적이고 무기력함, 마음이 약함
- 漂(ただよ)う 표류하다, 감돌다

95

190. ①<u>新橋で当たらなければ</u>とは、どんな意味ですか。

(A) 新橋でぶつからなければ

(B) 新橋で売れなければ

(C) 新橋が大衆化しなければ

(D) 新橋で確かめなければ

해설

☞「当(あ)たる」(히트하다, 잘 되다)의 의미에서 짐작할 수 있다.

• ぶつかる 충돌하다, 부딪다
• 確(たし)かめる 확인하다

191. ②_____に入る言葉として適当なものはどれですか。

(A) たしかに

(B) たしか

(C) きっと

(D) ぜひ

해설

☞ "틀림없이 ～했다"라는 의미이므로 「確(たし)かに」가 답이다.

☞「たしか」는 "아마도 ～일 것이다"라는 추량 표현을 동반한다.

☞ '꼭, 반드시' 라는 「きっと」도 추량어를 동반하며, 「ぜひ」는 희망이나 의뢰를 동반한다.

192. 本文の内容と合っているはどれですか。

(A) 最近新橋で売れているのは投資関係の本だ。

(B) 最近は弱気な書名の本の方がよく売れる。

(C) 丸の内で売れた本は、新橋では売れない。

(D) 新橋は俗化や大衆化に対する感度が高い。

해설

☞ 전체 문장에서 유행의 본산지인 신바시 서점가의 책이름에서 시대의 흐름을 느낄 수 있다고 했다.

193~196

先月、海外勤務を終えて１年ぶりにやっと日本に帰国した。ところが、空港から自宅に向かう電車の中で、①私は意外な思いをすることになった。あれほど恋しかった日本語が、やけにうるさく感じるのである。周囲の人の会話が私の耳の中に入りこんでは頭の中を渦巻き、実に落ち着かない。海外では回りの会話が分からず、ずいぶんとストレスをためていたから、分かることが②＿＿＿＿＿。

しかし、帰国から１ヶ月が経ち、今では電車の中のおしゃべりも③気にならなくなった。声は確かに耳に入っているのだが、そこで意識を切断できるようになったらしい。ありがたいことに人間の神経回路とは、思っている以上に柔軟性に富んだ働き方をしてくれているようだ。

번역 지난달, 해외 근무를 끝내고 1년만에야 귀국했다. 그런데 공항에서 집으로 향하는 전차 안에서 나는 뜻밖의 느낌을 갖게 되었다. 그렇게 그리웠던 일본어가 몹시 시끄럽게 느껴지는 것이다. 주위 사람의 대화가 내 귀속에 파고들어 머리 속을 소용돌이쳐 정말로 불안하다. 해외에서는 주위의 대화를 이해하지 못해서 상당히 스트레스를 받고 있었기 때문에, 안다는 것이 스트레스가 될 줄은 생각도 못했다.

그러나, 귀국하고 나서 1개월이 지나, 지금은 전차 안의 말소리도 신경 쓰이지 않게 되었다. 소리는 확실히 귀에 들어왔지만, 거기에서 의식을 단절할 수 있게 된 것 같다. 고맙게도 인간의 신경 회로란, 생각 이상으로 유연성이 풍부한 역할을 해 주고 있는 것 같다.

해설

☞「思(おも)いをする」 느낌을 맛보다, 경험을 하다

☞「동사・형용사 기본형+ことに」 ~하게도

☞「ストレスをためる」(스트레스를 쌓다)는 "스트레스를 받는다"의 의미이며 "스트레스가 쌓이다"는 「ストレスが溜(た)まる」라고 한다.

☞「~に富(と)む」의 형태로 "~이(가) 풍부하다, 많다"는 뜻으로 쓰인다.

・意外(いがい) 의외, 뜻밖
・恋(こい)しい 그립다
・やけに 매우, 지독히, 함부로
・入(はい)り込(こ)む 속으로 깊숙이 들어가다
・渦巻(うずま)く 소용돌이치며 돌다
・落(お)ち着(つ)く 침착하다, 안정되다
・経(た)つ 지나다, 경과하다
・おしゃべり 수다, 말
・切断(せつだん) 절단
・神経(しんけい) 신경
・回路(かいろ) 회로
・柔軟性(じゅうなんせい) 유연성

193. ①について、筆者が意外に思ったこととして正しいものはどれですか。

　（A）日本語があまり恋しくなくなったこと。
　（B）日本語の響きがあまりきれいではなかったこと。
　（C）日本語をうるさいと思ったこと。
　（D）日本語が頭の中を渦巻いたこと。

해설

☞바로 뒤에 이어지는 문장 「やけにうるさく感じる」에 답이 있다.

・響(ひび)き 울림, 여운

194. ②_____に入る内容として適当なものはどれですか。

   (A) ストレスになるはずだった。

   (B) ストレスを受けるわけがなかった。

   (C) ストレスになるとは思ってもいなかった。

   (D) ストレスを解消し得ないと思っていた。

해설

☞스트레스를 받은 것이 "말을 이해 못해서"였는데 "안다는 것이 오히려 스트레스가 될 줄은 몰랐다"로 문장이 이어진다.

☞동사ます형+得(う)る/ 得(え)ない ～할 수 있다/할 수 없다

• はず (틀림없이)～일 것이다
• わけがない ～할 리가 없다
• 解消(かいしょう) 해소

195. おしゃべりが③気にならなくなった理由は何ですか。

   (A) 話している人の声が耳に入らないようになったから。

   (B) 耳に入った日本語を意識しないですむようになったから。

   (C) 音楽を聴いて注意を他にそらすようにしたから。

   (D) 耳に入った会話をむしろ楽しむようにしたから。

해설

☞바로 이어지는 문장「意識を切断できるようになった」에서 답을 찾는다.

• 済(す)む 끝나다
• 逸(そ)らす 딴 데로 돌리다
• むしろ 오히려

196. 本文の内容と合っているものはどれですか。

   (A) 海外では英語ができないことがストレスになった。

   (B) 日本の電車では自分の会話が聞かれてしまって落ち着かない。

   (C) 帰国して1ヶ月経つと、日本の生活にもまた慣れてくる。

   (D) 人間の神経回路は思っていたより柔軟性に富んでいる。

해설

☞전체 문장 중 포인트는 마지막 문장에 있다.

197~200

　東京都では、20数年ぶりに教員の大量採用期を迎えている。都市部では子ども数の減少に歯止めがかかる一方で、少人数学級の拡大などで採用が増加。教育委員会側の①買い手市場だった3、4年前までとは情勢が急変している。

　このため、採用試験の競争率は低下し、昨年は3年連続ダウンの2.4倍にまで下がった。「いい人材」を選ぶには、競争率3倍がぎりぎりの線とされており、「いま動かなければ、将来大変なことになる」と都教育委員会の選考課長は話す。

　同委員会では、70年代以来初めてという東北や関西地区での採用説明会を行い、優秀な新人教員を一人でも多く集める計画だが、大阪府も他地域での説明会開催を決定しており、今後大都市間の人材獲得競争が強まりそうだ。

해설
・大量(たいりょう) 대량
・採用(さいよう) 채용
・迎(むか)える 맞이하다
・都市部(としぶ) 도시, 도회지
・歯止(はど)め 제동기=ブレーキ
・少人数(しょうにんずう) 소인수
・教育委員会(きょういくいいんかい) 교육위원회
・買(か)い手(て)市場(しじょう) 공급에 비해 수요가 적어서 사는 사람에게 유리한 시장
・情勢(じょうせい) 정세
・競争率(きょうそうりつ) 경쟁률
・連続(れんぞく) 연속
・下(さ)がる 내려가다
・ぎりぎり 빠듯함
・動(うご)く 움직이다
・選考(せんこう) 전형(선발)
・優秀(ゆうしゅう) 우수
・新人(しんじん) 신인
・他地域(たちいき) 타지역
・開催(かいさい) 개최
・人材(じんざい) 인재
・獲得(かくとく) 획득
・強(つよ)まる 강해지다, 세지다

[번역] 도쿄도에서는 20여 년만에 교원의 대량 채용 시기를 맞이하고 있다. 도회지에서는 아이들 수의 감소에 제동이 걸리는 반면에, 소수 인원 학급의 확대 등으로 채용이 증가. 교육위원회 측이 (교사 선발에) 유리한 시장이었던 3,4년 전까지와는 정세가 급변하고 있다.

　이 때문에 채용시험 경쟁률은 저하하여, 작년에는 3년 연속 다운(내려감)의 2.4배로까지 내려갔다. "좋은 인재"를 선발하려면 경쟁률 3배가 최저선으로 되어 있어, "지금 손쓰지 않으면, 장래 큰 일이 될 것이다"라며 도교육위원회의 선발 과장은 말한다.

　동 위원회에서는 70년대이래 처음이라는 동북과 관서 지구에서의 채용 설명회를 실시하여, 우수한 신인 교원을 한 사람이라도 많이 모집할 계획이지만, 오사카부도 타지역에서의 설명회 개최를 결정하고 있어, 앞으로 대도시간의 인재 획득 경쟁이 강해질 것 같다.

197. 教員が大量に採用される理由として適当なものはどれですか。

(A) 都市部での子ども数が増加に転じているから。

(B) 最近、優秀な人材が多く育ってきているから。

(C) 少人数学級が拡大されているから。

(D) 教員採用試験が難しすぎて、希望者が減ってしまったから。

해설
☞이유는 「少人数学級の拡大などで」라는 두 번째 문장에 있다.
・転(てん)じる 옮기다, 변하다
・育(そだ)つ 성장하다, 자라다
・希望者(きぼうしゃ) 희망자

198. ①買い手市場は、ここではどんな意味ですか。

(A) 教員志望者が、教員に採用されにくい状況。

(B) 教育委員会が、なかなか良い教員志望者を選べない状況。

(C) 教育委員会が、教員の採用人数を予測できない状況。

(D) 教員の需要と供給のバランスが合っている状況。

> **해설**
>
> ☞「買(か)い手(て)市場(しじょう)」는 사는 사람이 유리한 시장 즉 "교육위원회에 유리하고 교사 지망자에게 불리한 상황"을 뜻한다. 그 반대어는 「売(う)り手(て)市場(しじょう)」(파는 사람에게 유리한 시장)
>
> ・状況(じょうきょう) 상황
> ・志望者(しぼうしゃ) 지망자
> ・需要(じゅよう) 수요
> ・供給(きょうきゅう) 공급

199. 「いい人材」を選ぶためには何が必要だといっていますか。

(A) 教員養成大学を活性化させること。

(B) 新卒者だけでなく、企業経験を持つ人も採用の対象とすること。

(C) 東京都だけでなく、他地方出身者を積極的に採用すること。

(D) 最低でも3倍の競争率で教員を選抜すること。

> **해설**
>
> ☞바로 이어지는 문장 「競争率3倍がぎりぎりの線」가 포인트!
>
> ・活性化(かっせいか) 활성화
> ・新卒者(しんそつしゃ) 그 해의 대학 졸업자
> ・選抜(せんばつ) 선발

200. 今後、どんなことが起こると予想されていますか。

(A) 大都市間で優秀な人材を獲得するための競争が強まる。

(B) 都市から都市への教員の移動が盛んになる。

(C) 地方から都市部へ来て教員になろうとする人が増える。

(D) 他の大都市でも教員の大量採用が始まる。

> **해설**
>
> ☞마지막 문장에서 「앞으로 대도시간의 인재 획득 경쟁률이 강해질 것이다라고 말하고 있다.
>
> ・移動(いどう) 이동
> ・盛(さか)ん 한창임, 활발함

JPT 문/제/해/설

2회

殷富門院大輔
いんぶもんゐんのたいふ

見せばやな
み

雄島のあまの
をじま

袖だにも
そで

ぬれにぞぬれし

色はかはらず
いろ

Part 1 ～ Part 4

次の質問1番から質問100番までは聞き取りの問題です。

どの問題も1回しか言いませんから、よく聞いて答えを(A)(B)(C)(D)の中から 一つ選びなさい。答えを選んだら、それにあたる答案用紙の記号を黒くぬりつぶしなさい。

Part 1 사진묘사

│ 次の写真を見て、その内容にあっている表現を(A)から(D)の中で一つ選びなさい。

例

(A) 女の人が鍋のふたを開けています。

(B) 鍋の中においしそうな料理が入っています。

(C) 二人で鍋をうばい合っています。

(D) 男の人が鍋の中身をかき混ぜています。

(A)(B)(C)(D)の中で(A)が上の写真を一番適切に表しています。

それで答えは(A)です。

(●)(B)(C)(D)

1.

(A) ここから先に入ってはいけません。

(B) ここで写真を撮ってはいけません。

(C) ここで立ち止まってはいけません。

(D) ここを通る人は注意をしなければなりません。

해설

• 立(た)ち止(ど)まる 멈추어 서다

• 注意(ちゅうい) 주의

번역 (A) 여기서부터 더 들어가면 안됩니다.
(B) 여기에서 사진을 찍어서는 안됩니다.
(C) 여기에서 멈추어 서서는 안됩니다.
(D) 여기를 지나는 사람은 주의를 하지 않으면 안됩니다.

2.

(A) 神社の入り口でおみくじを引いています。

(B) 男の人たちがお店の前でキャンペーンをしています。

(C) 抽選に当たった人がうれしそうな顔で笑っています。

(D) 宝くじを買う人たちがお店の前に集まっています。

번역 (A) 신사 입구에서 오미쿠지를 뽑고 있습니다.
(B) 남자들이 가게 앞에서 캠페인을 하고 있습니다.
(C) 추첨에 당첨된 사람이 기쁜 얼굴로 웃고 있습니다.
(D) 복권을 사는 사람들이 가게 앞에 모여 있습니다.

해설

☞「引(ひ)く」는 '잡아 뽑다' 등의 뜻이 있어서 (제비를) '뽑다' 할 때도 사용된다.

☞「当(あ)たる」는 '들어맞다'라는 뜻으로, (복권 등에) '당첨되다' 라는 의미로 쓰인다.

• 入(い)り口(ぐち) 입구
• おみくじ 길흉을 점치는 제비 〈뽑기〉
• 抽選(ちゅうせん) 추첨
• 嬉(うれ)しい 기쁘다
• 宝(たから)くじ 복권

3.

(A) ホテルのフロントに人が並んでいます。

(B) スーパーのレジでお金を払っています。

(C) 駅の窓口で切符を買っています。

(D) 映画館の前で待ち合わせをしている人たちです。

번역 (A) 호텔 프론트에 사람이 줄 서 있습니다.
(B) 수퍼 계산대에서 돈을 지불하고 있습니다.
(C) 역 창구에서 표를 사고 있습니다.
(D) 영화관 앞에서 만나기로 약속을 한 사람들입니다.

해설

☞사진을 보고 여기가 어디인지 생각해 보자.

· レジ 금전등록기, 계산대
· 払(はら)う 지불하다
· 待(ま)ち合(あ)わせ 만나기로 약속함

4.

(A) 郵便局の窓口でお客さんに説明をしています。

(B) 宅急便を送る人たちを受付に誘導しています。

(C) このビルに入る人はここで受付をします。

(D) 交差点で交通整理をしています。

번역 (A) 우체국 창구에서 손님에게 설명을 하고 있습니다.
　　　 (B) 택배 편을 보내는 사람들을 접수로 유도(안내)하고 있습니다.
　　　 (C) 이 빌딩에 들어오는 사람은 여기에서 접수를 합니다.
　　　 (D) 교차로에서 교통정리를 하고 있습니다.

해설

☞사진의　翌日配達(익일배달)로 택배와 관계되는 것을 알 수 있다.

・宅急便(たっきゅうびん)　택배 편
・誘導(ゆうどう)　유도(안내)
・受付(うけつけ)　접수
・交差点(こうさてん)　교차로
・交通整理(こうつうせいり)　교통 정리

5.

(A) ここはお弁当を作るための調理場です。

(B) ここはお弁当を食べるためのスペースです。

(C) ここでお弁当と飲み物を買うことができます。

(D) 飲み物が欲しい人はとなりの店に行きます。

번역 (A) 여기는 도시락을 만들기 위한 조리장입니다.
　　　(B) 여기는 도시락을 먹기 위한 공간입니다.
　　　(C) 여기에서 도시락과 음료를 살 수가 있습니다.
　　　(D) 음료가 필요한 사람은 옆 가게로 갑니다.

해설

☞ 「명사의／동사 기본형+ため」
　'~을 위함'이라는 목적 표현
　이다.

☞ 「ほしい」는 희망을 나타내는
　감정 형용사로 「명사+が ほし
　い」의 모양으로 '~을 갖고 싶
　다(원한다)'는 뜻이 된다.

・調理場(ちょうりば) 조리장
・欲(ほ)しい 원하다, 필요로 하
　다

6.

(A) 飲み物は横にして冷蔵庫に入れてあります。

(B) 冷蔵庫の中に野菜や果物が入れてあります。

(C) 段ボールの中に缶がきれいに並べられています。

(D) 缶ジュースがたてに積まれています。

번역 (A) 음료수는 옆으로 눕혀서 냉장고에 들어 있습니다.
(B) 냉장고 안에 야채와 과일이 들어 있습니다.
(C) 골판지 안에 캔이 가지런히 일렬로 되어 있습니다.
(D) 캔 주스가 세로로 쌓여져 있습니다.

해설

☞「横(よこ)にする」는 '가로로 눕히다'「横になる」는 '가로로 눕다'.

· 冷蔵庫(れいぞうこ) 냉장고
· 段(だん)ボール 골판지〈상자〉
· 並(なら)べる 나란히 하다
· 積(つ)む 쌓다

7.

（A） 自転車に乗ってここを通ることはできません。

（B） この辺りに自転車を放置してはいけません。

（C） この道は自動車とトラックだけ通れます。

（D） ここは日曜日は歩行者天国になります。

翻역 (A) 자전거를 타고 여기를 지나갈 수는 없습니다.
　　(B) 이 주변에 자전거를 방치해서는 안됩니다.
　　(C) 이 길은 자동차와 트럭만 통과할 수 있습니다.
　　(D) 여기는 일요일은 보행자 천국이 됩니다.

해설

☞사진에 '자전거등 방치 금지구역'이라고 되어 있다.

☞「동사 기본형+ことができる」 '~하는 일이 가능하다' 라는 가능 표현.

·辺(あた)り 주변
·放置(ほうち) 방치
·歩行者天国(ほこうしゃてんごく) 보행자 천국

8.

(A) 病院の待合室です。

(B) 病院の中にある売店です。

(C) 色々な病院の薬を売る店です。

(D) 薬を作る会社の入り口です。

해설

☞사진에 약국, 처방전 접수 등의 글자가 있다.

· 待合室(まちあいしつ) 대합실
· 売店(ばいてん) 매점
· 売(う)る 팔다

번역 (A) 병원 대합실입니다.
     (B) 병원 안에 있는 매점입니다.
     (C) 여러 병원의 약을 파는 가게입니다.
     (D) 약을 만드는 회사 입구입니다.

9.

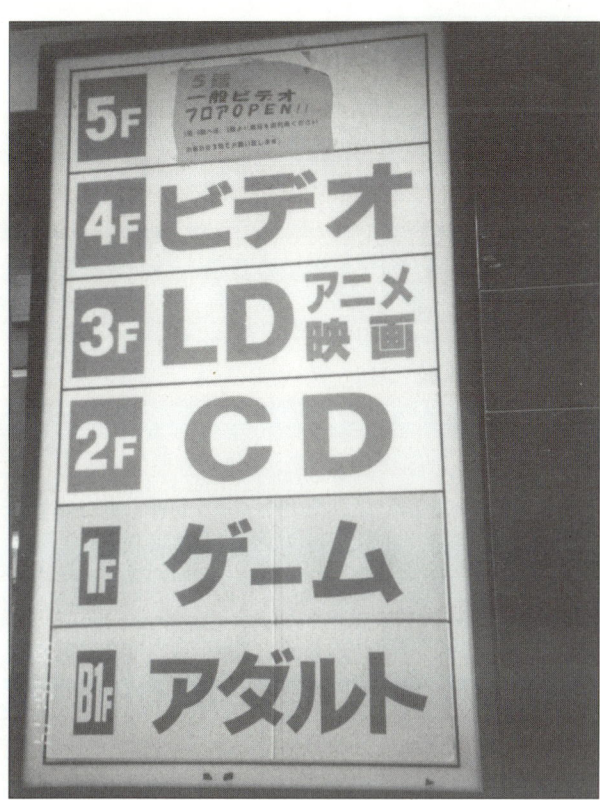

(A) 上映映画の紹介をする看板です。

(B) ゲームセンターの入り口です。

(C) CDを買いたい人は2階に行きます。

(D) この店は地下1階から8階までです。

해설

· 上映(じょうえい) 상영
· 看板(かんばん) 간판
· 地下(ちか) 지하

번역 (A) 상영 영화의 소개를 하는 간판입니다.
　　　 (B) 게임 센타 입구입니다.
　　　 (C) CD를 사고 싶은 사람은 2층으로 갑니다.
　　　 (D) 이 가게는 지하 1층부터 8층까지입니다.

10.

(A) この店では1時間だけ食事ができます。

(B) この店の料理は全部一皿950円です。

(C) この店では950円で食べたいだけ肉が食べられます。

(D) この店では60分を過ぎると延長料金が950円かかります。

번역 (A) 이 가게에서는 1시간만 식사를 할 수 있습니다.
(B) 이 가게 요리는 전부 한 접시에 950엔입니다.
(C) 이 가게에서는 950엔으로 먹고 싶은 만큼 고기를 먹을 수 있습니다.
(D) 이 가게에서는 60분을 지나면 연장요금이 950엔 듭니다.

해설

☞ 焼肉食べ放題(やきにくたべほうだい) 60분에 950엔이라고 되어 있다.

☞ 여기에서의 「だけ」는 정도, 범위의 한계를 나타내어 "~만큼, ~대로"의 뜻을 갖는다.

· 一皿(ひとさら) 한 접시
· 過(す)ぎる 지나다
· 延長(えんちょう) 연장

11.

(A) 遊園地に人が大勢遊びに来ています。

(B) 男の人が山道を歩いて行きます。

(C) 街路樹の前で立ち止まっている人がいます。

(D) 車を避けてみな歩道を歩いています。

번역 (A) 유원지에 사람이 많이 놀러 와 있습니다.
(B) 남자들이 산길을 걸어갑니다.
(C) 가로수 앞에서 멈춰서 있는 사람이 있습니다.
(D) 차를 피해서 모두 보도를 걷고 있습니다.

해설

• 遊園地(ゆうえんち) 유원지
• 大勢(おおぜい) (사람이)많음
• 山道(やまみち) 산 길
• 街路樹(がいろじゅ) 가로수
• 避(さ)ける 피하다
• 歩道(ほどう) 보도

12.

(A) お客さんはこの入り口を利用できません。

(B) 窓口を利用する人は右に進みます。

(C) 窓口がこんでいるので、左側の窓口を利用します。

(D) 左に行くとお客さん用の駐車場があります。

번역 (A) 손님은 이 입구를 이용할 수 없습니다.
(B) 창구를 이용할 사람은 오른쪽으로 나아갑니다.
(C) 창구가 혼잡하기 때문에 좌측 창구를 이용합니다.
(D) 왼쪽으로 가면 손님용 주차장이 있습니다.

해설

☞ お客様窓口(おきゃくさままどぐち)는 고객 창구 〒는 우체국 표시.

☞ 「進(すす)む」는 '(앞으로)나아가다, 진출하다'라는 뜻으로 「右(みぎ)に進(すす)む」는 오른 쪽으로 나아가다.

• 窓口(まどぐち) 창구
• 混(こ)む 혼잡하다

13.

(A) ここにある眼鏡は売り物ではありません。

(B) 左側の列にある眼鏡だけ全部500円です。

(C) サングラスは500円ですが、眼鏡は1500円です。

(D) 500円でどの眼鏡も買うことができます。

번역 (A) 여기에 있는 안경은 팔 물건이 아닙니다.
(B) 좌측 줄에 있는 안경만 전부 500엔입니다.
(C) 선글라스는 500엔이지만, 안경은 1500엔입니다.
(D) 500엔으로 어느 안경이나 살 수 있습니다.

해설

☞ '패션 안경 딱 500엔' 이라고 쓰여 있다.

· 眼鏡(めがね) 안경
· 売(う)り物(もの) 팔 물건
· 左側(ひだりがわ) 좌측

14.

(A) 銀行でお金をおろしています。

(B) ATM機の前に人が並んでいます。

(C) 銀行の前の道を歩いて行く人がいます。

(D) 銀行員がATM機の使い方を説明しています。

번역 (A) 은행에서 돈을 찾고 있습니다.
      (B) ATM기 앞에 사람이 줄 서 있습니다.
      (C) 은행 앞길을 걸어가는 사람이 있습니다.
      (D) 은행원이 ATM기의 사용법을 설명하고 있습니다.

해설

☞ 사진은 도쿄미츠비시 은행.

· お金(かね)を下(お)ろす 〈예금에서〉 돈을 찾다
· 使(つか)い方(かた) 사용법
· 説明(せつめい)する 설명하다

15.

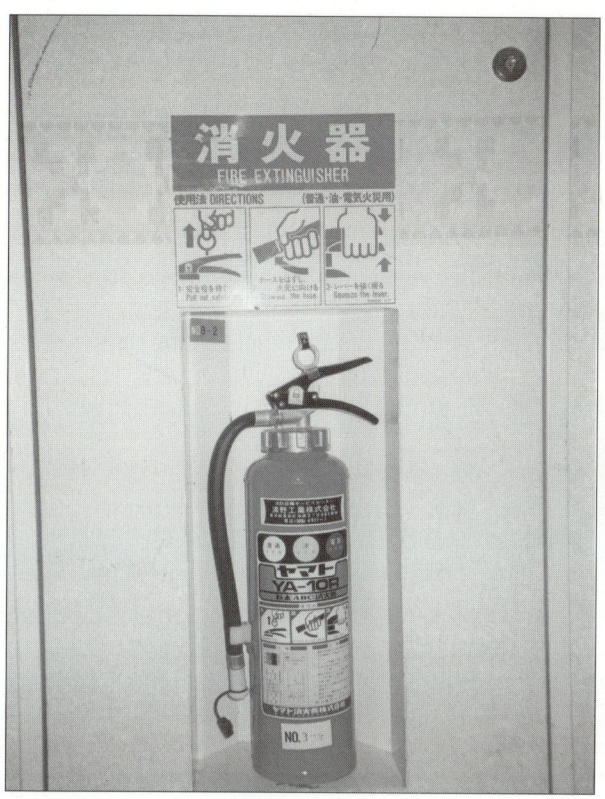

(A) 消防隊員が火を消しています。

(B) 消化器が壁に設置してあります。

(C) 火が消し止められたところです。

(D) 消化器を火に向けています。

번역 (A) 소방대원이 불을 끄고 있습니다.
(B) 소화기가 벽에 설치되어 있습니다.
(C) 불길이 막 잡혔습니다.
(D) 소화기를 불로 향하고 있습니다.

해설

☞ 「타동사+て ある」는 '~해져 있다' 라는 상태 표현이다.

☞ 「동사た+ところ」는 어떤 일이 막 완료되었음을 나타낸다.

· 消防(しょうぼう) 소방
· 隊員(たいいん) 대원
· 火(ひ) 불
· 消(け)す 끄다
· 消火器(しょうかき) 소화기
· 壁(かべ) 벽
· 設置(せっち) 설치
· 消(け)し止(と)める 불길을 잡다

16.

(A) この店で日本の麺類が食べられます。

(B) ここはファミリーレストランです。

(C) テイクアウト専門のそば屋です。

(D) ここの主なメニューは定食です。

번역 (A) 이 가게에서 일본의 면종류를 먹을 수 있습니다.
(B) 여기는 패밀리 레스토랑입니다.
(C) 테이크아웃 전문인 국수 가게입니다.
(D) 여기의 주된 메뉴는 정식입니다.

해설

☞ そば, うどん이라고 쓰여 있다.

· 麺類(めんるい) 면(국수)류
· 専門(せんもん) 전문
· 主(おも)な 주된〈主に：주로〉
· 定食(ていしょく) 정식

17.

(A) 今日は野菜の特売日です。

(B) 商品棚に野菜と果物が置いてあります。

(C) 箱に入った野菜を量り売りしています。

(D) 値段は店の人に聞かないと分かりません。

번역 (A) 오늘은 야채 특매일입니다.
　　　(B) 상품 진열대에 야채와 과일이 놓여 있습니다.
　　　(C) 상자에 들어 있는 야채를 달아서 팔고 있습니다.
　　　(D) 가격은 가게 사람에게 묻지 않으면 모릅니다.

해설

☞「商品棚(しょうひんだな)」상품을 진열하는 선반.

☞ 슈퍼마켓에서 흔히 볼 수 있는 그림이다.

· 特売日(とくばいび) 특매일
· 箱(はこ) 상자
· 量(はか)り売(う)りする 달아서 팔다
· 値段(ねだん) 가격

18.

(A) タクシー乗り場にタクシーは 1 台もとまっていません。

(B) 列の先頭の人は次のタクシーにすぐ乗れます。

(C) タクシーを待つ人は 2 列に並んでいます。

(D) タクシー乗り場のすぐとなりにバス乗り場もあります。

번역 (A) 택시 승차장에 택시는 한 대도 서 있지 않습니다.
(B) 줄의 맨 앞사람은 다음 택시에 바로 탈 수 있습니다.
(C) 택시를 기다리는 사람은 2열로 줄 서 있습니다.
(D) 택시 승차장 바로 옆에 버스 정류장도 있습니다.

해설
☞택시 타는 곳에 사람들이 줄을 서서 차례로 택시를 타고 있다.
☞「乗(の)れる」는 「乗(の)る (타다)」의 가능 동사로 앞에 오는 조사는 항상 「に」를 취한다.

• 乗(の)り場(ば) 타는 곳
• 止(と)まる 서다, 정지하다
• 先頭(せんとう) 선두, 맨 앞
• 並(なら)ぶ 줄 서다, 나란히 하다
• すぐ 바로, 곧

19.

(A) ここでアイドル歌手のコンサートが開かれます。

(B) 高校生は夜9時以降、入店することができません。

(C) この店は午前10時には営業していません。

(D) この店の利用時間と利用金額が表示されています。

번역　(A) 여기에서 아이돌 가수의 콘서트가 개최됩니다.
　　　(B) 고교생은 밤 9시 이후, 입점할 수가 없습니다.
　　　(C) 이 가게는 오전 10시에는 영업하지 않습니다.
　　　(D) 이 가게의 이용 시간과 이용 금액이 표시되어 있습니다.

해설

☞오전 11시 ~오전 5시까지 영업. 이용 금액은 표시되어 있지 않다.

· 開(ひら)く 열리다
· 以降(いこう) 이후
· 入店(にゅうてん) 입점
· 営業(えいぎょう) 영업
· 金額(きんがく) 금액
· 表示(ひょうじ) 표시

20.

(A) 窓口の前にペンと紙が置いてあります。

(B) 受付の前に男の人が立っています。

(C) 小さな窓の向こうに男の人の顔が見えます。

(D) 窓が小さくて受付の人の顔が見えません。

해설

☞「小(ちい)さな」는 '자그마한, 작은'이라는 뜻의 연체사로 명사를 수식한다.

・窓口(まどぐち) 창구
・受付(うけつけ) 접수

번역 (A) 창구 앞에 펜과 종이가 놓여 있습니다.
(B) 접수 앞에 남자가 서 있습니다.
(C) 작은 창문 저쪽에 남자의 얼굴이 보입니다.
(D) 창문이 작아서 접수원의 얼굴이 보이지 않습니다.

Part2 질의 응답

Ⅱ. 次の言葉の返事として、最も適した答えをAからDの中で一つ選びなさい。

例 お勤めはどちらですか。   (A) 営業の仕事をしています。
                                  (B) 電車で30分くらいです。
                                  (C) 東京駅の近くです。
                                  (D) どちらでもいいです。

質問(しつもん)に対(たい)するもっとも適(てき)した返事(へんじ)は(C)ですので、答(こた)えは(C)です。
(A)(B)(●)(D)

21. ついでがあったら、この郵便を出して来てほしいんですが。

(A) 郵便局はこの先の角を曲がった所にありますよ。

(B) 今日来た郵便物は、全部総務にあると思いますよ。

(C) もうすぐ駅に行くので、預かっておきますよ。

(D) 80円切手でよければ、今持っていますよ。

번역 가는 길이 있으면, 이 우편물을 부쳐 주셨으면 하는데요….

해설
· 序(つい)で 적당한 때, 좋은 기회
· 郵便(ゆうびん)を出(だ)す 우편물을 부치다
· 先(さき) 앞, 전방
· 曲(ま)がる 돌다
· 総務(そうむ) 총무
· 預(あず)かる (남의 물건을)맡다, 보관하다

22. 今から食事に行くんですが、いっしょにどうですか。

(A) 本当においしそうですね。

(B) えっ、今食べてきてしまったんですよ。

(C) 食事じゃなくて営業に行くんですよ。

(D) 何時に待ち合わせましょうか。

번역 지금부터 식사하러 가는데, 함께 어떻습니까?

> 해설
>
> ☞「동사＋て しまう」는 "〜해 버리다"라는 완료와 유감의 표현으로 여기서는 "이미 먹고 와 버렸다"는 유감과 완료의 의미를 둘 다 내포하고 있다.
>
> ・食事(しょくじ) 식사
> ・待(ま)ち合(あ)わせる 시간과 장소를 미리 정해서 만나기로 하다

23. 村田さん、具合が悪そうですけど、大丈夫ですか。

(A) それが、日曜日は約束があって無理なんです。

(B) どうもお昼に食べた物がよくなかったみたいで…。

(C) 急いで行けば大丈夫だと思います。

(D) 明日は都合が悪いですが、今日は大丈夫です。

번역 무라타 씨, 몸이 좋지 않은 것 같은데 괜찮습니까?

> 해설
>
> ☞「具合(ぐあい)が悪(わる)い」는 일반적으로 "건강 상태가 좋지 않다"라는 뜻으로 쓰이며, 「都合(つごう)が悪(わる)い」는 "형편이나 사정이 좋지 않다"는 뜻이 강하다.

24. 終電があるので、私はそろそろ失礼します。

(A) そう、じゃあがんばって。

(B) どうぞ、そこの椅子にすわってください。

(C) じゃ、僕たちもそろそろ帰ろうか。

(D) えっ、そんな失礼をしてしまったのか。

번역 마지막 전철이 있어서, 저는 이만 슬슬 실례하겠습니다.

> 해설
>
> ☞「そろそろ 失礼(しつれい)する」는 "이제 시간이 되어 슬슬 돌아가겠다"라는 의미이므로 그에 대한 응대 표현을 찾으면 된다.
>
> ・終電(しゅうでん) 마지막 전차
> ・そろそろ 이제 슬슬(시간이 다 되었음)

25. 社員旅行の日程はもう決まりましたか。

(A) ええ、あとでみんなにコピーを配ります。

(B) みんなで温泉に行ったんですよ。

(C) いえ、まだ帰って来ていないんです。

(D) そうですね、みんなで決めましょう。

[번역] 사원 여행 일정은 이제 정해졌습니까?

해설
☞「まだ (동사) て いない」는 "아직 ～하지 않았다"뜻

· 日程(にってい) 일정
· 決(き)まる 정해지다
· 配(くば)る 배분하다, 나누다
· 決(き)める 결정하다

26. 明日の予定は何かありますか。

(A) 明日は25日です。

(B) 書類は今日中に出す予定です。

(C) 特に決めていませんが。

(D) 映画を見に行きました。

[번역] 내일 예정은 뭔가 있습니까?

해설
· 予定(よてい) 예정
· 書類(しょるい) 서류
· 今日中(きょうじゅう)に 오늘 중으로
· 特(とく)に 특히, 특별히

27. そのペン、使ったら戻しておいてくださいね。

(A) ええ、もう借りておきました。

(B) ええ、そこに置いておきますよ。

(C) えっ、これは使ってはいけないんですか。

(D) えっ、今日はもう戻らないですよ。

[번역] 그 펜, 사용하면 제자리에 놓아 주세요.

해설
☞ "본래의 상태나 제자리로 되돌리다"라는 「戻(もど)す」의 정확한 의미를 알아야 한다.

· 戻(もど)る 되돌아가다(오다)

28. 取引先への手みやげは何がいいでしょうか。

　　(A) これは京都で買ってきたおみやげです。

　　(B) 約束の10分前までには行ってください。

　　(C) 何か甘い物でも持って行ってください。

　　(D) 取引先から一度電話を入れてください。

　　[번역] 거래처에 줄 선물은 무엇이 좋을까요?

해설

☞「何(なに)がいいでしょうか」는 상대에게 의견을 구하는 표현이며, 「甘(あま)い物(もの)」는 단 것 즉, 과자류 등을 말한다.

・取引先(とりひきさき) 거래처
・手(て)みやげ 간단한 선물
・お土産(みやげ) 특산물

29. 発表会は何時からですか。

　　(A) 発表会ならもうすぐ始まりますよ。

　　(B) たぶん2時間くらいで終わります。

　　(C) 来週の月曜日の予定です。

　　(D) 私ももうすぐ行くつもりです。

　　[번역] 발표회는 몇 시부터입니까?

해설

☞「何時(なんじ)から」라는 말은 시작을 묻는 표현.

・発表会(はっぴょうかい) 발표회
・始(はじ)まる 시작되다
・終(お)わる 끝나다

30. このコピー機、使ってもいいですか。

　　(A) いいえ、この紙はコピーできないんです。

　　(B) いいえ、FAXで送ってください。

　　(C) すみません、まだやりかけなんです。

　　(D) すみません、もうコピーしてしまいました。

　　[번역] 이 복사기 사용해도 됩니까?

해설

☞「동사＋てもいいですか(～해도 됩니까?)」는 허가를 구하는 표현.

☞「동사(ます형)＋かけ」는 그 동작의 도중임을 나타내므로 「やりかけ」는 '하는 도중'이라는 뜻.

・コピー機(き) 복사기

31. あれ、今日はあまり飲まないんですね。

(A) さっき晩ご飯を食べたばかりなんですよ。

(B) 最近毎日飲み会が続いていてね。

(C) ダイエットはやめた方がいいですよ。

(D) ちょっと酔っているんですか。

> 번역 어머, 오늘은 별로 마시지 않는군요.

해설

☞「あれ」는 의외이거나 놀람, 이상하게 생각할 때 쓰이는 감동사(어, 아니, 어머).

☞「동사た+ばかり」는 어떤 동작을 한 지 얼마 안되었다, 막 완료했다는 의미이다.

• さっき 아까, 조금 전
• 酔(よ)う 취하다

---

32. このパソコンの画面、ちょっと見にくいですね。

(A) キーがちょっと小さいかもしれませんね。

(B) 角度をちょっと調整してみてください。

(C) 20万円くらいで買えましたよ。

(D) スピーカーの調子がちょっと悪いんです。

> 번역 이 컴퓨터 화면, 조금 보기 어렵네요.

해설

☞「동사(ます형)+にくい／やすい」 "〜하기 어렵다/쉽다"라는 뜻의 복합 형용사.

☞「調子(ちょうし)が悪(わる)い」는 "사람의 건강 및 기계 상태가 좋지 않다"는 뜻.

• 画面(がめん) 화면
• 角度(かくど) 각도
• 調整(ちょうせい) 조정
• 調子(ちょうし) 상태

---

33. こんどの企画はうまくいきそうですか。

(A) いえ、あまり上手ではありません。

(B) いえ、なかなかうまく作れません。

(C) ええ、うまくいくといいんですが。

(D) ええ、おかげさまで何とか。

> 번역 이번 기획은 잘 되어 갈 것 같습니까?

해설

☞「うまくいく」는 "일이 잘 되어 가다"는 뜻으로 상대의 일의 형편을 묻는 표현.

☞「동사기본형+といい」는 "〜하면 좋겠다"라는 희망의 표현.

• 企画(きかく) 기획

34. 冷蔵庫のビール、もう冷えているかしら。

(A) あ、さっき冷蔵庫に入れておいたよ。

(B) さっき入れたばかりだから、まだじゃないかな。

(C) 冷めないうちに早く飲んでしまおうよ。

(D) もう1本注文したらいいよ。

번역 냉장고의 맥주, 이제 차가워져 있을까?

해설

☞ 「かしら」는 여성어로 내용을 추측해서 혼잣말하는 경우이며, 남성어로는 「かな」.

☞ 「동사ない+うちに」는 "~하기 전에"

- 冷蔵庫(れいぞうこ) 냉장고
- 冷(ひ)える 차가워지다
- 冷(さ)める 식다, 차가워지다
- 注文(ちゅうもん) 주문

35. 最近、毎日気温の変化が激しいですね。

(A) ええ、毎日雨ばかりでいやになりますよ。

(B) ええ、今年の夏は暑かったですからね。

(C) ええ、これでは風邪をひいてしまいそうですよ。

(D) ええ、早く春が来るといいんですけどね。

번역 최근 매일 기온의 변화가 심하네요.

해설

☞ 「동사 ます형+そうです」는 그럴 가능성이 많다는 추측 표현으로 「~引(ひ)いてしまいそうです」는 "(감기에)걸려 버릴 것 같다"는 뜻이 된다.

- 変化(へんか) 변화
- 激(はげ)しい 격심하다
- 嫌(いや)になる 싫어지다

36. 高橋さん、お久しぶりです。

(A) ああ、その節はお世話になりました。

(B) こちらこそお世話になりました。

(C) 遠いところをわざわざありがとうございます。

(D) 今日はいろいろとお疲れさまでした。

번역 다카하시 씨, 오랜만입니다.

해설

☞ 오랜만에 만나서 하는 인사는 「お久(ひさ)しぶりです」

☞ 「節(せつ)」는 '마디, 절, 절조'의 뜻과 함께 '때, 기회'의 의미도 있어서 「その節(せつ)」는 '그 때'라는 회상의 뜻이 강하다.

- 節(せつ) 때, 기회
- お世話(せわ)になる 신세지다
- わざわざ 일부러
- お疲(つか)れさまでした 수고하셨습니다

37. ニューヨークは初めてですか。

(A) ええ、まだ始めたばかりなので。

(B) ええ、前回はロサンゼルスだったので。

(C) いえ、ニューヨークではなかったです。

(D) いえ、最初はロサンゼルスでした。

번역 뉴욕은 처음입니까?

해설

・初(はじ)めて 처음, 비로소
・始(はじ)める 시작하다
・前回(ぜんかい) 전번, 지난번
・最初(さいしょ) 최초, 처음

38. すみません、紳士服売り場はどこですか。

(A) こちらのスーツなどいかがでしょうか。

(B) 8階はレストラン街になっております。

(C) となりの新館の方にございます。

(D) ただいま春のスーツフェアを行っております。

번역 실례합니다. 신사복 매장은 어디입니까?

해설

☞「どこですか」는 "어디에 있습니까?"라는 위치를 묻는 표현이라는데 포인트!
☞「ござる」는 「ある」의 공손한 말이며, 정중체는 「ございます」가 된다.

・紳士服(しんしふく) 신사복
・売(う)り場(ば) 매장
・新館(しんかん) 신관
・フェア 페어(품평회, 박람회)
・行(おこな)う 거행하다

39. 北野さんはどんな映画がお好きなんですか。

(A) ええ、とても好きです。

(B) SFなんかが好きですね。

(C) 先週の日曜日に見に行きましたよ。

(D) 今度の土曜日にいっしょに行きませんか。

번역 기타노 씨는 어떤 영화를 좋아하십니까?

해설

☞「どんな(어떤)」는 "성질, 성격" 등 내용을 묻는 단어.

・なんか 등, 따위

40. 今日はめずらしく田中さんが遅刻ですね。

(A) いつものことですから、もう慣れましたよ。

(B) いつもは一番早いのに変ですね。

(C) いつも通りに家を出たんでしょう。

(D) いつもこうだといいんですけどね。

[번역] 오늘은 드물게 다나카 씨가 지각이네요.

해설

☞「めずらしく 遅刻(ちこく)」는 지각을 잘 하지 않는다는 점에 주의!

☞「명사+だといい」는 "~면 좋겠다"는 희망의 표현.

· 珍(めずら)しい 드물다, 진귀하다

· 遅刻(ちこく) 지각

· 慣(な)れる 익숙해지다

· 変(へん) 이상함, 별남

· いつも通(どお)り 늘 그대로, 평소대로

41. こちらのお皿はお下げしてもよろしいでしょうか。

(A) ええ、よろしかったらどうぞ。

(B) ええ、ちょうど今食べているところです。

(C) いえ、上げた方がいいと思いますよ。

(D) いえ、まだ食べ終わっていないので。

[번역] 이쪽 접시는 가져가도 되겠습니까?

해설

☞皿(さら)を下(さ)げる 접시를 치우다

· よろしい 「いい(좋다)」의 공손한 말

· 上(あ)げる 올리다

· 食(た)べ終(お)わる 다 먹다

42. 今日は何か身分証明になる物をお持ちですか。

(A) ええ、ここにサインをすればいいんですね。

(B) ええ、運転免許証でいいんですよね。

(C) いえ、携帯電話は持ってきませんでした。

(D) いえ、何をお持ちしましょうか。

[번역] 오늘은 뭔가 신분 증명이 될 물건을 가지고 계십니까?

해설

☞「お+동사(ます형)+です」는 "~하고 계시다/~하시다". 흔히 「~ている」의 의미로 쓰이는 존경 표현이 되므로, 「お持(も)ちですか」는 "가지고 계십니까?"의 뜻이 된다.

· 身分証明(みぶんしょうめい) 신분 증명

· 免許証(めんきょしょう) 면허증

· 携帯(けいたい) 휴대

43. この辺はいつまでたってものどかでいいですね。

   (A) 私たちが子どものころとは違いますよね。

   (B) これではいつまでたっても変わりませんよ。

   (C) ええ、豊かな自然は大切にしたいですね。

   (D) ええ、駅も学校も近くて便利な所ですよ。

번역 이 주변은 시간(세월)이 지나도 한적해서 좋네요.

해설

☞「経(た)つ」'시간이나 세월이 지나다, 흘러가다'의 뜻으로「いつまでたっても」는 "시간이 아무리 지나도".

☞「大切(たいせつ)にする」는 "소중히 하다".

・辺(へん) 주변, 근처
・のどか 유유자적함, 안정되고 고요함

44. 最近すぐに目が疲れてしまって。

   (A) パソコンは使えた方が便利ですよ。

   (B) 今日は朝が早かったですからね。

   (C) 昼休みにいっしょにジョギングをしませんか。

   (D) 眼科で検査をしてもらったらどうですか。

번역 요즘 금방 눈이 피로해져 버려서….

해설

☞「동사た+方(ほう)がいい/便利(べんり)だ」"～하는 게 좋다/편리하다"라는 권유, 충고표현.

☞「동사+たらどうですか」는 "～하는 게 어떻습니까?"라는 권유 표현.

・疲(つか)れる 피로하다
・使(つか)える →「使(つか)う(사용하다)」의 가능 동사
・眼科(がんか) 안과
・検査(けんさ) 검사

45. 今井さんが、何も考えずに結果を話してしまったようなんです。

   (A) それは強引なやり方だね。

   (B) それは薄情なやり方だね。

   (C) それは軽率だったね。

   (D) それは率直な人だね。

번역 이마이 씨가 아무런 생각 없이 결과를 말해 버린 것 같습니다.

해설

☞「동사+ずに」는 「ないで」의 문어체 표현으로「考(かんが)えずに」는 "생각하지 않고, 생각 없이"란 뜻.

・考(かんが)える 생각하다
・強引(ごういん) 강인, 억지로 강행함
・薄情(はくじょう) 박정함, 냉담함
・軽率(けいそつ) 경솔함
・率直(そっちょく) 솔직함

46. 部長って実はすごくおしゃれよね。

(A) うん、あまり気を使わない人だからね。

(B) うん、あまり気にしないようにはしているんだけど。

(C) うん、実はぼくもそうなんだよ。

(D) うん、実は細かい所に気を使っているよね。

번역 부장님 말이야 사실은 굉장히 멋을 부리네!

해설

☞「おしゃれ」의 의미를 파악하는 것이 포인트!

• 気(き)を使(つか)う 신경쓰다
• 気(き)にする 걱정하다
• 細(こま)かい 세세하다

47. 新しい企画のことを考えると頭が痛くて。

(A) 薬を飲んで早く寝た方がいいですよ。

(B) 少し肩の力を抜いた方がいいですよ。

(C) 部長は頭の切れる人ですからね。

(D) あの企画は大成功でしたからね。

번역 새로운 기획에 대한 것을 생각하면 머리가 아파서.

해설

☞ 명사+の こと → 명사에 관한 것

☞ 肩(かた)の力(ちから)を抜(ぬ)く 부담이나 책임을 면하여 편하게 생각하다, 어깨가 홀가분해지다

☞ 頭(あたま)が切(き)れる 머리가 잘 돌아가다

• 企画(きかく) 기획
• 肩(かた) 어깨
• 抜(ぬ)く 빼다
• 大成功(だいせいこう) 대성공

48. 今度の仕事はどうしても気が進まないんですが。

(A) そんなわがままを言わないでくださいよ。

(B) 気をつけてすればだいじょうぶですよ。

(C) ある程度進んでからでもかまいませんよ。

(D) 今回は勝手に進めてしまってください。

번역 이번 일은 도저히 마음이 내키지 않습니다만.

해설

☞「気(き)が進(すす)まない」는 "마음이 내키지 않다".

• 進(すす)む 진척되다, 나아가다, 내키다
• わがままを言(い)う 떼를 쓰다
• ある 어느(연체사)
• 勝手(かって) 마음대로 함
• 進(すす)める 진행하다

49. 最近物覚えが悪くなった気がするんですよ。

(A) 私も最近忘れ物をすることが多くなりました。

(B) この間も私との約束を忘れていましたよね。

(C) 若いときにきっと勉強をしすぎたんですよ。

(D) だから勉強は若いうちにしておいた方がいいんですよね。

> **번역** 최근 기억력이 나빠진 느낌이 듭니다.

해설

- 物覚(ものおぼ)え 기억력
- 気(き)がする 느낌이 들다
- 忘(わす)れ物(もの) 분실물
- 忘(わす)れる 잊다
- 若(わか)い 젊다

50. その仕事が終わったら、ちょっと手を貸してもらえませんか。

(A) いいですよ、こちらも手が足りないですから。

(B) このファイルなら今すぐお貸しできますけど。

(C) ええ、すぐ終わりますからちょっと待ってください。

(D) ええ、私もお借りしようと思っていたところです。

> **번역** 그 일이 끝나면 조금 도와 주시겠습니까?

해설

- ☞「동사+てもらえませんか」는 "~해 받을 수 없습니까" 즉「~てくださいませんか」,「~てください」의 공손한 표현이다.
- ☞「お+동사(ます형)+できる」는 겸양의 가능 표현으로 "~해 드릴 수 있다"는 뜻.

- 手(て)を貸(か)す 돕다
- 手(て)が足(た)りない 일손이 모자라다
- 借(か)りる 빌리다

Part 3 회화문

III. 次の会話をよく聞いて、後の問いにもっとも適したものを（A）から（D）の中で一つ選びなさい。

例

A：この近くに銀行はありますか。
B：いいえ、駅まで行かないとありませんよ。
A：駅のどこにありますか。
B：駅ビルの2階にあります。

銀行はどこにありますか。　　　　　　（A）この近く
　　　　　　　　　　　　　　　　　　（B）駅の中
　　　　　　　　　　　　　　　　　　（C）駅ビルの中
　　　　　　　　　　　　　　　　　　（D）駅前

質問(しつもん)に対(たい)するもっとも適(てき)した返事(へんじ)は（C）ですので、答(こた)えは（C）です。
（A）（B）（●）（D）

51.

A：あら、東洋商事に行ったんじゃなかったの。（↗）
B：約束が午後に変更になったから、見積もりの点検をしてたんだよ。
A：だったら、先に山岡物産に行って来ちゃえばよかったのに。
B：そうだったな。でももう遅いからこっちをやっておくよ。

男の人は今から何をしますか。

（A）東洋商事に行く。
（B）山岡物産に行く。
（C）見積もりの点検をする。
（D）約束の時間を変更する。

해설

☞「〜んじゃなかったの」“〜아니었어?”라는 반문의 표현이며, 「の」는 의문 조사.

☞「(가정형)ば よかったのに」는 “〜했으면 좋았을 텐데”라는 후회의 표현이다.

・変更(へんこう) 변경
・見積(みつ)もり 견적
・点検(てんけん) 점검
・遅(おそ)い 늦다

번역 A : 어머, 동양 상사에 갔던 거 아니었어?

B : 약속이 오후로 변경되었기 때문에 견적 점검을 하고 있었지.

A : 그러면, 먼저 야마오카물산에 갔다 오면 좋았을 텐데.

B : 그랬나? 하지만 이제 늦었으니까 이쪽을 해 두겠어.

남자는 지금부터 무엇을 합니까?

(A) 동양 상사에 간다.　　　(B) 야마오카물산에 간다.

(C) 견적 점검을 한다.　　　(D) 약속 시간을 변경한다.

52.

A : 緊急メンテナンスで、今日の昼休みはパソコンが使えないんですって。

B : えっ、そんなの困るよ。仕事ができなくなっちゃうじゃないか。

A : いつもしっかり1時間食事をして来るくせに、何言ってるのよ。

B : それが、今日は本当に急ぎの仕事があるんだよ。

男の人はどうして困っていますか。

(A) 昼休みが1時間しかないから。

(B) 昼休みに食事をしに行けないから。

(C) 昼休みに仕事ができないから。

(D) 急ぎの仕事が終わらなかったから。

해설

☞「癖(くせ)」는 버릇, 편향된 경향 등의 뜻이나, 조사 표현인「くせに」로 쓰일 때는 "~이면서도, ~주제에"라는 뜻으로 쓰인다.

☞ 첫 대화문에 쓰인「って」는 일종의 전달 표현으로「ということだ」"~라고들 해, ~래, ~라더라" 등의 뜻을 갖고 있다.

- 緊急(きんきゅう) 긴급함
- メンテナンス (건물, 기계 등) 관리, 유지
- 困(こま)る 곤란하다
- しっかり 정확히, 확실히
- くせ 버릇
- 急(いそ)ぎ 급함

번역 A : 긴급 기계 관리로, 오늘 점심때는 컴퓨터를 사용할 수 없다고 하네.

B : 이이구, 그러면 곤란한데. 일을 못하게 되어 버리잖아.

A : 항상 정확히 1시간 식사를 하고 오는 주제에, 무슨 말하는 거야!

B : 그게, 오늘은 정말로 급한 일이 있는 걸.

남자는 왜 난처해하고 있습니까?

(A) 점심이 1시간밖에 없어서.

(B) 점심에 식사를 하러 갈 수 없으니까.

(C) 점심에 일을 못하기 때문에.

(D) 급한 일이 끝나지 않았기 때문에.

53.

A : 最近入院していたって本当ですか。

B : 入院っていっても、検査を受けていただけですよ。

A : でも、前から悪い所があるって言っていましたよね。

B : まだ薬でおさえられるから、手術は受けなくていいんですよ。

男の人はどうして入院をしていましたか。

(A) 交通事故にあったから。　　(B) 検査を受けるため。

(C) 薬で病気をおさえるため。　(D) 手術を受けるため。

해설

☞「～って」는 '～라는' 뜻이다. 「～という(～라는)」, 「というのは」(～라는), 「とは」(～란), 「と」(～라고, ～라니) 등과 같은 표현도 있다.

・入院(にゅういん) 입원
・検査(けんさ)を受(う)ける 검사를 받다
・抑(おさ)える 억제하다, 억누르다
・手術(しゅじゅつ) 수술

번역　A : 최근 입원했었다는 게 사실입니까?
　　　B : 입원이라고 해도 검사를 받았을 뿐입니다.
　　　A : 하지만, 전부터 안 좋은 곳이 있다고 말했잖아요.
　　　B : 아직 약으로 치료할 수 있으니까, 수술은 받지 않아도 됩니다.

　　　남자는 왜 입원했었습니까?
　　　(A) 교통사고를 당했기 때문에.
　　　(B) 검사를 받기 위해
　　　(C) 약으로 병을 치료하기 위해
　　　(D) 수술을 받기 위해

54.

A : このカメラを買おうと思ってるんだけど、どう思う。

B : 今はみんなデジタルを買うのに、どうして。

A : フィルムを現像するのじゃないと、何だか写真を撮った気がしなくて。

B : 本当に写真好きの人は、そう感じるみたいだよね。

女の人は何を買うつもりですか。

(A) フィルム式カメラ　　(B) デジタルカメラ

(C) ビデオカメラ　　　　(D) 使い捨てカメラ

해설

☞「～好(ず)き」는 (무언가)를 매우 좋아한다는 뜻.
☞접속조사 「のに」는 후회나 불만 등의 감정을 나타낸다.
☞접속 형태는 「동사·형용사 기본형+のに」「な형용사·명사+なのに」.

・現像(げんぞう) 현상
・気(き)がする 생각(느낌)이 들다
・感(かん)じる 느끼다

번역　A : 이 카메라를 사려고 하는데, 어떻게 생각하지?
　　　B : 지금은 모두 디지털을 사는데, 어째서?
　　　A : 필름을 현상하는 것이 아니면, 뭔가 사진을 찍은 느낌이 들지 않아서.
　　　B : 정말로 사진을 좋아하는 사람은 그렇게 느끼는 것 같군.

여자는 무엇을 살 생각입니까?

(A) 필름식 카메라   (B) 디지털카메라

(C) 비디오 카메라   (D) 사용하다 버린 카메라

55.

A : 青と緑のペンを貸してもらえますか。

B : ええ、でも緑はちょっと薄いかもしれませんよ。

A : そうですか、じゃあ黄色のはありますか。

B : ええ、そこにあるので探して持って行ってください。

女の人はどのペンを借りますか。

(A) 青と緑のペン   (B) 青と黄色のペン

(C) 緑と黄色のペン   (D) 緑と赤のペン

번역
A : 파랑과 녹색 펜을 빌려 주시겠습니까?

B : 예, 하지만 녹색은 조금 연할지도 모르겠습니다.

A : 그래요? 그러면 노란색 펜은 있습니까?

B : 예, 거기에 있으니까 찾아 가지고 가세요.

여자는 어느 펜을 빌립니까?

(A) 파랑과 녹색 펜   (B) 파랑과 노란색 펜

(C) 녹색과 노란색 펜   (D) 녹색과 빨간색 펜

> **해설**
>
> ☞「동사+てもらえますか」는 「〜てもらえませんか」「〜てくださいませんか」와 같은 뜻으로 상대에게 의향을 물을 때 쓰여진다.
>
> ☞「〜かもしれません」은 "〜일지도 모릅니다"라는 추측 표현으로 가능성을 나타낸다.
>
> • 緑(みどり) 녹색
> • 薄(うす)い 연하다, 얇다
> • 探(さが)す 찾다

56.

A : あら、それすごく高い腕時計じゃないですか。

B : へえ、よく分かったね。あまり有名じゃないから誰も気がつかなかったのに。

A : 実は私も時計好きで、ちょっと凝ってるんですよ。

B : 本当だ、君もずいぶんマニアックな時計をしているな。

女の人はどうして男の人の時計のことを知っていましたか。

(A) とても高い時計だから。

(B) とても有名な時計だから。

(C) 自分も時計に凝っているから。

(D) 自分も同じ時計を持っているから。

> **해설**
>
> ☞「〜に凝(こ)っている」〜에 빠지다(열중하다, 미치다)
>
> • 腕時計(うでどけい) 손목시계
> • 気(き)がつく 알아차리다
> • 凝(こ)る 열중하다
> • マニア 매니아, 열광자, 〜광

번역 A : 어머, 그거 굉장히 비싼 손목시계 아닌가요?

B : 헤~ 잘 아네. 그다지 유명하지 않으니까 아무도 눈치채지 못했는데.

A : 사실은 나도 시계를 좋아해서 조금 열중하고 있어요.

B : 정말이군, 너도 상당히 매니아 적인 시계를 차고 있구나!

여자는 왜 남자의 시계에 관한 것을 알고 있었습니까?

(A) 매우 비싼 시계이기 때문에

(B) 매우 유명한 시계이기 때문에

(C) 자신도 시계에 빠져 있기 때문에

(D) 자신도 같은 시계를 가지고 있기 때문에

57.

A : 今月からゴミの出し方が変わるから気をつけてね。

B : なに、もっと細かく分けなきゃいけないの。

A : そうじゃなくて、スーパーの袋は使えなくなるんですって。

B : じゃあ、ゴミ袋を買ってこなきゃいけないってことか。

今月から何がどう変わりますか。

(A) ゴミの分け方が変わる。

(B) ゴミを集める曜日が変わる。

(C) 使えるゴミ袋が変わる。

(D) ゴミ袋を売る店が変わる。

해설

☞ "~하지 않으면 안된다, 해야만 한다"라는 의무 표현으로 「~なければ ならない」가 있으며, 「~なければいけない」는 개인적, 구체적 내용을 표현한다. 「~なきゃ」는 「~なければ」의 줄임말.

• 出(だ)す 내놓다, 내다
• 変(か)わる 변하다, 바뀌다
• 細(こま)かい 세세하다
• 分(わ)ける 나누다, 분류하다
• ゴミ袋(ぶくろ) 쓰레기 봉투

번역 A : 이번 달부터 쓰레기 내놓는 방법이 바뀌니까 조심해요.

B : 뭐라고? 좀 더 세세하게 분류하지 않으면 안 되는 거야?

A : 그게 아니고, 슈퍼 봉투는 사용 못하게 된다고 하더군.

B : 그러면, 쓰레기 봉투를 사 오지 않으면 안 된다는 건가?

이번 달부터 무엇이 어떻게 바뀝니까?

(A) 쓰레기 분류 방법이 바뀐다.

(B) 쓰레기를 모으는 요일이 바뀐다.

(C) 사용할 수 있는 봉투가 바뀐다.

(D) 쓰레기 봉투를 파는 가게가 바뀐다.

58.
A：ねえ、パソコンで中国語を使えるようにする時の設定ってこれでいいのよね。

B：ああ、これだと読めるけど入力ができないんじゃないかな。

A：それがやってみたんだけど、読むのもできないのよ。

B：待って、僕のパソコンの設定を見てみれば分かるから。

今、女の人のパソコンで中国語が使えますか。

(A) 読むことだけできる。

(B) 入力だけできる。

(C) 読むことも入力もできる。

(D) 読むことも入力もできない。

해설

☞「동사 기본형(가능 동사)+ように」(~하도록)라는 희망, 목적을 나타낸다.

☞「동사+てみる」는 "~해 보다"라는 시도의 표현.

☞여자의 두 번째 말인「読むのもできないのよ」에 포인트!

· 中国語(ちゅうごくご) 중국어
· 使(つか)える→「使(つか)う(사용하다)」의 가능
· 設定(せってい) 설정
· 入力(にゅうりょく) 입력

번역 A : 봐요~ 컴퓨터로 중국어를 사용할 수 있도록 할 때의 설정은 이거면 되죠?
B : 아~, 이거라면 읽을 수 있지만, 입력이 안 되는 것 아닌가?
A : 그게, 해 보았는데, 읽는 것도 안 돼요.
B : 기다려요, 내 컴퓨터 설정을 보면 알 수 있으니까.

지금 여자의 컴퓨터로 중국어를 쓸 수 있습니까?
(A) 읽는 것만 가능하다.　　　　(B) 입력만 가능하다.
(C) 읽는 것도 입력도 가능하다.　(D) 읽는 것도 입력도 안 된다.

59.
A：あの、A4サイズの封筒があったら1枚もらえませんか。

B：すみません。今、B5かB4のしか持っていないんですよ。

A：B4だったらA4の大きさの紙が入りますよね。

B：ええ、それでよければどうぞ。

女の人はどの大きさの封筒をもらいますか。

(A) B5

(B) B4

(C) A4

(D) A3

해설

☞「형용사 어간+さ」로 명사형을 만들 수 있다.「大(おお)きさ」는 '크기',「高(たか)さ」는 '높이'.

· 封筒(ふうとう) 봉투
· 持(も)つ 들다, 가지다
· よい 좋다

번역 A : 저, A4사이즈 봉투가 있으면 1장 주시지 않겠습니까?

B : 미안합니다. 지금 B5나 B4 봉투밖에 갖고 있지 않은데요.

A : B4라면 A4크기의 종이가 들어가지요?

B : 예, 그것으로 괜찮다면 여기 있습니다.

여자는 어느 크기의 봉투를 받습니까?

(A) B5　(B) B4　(C) A4　(D) A3

60.

A : あの、ここにあった名簿を知りませんか。

B : ああ、研究会の発表者に印がつけてあったやつですよね。

A : ええ、あれがないと誰に案内状を送ったらいいか分からなくて。

B : 僕も名簿はありますけど、参加者に印がついているだけだからな…。

女の人は何が必要なのですか。

(A) 発表者に印のつけてある名簿

(B) 参加者に印のつけてある名簿

(C) 研究会員全員のリスト

(D) 案内状を送った人のリスト

해설

☞「印(しるし)をつける」표를 하다 「印(しるし)がつく」 표시가 되다

☞「つける」는 타동사이므로 "~해져 있다"라는 상태 표현은 「つけてある」가 된다.

- 名簿(めいぼ) 명부
- 研究会(けんきゅうかい) 연구회
- 発表者(はっぴょうしゃ) 발표자
- 印(しるし) 표시, 기호, 마크
- 案内状(あんないじょう) 안내장
- 必要(ひつよう) 필요

번역 A : 저, 여기에 있었던 명부를 모르십니까?

B : 아~ 연구회 발표자에게 표시가 붙여져 있었던 거군요.

A : 예, 그게 없으면 누구에게 안내장을 보내면 좋을지 몰라서.

B : 나도 명부는 있지만, 참가자에게 표시가 붙어 있는 것뿐이라서.

여자는 무엇이 필요한 것입니까?

(A) 발표자에게 표시가 붙여져 있는 명부

(B) 참가자에게 표시가 붙여져 있는 명부

(C) 연구 회원 전원의 리스트

(D) 안내장을 보낸 사람의 리스트

61.
A : このカード式の鍵は、差し込んだままノブを回すタイプのですか。

B : いえ、ランプが緑に変わったら抜いて、それからノブを回してください。

A : 分かりました。室内の電気をつけるのにも、これを使うんですか。

B : ええ、差し込み口に差しておくと、その間は電気がついていますよ。

カードの使い方として正しいものはどれですか。

(A) ドアを開けてからカードを抜く。

(B) ランプが赤に変わったらカードを抜く。

(C) 電気がついたらカードを抜く。

(D) 電気を消す時にはカードを抜く。

해설
☞「まま」는 있는 그대로의 상태를 나타내므로 「동사た+まま」는 "〜한 채로"의 뜻이 된다.
☞電気(でんき)がつく 전기가 켜지다
電気(でんき)をつける 전기를 켜다

・鍵(かぎ) 열쇠
・差(さ)し込(こ)む 찔러 넣다, 끼워 넣다
・ノブ 노브, 손잡이
・回(まわ)す 돌리다
・抜(ぬ)く 뽑다, 제거하다
・差(さ)し込(こ)み 플러그
・差(さ)す 꽂다, 찔러 넣다

번역 A : 이 카드 식 열쇠는 꽂아 넣은 채 손잡이를 돌리는 타입의 것입니까?

B : 아니오, 램프가 녹색으로 바뀌면 뽑고, 그리고 나서 손잡이를 돌리세요.

A : 알겠습니다. 실내 전기를 켜는 데에도 이것을 사용합니까?

B : 예, 플러그꽂이에 꽂아 두면, 그 동안은 전기가 켜져 있습니다.

카드 사용법으로 바른 것은 어느 것입니까?

(A) 문을 열고 나서 카드를 뽑는다.

(B) 램프가 빨강으로 바뀌면 카드를 뽑는다.

(C) 전기가 켜지면 카드를 뽑는다.

(D) 전기를 끌 때에는 카드를 뽑는다.

62.
A : コーヒーは普通のでいいですか。

B : ええ、何でもいいですよ。

A : じゃあ、私が持って行くので席を取っておいてもらえますか。

B : わかりました。じゃあ、砂糖とクリームは私が持って行っておきます。

二人はどこで話していますか。

해설
・普通(ふつう) 보통
・席(せき)を取(と)る 자리를 잡다
・飲食店(いんしょくてん) 음식점
・喫茶店(きっさてん) 찻집, 커피숍

(A) セルフサービスの飲食店

(B) セルフサービスのガソリンスタンド

(C) ホテルの喫茶店

(D) ホテルのフロント

번역 A : 커피는 보통 것으로 됩니까?

B : 예, 뭐든지 좋습니다.

A : 그러면, 내가 갖고 갈 테니 자리를 잡아 놓아 주시겠습니까?

B : 알았습니다. 그럼, 설탕과 크림은 내가 갖다 놓겠습니다.

두 사람은 어디에서 이야기하고 있습니까?

(A) 셀프서비스 음식점   (B) 셀프서비스 주유소

(C) 호텔 커피숍   (D) 호텔 프론트

63.

A : どうしよう、銀行の通帳をなくしちゃったみたい。

B : えっ、早く電話をして使用停止にしてもらわないと。

A : うん。でも誰かに下ろされていたらどうしよう。

B : まず銀行に行って残高を確認してみようよ。

女の人はまず何をしますか。

(A) 銀行に電話をする。

(B) 家に帰って通帳を探す。

(C) お金を下ろしに行く。

(D) 残高を確認する。

해설

☞「下(お)ろす」는 아래로 '뻗다, 내리다, 낙태하다' 등의 뜻과 함께 '인출하다, 꺼내다' 라는 의미도 있다.

・通帳(つうちょう) 통장
・無(な)くす 없애다, 잃다
・停止(ていし) 정지
・残高(ざんだか) 잔고
・確認(かくにん) 확인
・探(さが)す 찾다

번역 A : 어떻게 하지? 은행 통장을 잃어버린 것 같아.

B : 뭐? 빨리 전화를 해서 사용 정지해 달라고 해야지.

A : 응, 하지만 누군가 (돈을)뺐으면 어떻게 하지?

B : 우선 은행에 가서 잔고를 확인해 보자.

여자는 우선 무엇을 합니까?

(A) 은행에 전화를 한다.   (B) 집에 돌아가 통장을 찾는다.

(C) 돈을 찾으러 간다.   (D) 잔고를 확인한다.

64.

A : スピーカーを買いに行くんだけど、つき合ってくれる。(↗)

B : いいけど、ステレオじゃなくて、スピーカーだけ買うわけ。(↗)

A : うん、家でノートパソコンにつなぐのを、別に買おうかと思って。

B : 分かった。僕もテレビをちょっと見てみたかったから、ちょうどよかったよ。

女の人は何を買いに行きますか。

(A) スピーカー　　　　(B) ステレオ

(C) スピーカーとパソコン　　(D) パソコンとテレビ

해설

☞「A じゃなくて B」는 A가 아니라 B.

☞「의지형 う(よう)か+と思(おも)う」〜할까 하고 생각하다

· 付(つ)き合(あ)う 교제하다〈같이 하자고 할 때 많이 쓴다〉
· わけ 의미, 뜻, 것
· 繋(つな)ぐ 연결하다

번역
A : 스피커를 사러 가는데, 함께 가 줄래?
B : 좋긴 한데, 스테레오가 아니라 스피커만 산다는 거야?
A : 응, 집에서 노트북에 연결하는 것을 따로 살까 하고.
B : 알겠어. 나도 텔레비전을 좀 보고 싶었는데, 마침 잘됐네.

여자는 무엇을 사러 갑니까?
(A) 스피커　　　　(B) 스테레오
(C) 스피커와 컴퓨터　　(D) 컴퓨터와 텔레비전

65.

A : その手帳、中身が全部別々になっていて便利そうですね。

B : ええ、バインダー式だから毎年必要な部分だけを買い換えればいいので、楽ですよ。でも、かさばるのが嫌なんですよ。

A : そうですね。かさばるのはちょっと不便ですよね。

女の人はどうして自分の手帳が嫌いなのですか。

(A) 毎年全部買い換えなければならないから。

(B) 中身が全部別々になっているから。

(C) バインダー式だから。

(D) かさばるから。

해설

☞「〜ばいい」는 "〜하면 된다"는 목적 달성의 표현.

· 手帳(てちょう) 수첩
· 買(か)い換(か)える 새로 사 바꾸다
· 中身(なかみ) 알맹이
· 別々(べつべつ) 따로따로
· かさばる 부피가 늘다, 커지다

번역 A : 그 수첩 안이 전부 따로따로 되어 있어서 편리할 것 같네요.

B : 예, 바인더 식이라 매년 필요한 부분만 사 바꾸면 되니까, 편합니다. 그런데, 부피가 커져서 싫어요.

A : 그렇겠네요. 부피가 크면 좀 불편하죠.

여자는 왜 자신의 수첩이 싫은 것입니까?

(A) 매년 전부 새로 바꿔 사지 않으면 안되니까.

(B) 속 안이 전부 따로 따로 되어 있기 때문에

(C) 바인더 식이어서

(D) 부피가 커지니까.

66.

A : 最近、何かおすすめの小説はありませんか。

B : それが最近は実用書ばかり読むようになってしまって。

A : 確かに、語学の本とか、何か役に立つ物をって思っちゃうんですよね。

B : 僕は語学は興味ないけど、文学とかエッセイは読まなくなったなあ。

男の人は最近どんな本を読んでいますか。

(A) 実用書　　　　　　　(B) 実用書やエッセイ

(C) 語学書　　　　　　　(D) 語学書や文学

번역 A : 최근에 뭔가 추천하실 소설은 없습니까?

B : 그것이 최근에는 실용서만 읽게 되어 버려서.

A : 아마 어학 책이라든가, 뭔가 도움이 되는 것을 하고 생각해 버리니까요.

B : 나는 어학은 흥미 없지만, 문학이라든가 수필은 읽지 않게 되었어.

남자는 최근 어떤 책을 읽고 있습니까?

(A) 실용서　　　　　　　(B) 실용서나 에세이

(C) 어학서　　　　　　　(D) 어학서나 문학

해설

☞ 존경의 접두어인 「お」+すすめ는 "추천, 권유"의 공손한 말투가 된다.

☞ 「とか」는 주로 「～とか ～とか」의 형태로 쓰이며, 여러 예 중에서 대표적인 몇 가지 예를 들때 사용하며, 상대에게 선택을 요구하는 표현은 아니다.

・すすめる 권유하다
・小説(しょうせつ) 소설
・実用書(じつようしょ) 실용서
・役(やく)に立(た)つ 도움이 되다
・語学(ごがく) 어학
・興味(きょうみ) 흥미
・文学(ぶんがく) 문학

67.

B ： お腹すいたなあ、何か食べる物を持っていませんか。

A ： あら、お昼ご飯を食べなかったんですか。

B ： いや、食べたんですけど、11時頃に食べちゃったから。

A ： えっ、まだ3時間しか経っていないじゃないですか。

今何時ですか。

(A) 午前11時

(B) 午後12時

(C) 午後2時

(D) 午後3時

해설

☞「～しか（～밖에 ～）」는 뒤에 반드시 부정어가 따라온다.

☞「まだ ～ていない」는 "아직 ～하지 않았다"라는 뜻.

・お腹(なか)が空(す)く 배가 고프다

・経(た)つ 지나다, 경과하다

번역 A : 배가 고프네. 뭔가 먹을 것 없어요?

B : 어머, 점심을 먹지 않았나요?

A : 아니, 먹었는데 11시경에 먹어 버려서.

B : 네? 아직 3시간밖에 지나지 않았잖아요.

지금 몇 시입니까?

(A) 오전 11시   (B)오후 12시   (C) 오후 2시   (D) 오후 3시

68.

A ： 晩ご飯のおかず用に、スーパーで肉と魚を買って行くわね。

B ： えっ、冷蔵庫の中に色々入っていたから買わなくてもいいよ。

A ： でも、何か作ろうと思ったときに、材料がないのは嫌なのよ。

B ： いや、今日はまず冷蔵庫の中をきれいに片づけるぞ。

男の人はどうして買い物に反対していますか。

(A) 魚が嫌いだから。

(B) 晩ご飯を作るのが嫌だから。

(C) 家に材料があるから。

(D) 冷蔵庫が故障しているから。

해설

☞「～なくてもいい」'～하지 않아도 된다' 라는 불필요함의 표현.

☞「わ」는 여성어로 어떤 일에 대해 혼잣말로 자신의 감정을 상대에게 전하는 표현.

☞「～ぞ」는 강한 자기 주장을 나타내는 종조사로 남성어이다. "～할거야, 한단 말이야" 등의 뜻.

・おかず 반찬

・冷蔵庫(れいぞうこ) 냉장고

・材料(ざいりょう) 재료

・嫌(いや) 싫음 〈嫌いは きらい로 읽음〉

・片(かた)づける 정리, 정돈하다, 치우다

・嫌(きら)い 싫어함

번역 A : 저녁 반찬용으로 슈퍼에서 고기와 생선을 사 가야지.

B : 뭐? 냉장고 안에 여러 가지 들어 있어서 사지 않아도 돼.

A : 그래도 뭔가 만들려고 생각했을 때, 재료가 없는 것은 싫어.

B : 아니야, 오늘은 우선 냉장고 안을 깨끗하게 치워야 해.

남자는 왜 장보기를 반대하고 있습니까?

(A) 생선을 싫어하기 때문에.

(B) 저녁을 만드는 것이 싫기 때문에.

(C) 집에 재료가 있기 때문에.

(D) 냉장고가 고장났기 때문에.

69. A : お見舞いは食べ物より花の方がいいと思いますよ。

B : 病院食がまずいって言うから、何かおいしい物をと思ったんだけど。

A : 病気の場合は、食事制限があることが多いんですよ。

B : そうか、じゃあ花に雑誌でもつけて持って行こうかな。

男の人はお見舞いに何を持って行きますか。

(A) 花と食べ物

(B) 花と雑誌

(C) 食べ物と雑誌

(D) 雑誌

해설

☞「Aより Bの方(ほう)が～」 "A보다 B쪽이 ～하다"라는 비교 표현.

☞「～って言(い)う」는「～という」의 회화체 표현.

· お見舞(みま)い 문안, 문병
· 病院食(びょういんしょく) 병원 음식
· まずい 맛없다
· 病気(びょうき) 병
· 場合(ばあい) 경우
· 制限(せいげん) 제한
· つける 덧붙이다

번역 A : 병 문안은 먹을 것보다 꽃이 좋다고 생각해요.

B : 병원 음식이 맛없다고 하니까, 뭔가 맛있는 것을 했으면 하고 생각했는데….

A : 병에 걸렸을 때는 식사 제한이 있는 경우가 많아요.

B : 그래? 그러면 꽃에 잡지라도 겸해서 가지고 갈까?

남자는 병 문안으로 무엇을 가지고 갑니까?

(A) 꽃과 음식   (B) 꽃과 잡지

(C) 음식과 잡지   (D) 잡지

70.

A : もしもし、メールが送れないのでアドレスを確認したいんですが。

B : あ、それは携帯メールのアドレスなので、ファイルは添付できませんよ。

A : あ、この下に書いてあるアドレスみたいです。すみません、今送りますので。

B : 個人アドレスじゃなくて、会社の方にお願いしますね。

女の人はどうして男の人にメールを送れませんでしたか。

(A) ファイルが大きすぎたから。

(B) ファイルを添付していなかったから。

(C) 携帯メールにファイルを送ろうとしていたから。

(D) 個人アドレスに送ろうとしていたから。

해설

☞「送(おく)れる」는「送(おく)る」(보내다)의 가능 동사임.

☞「ので」는 이유, 원인을 나타내는데「から」보다 공손하게 들린다.

・アドレス 어드레스, 주소
・確認(かくにん) 확인
・添付(てんぷ) 첨부
・個人(こじん) 개인

번역
A : 여보세요? 메일을 보낼 수 없어서 주소를 확인하고 싶습니다만.
B : 아, 그것은 휴대폰 메일 주소이기 때문에 파일은 첨부할 수 없습니다.
A : 아, 이 밑에 쓰여 있는 주소 같습니다. 죄송해요. 지금 보낼게요.
B : 개인 주소 말고 회사 쪽으로 부탁합니다.

여자는 왜 남자에게 메일을 보낼 수 없었습니까?
(A) 파일이 너무 크기 때문에.
(B) 파일을 첨부하지 않았기 때문에.
(C) 휴대 메일에 파일을 보내려 하고 있었기 때문에.
(D) 개인 주소로 보내려 하고 있었기 때문에.

71.

A : やっぱりこの予算で2DKは厳しいようですね。

B : お一人でしたら、広めの1DKなども人気ですけれども。

A : いえ、しばらくしたら妹が上京して来て、私の所に来る予定なんですよ。

B : それでしたら、やはり予算を上げるか、沿線を変えるかですね。

해설

☞2DK는 방 2개에 식당 겸 거실이 있는 집.

・予算(よさん) 예산
・厳(きび)しい 힘들다, 빠듯하다
・広(ひろ)め 좀 넓음
・上京(じょうきょう) 상경
・沿線(えんせん) 연선, 철도 선로 주변(여기서는 희망하는 집의 규모)

女の人は何を探していますか。

(A) パッケージツアー　　　(B) ホテル

(C) 賃貸マンション　　　　(D) 賃貸オフィス

번역 A : 역시 이 예산으로 2DK는 힘들 것 같네요.

B : 한 분이시라면 조금 넓은 1DK 등도 인기입니다만.

A : 아닙니다, 얼마 후에 여동생이 상경하여 나에게로 올 예정입니다.

B : 그렇다면, 역시 예산을 올리든가, 노선을 바꾸든가 해야 겠네요.

여자는 무엇을 찾고 있습니까?

(A) 패키지 여행　(B) 호텔　(C) 임대 맨션　(D) 임대 오피스

72.

A : 毎日肉ばかり食べていると、体に悪いですよ。

B : 家に帰ると魚ばかりだから、昼ご飯くらいはいいかなと思って。

A : あら、奥さんと子どもさんは魚好きなんですか。

B : いや、両親と同居をしているんだけど、年寄りは肉を食べないから。

男の人は、どうして家で魚ばかり食べているのですか。

(A) 昼ご飯に肉ばかり食べているから。

(B) 奥さんと子どもは魚が好きだから。

(C) 魚料理の方が健康的だから。

(D) 両親が肉を食べたがらないから。

번역 A : 매일 고기만 먹으면, 몸에 좋지 않습니다.

B : 집에 가면 생선뿐이니까, 점심 정도는 괜찮겠지라고 생각해서요.

A : 어머, 부인과 아이들은 생선 좋아하나요?

B : 아니에요. 부모님과 함께 살고 있는데, 부모님은 고기를 드시지 않으니까요.

남자는 왜 집에서 생선만 먹고 있는 겁니까?

(A) 점심에 고기만 먹으니까.

(B) 부인과 아이는 생선을 좋아하니까.

(C) 생선 요리가 건강에 좋으니까.

(D) 부모님이 고기를 먹고 싶어하지 않으니까.

해설

☞ 여기서 「동사+て いる」는 평소의 습관을 나타낸다.

☞ 「서술어 보통형+と」는 "~면"이라는 가정 표현으로 자연현상, 계산, 길 안내 등 당연한 결과나 진리 표현에 쓰인다.

· 体(からだ)に悪(わる)い 몸에 나쁘다

· 魚(さかな) 생선

· 同居(どうきょ) 동거, 함께 사는 것〈부모와 같이 사는 것 등〉

· 年寄(としよ)り 노인

· 健康的(けんこうてき) 건강을 생각함

73.

A : 来週の土日にお花見に行くんです。

B : えっ、東京の桜はもう散っていますよ。

A : だから、桜を追いかけて、北の仙台にドライブですよ。

B : それじゃあ、再来週は北海道まで行かなきゃなりませんね。

女の人はどうして仙台にお花見に行くのですか。

(A) 東京の桜はきれいではないから。

(B) 土日ではないと、仙台まで行けないから。

(C) 北海道まで行くのがめんどうだから。

(D) 仙台の桜はまだ散っていないから。

해설
☞「～なきゃなりません」은 의무표현인「なければなりません(하지 않으면 안됩니다)」의 줄임말 표현.

・土日(どにち) 토, 일요일
・お花見(はなみ) 꽃구경〈달구경은 お月見(つきみ)〉.
・散(ち)る 떨어지다, 흩어지다
・追(お)い掛(か)ける 뒤쫓다
・面倒(めんどう) 귀찮음

번역 A : 다음 주 토, 일요일에 꽃구경하러 갑니다.
B : 어, 도쿄의 벚꽃은 벌써 져버렸어요.
A : 그래서 벚꽃을 뒤쫓아 북쪽 센다이로 드라이브 가는 거예요.
B : 그러면 다음 주에는 홋카이도까지 가지 않으면 안되겠네요.

여자는 왜 센다이로 꽃구경하러 가는 겁니까?
(A) 도쿄의 벚꽃은 아름답지 않으니까.
(B) 토, 일요일이 아니면, 센다이까지 갈 수 없으니까.
(C) 홋카이도까지 가는 것이 귀찮으니까.
(D) 센다이의 벚꽃은 아직 지지 않았으니까.

74.

A : 今度の支店長、まだ30代なんですって。

B : 若く見えると思ったら、本当に若かったんだね。

A : 前の支店長が50だったし、40代の半ばくらいかと思っていたわ。

B : 僕も。でも実年齢より上に見られるくらいじゃないと、支店長は務まらないよ。

今度の支店長はどんな人ですか。

(A) 歳より若く見える人

(B) 支店長にしては若い人

(C) 40代半ばの人

(D) 歳相応に見える人

해설
☞「～かと思(おも)う」～인가 하고 생각하다
☞「し」는 '게다가'라는 첨가의 의미도 있지만 여기에서는 "～기도 하고(하니까)"라는 이유를 나타내고 있다.

・支店長(してんちょう) 지점장
・若(わか)い 젊다
・半(なか)ば 중반
・年齢(ねんれい) 연령
・務(つと)まる 감당해내다
・歳(とし) 나이
・相応(そうおう) 상응, 걸맞음

번역 A : 이번 지점장, 아직 30대라고 하던데.

B : 젊게 보인다고 생각했더니, 정말로 젊군.

A : 전의 지점장이 50이었고 해서, 40대 중반 정도인가 하고 생각하고 있었어.

B : 나도. 하지만 실제 연령보다 위로 보여질 정도가 아니면, 지점장은 감당해 낼 수 없어.

이번 지점장은 어떤 사람입니까?

(A) 나이보다 젊게 보이는 사람

(B) 지점장치고는 젊은 사람

(C) 40대 중반의 사람

(D) 나이에 걸맞게 보이는 사람

75.

A : ここよ、中華料理のファーストフードの店。

B : へえ、チャーハン一人前があんなに小さい箱に入っているんだ。

A : 食べれば量はちゃんとあるし、おいしいんだけど、何か食べた気がしないのよね。

B : そうだね、やっぱり普通のお店に食べに行こう。

2人はどうしてファーストフードの店で食べなかったのですか。

(A) 量が少ないから。

(B) おいしくなさそうだから。

(C) 箱に入っていて食べにくそうだから。

(D) 食事をした気分になれそうもないから。

해설

☞「一人前(いちにんまえ)」는 "1인분"이라는 뜻과 "한 사람 몫"의 뜻이 있으며, 발음에 주의!!

・チャーハン 챠항(중국식 볶음밥)

・ちゃんと 정확히, 빈틈없이

・普通(ふつう) 보통

번역 A : 여기에요. 중국요리 페스트푸드 점.

B : 와, 챠항(볶음밥) 1인분이 저렇게 작은 상자에 들어 있네.

A : 먹으면 양은 충분하고, 맛있지만, 뭔가 먹은 느낌이 들지 않아.

B : 그래, 역시 평소의 가게로 먹으러 가자.

두 사람은 왜 패스트푸드 가게에서 먹지않은 것입니까?

(A) 양이 적어서.

(B) 맛있을 것 같지 않아서.

(C) 상자에 들어 있어서 먹기 어려울 것 같아서.

(D) 식사를 한 느낌이 안 들어서.

76.

B：宮田さん、仕事の感覚は取り戻せてきましたか。

A：ええ、おかげさまで、新商品の開発チームにも入れてもらえましたし。

B：これからは、母親としての視点を生かした商品作りを頼みますよ。

A：ええ、6ヶ月間皆さんにご迷惑をおかけした分、がんばります。

女の人はどんな社員ですか。

(A) 入社して6ヶ月目の新入社員。

(B) 6ヶ月間の産休をとっていた社員。

(C) 6ヶ月間開発チームにいた社員。

(D) 仕事に復帰して6ヶ月になる社員。

해설

☞「동사+てくる」는 발생 변화 계속을 나타내는데, 특히 「てきた」는 과거에서 현재까지 계속 변화해옴을 나타낸다.

- 感覚(かんかく) 감각
- 取(と)り戻(もど)す 되찾다
- 新商品(しんしょうひん) 신상품
- 視点(してん) 시점
- 生(い)かす 살리다
- 頼(たの)む 부탁하다
- 分(ぶん) 부분, 정도(사물의 상태)
- 産休(さんきゅう) 출산휴가
- 復帰(ふっき) 복귀

번역 A：미야타 씨, 업무 감각은 좀 돌아왔어요?

B：예, 덕분에요. 신상품 개발 팀에도 넣어 주셨고.

A：앞으로는 엄마로서의 시점을 살린 상품 개발을 부탁합니다.

B：예, 6개월간 여러분들께 폐를 끼쳐 드린 만큼 열심히 하겠습니다.

여자는 어떤 사원입니까?

(A) 입사해서 6개월 째인 신입사원.

(B) 6개월의 출산휴가를 얻었었던 사원.

(C) 6개월간 개발팀에 있었던 사원.

(D) 일에 복귀하여 6개월이 되는 사원.

77.

A：この道、自転車がたくさんとまっていて狭いわね。

B：歩道に自転車をとめて、駅に行く人が多いからだよ。

A：駅前を整備するときに、行政で駐輪場を作るべきだったのよ。

B：民間の駐輪場はあるんだから、そこを利用させれば十分じゃないかなあ。

女の人の意見として正しいものはどれですか。

해설

☞「동사 기본형+べき」는 "당연히 그렇게 해야 한다"는 뜻으로 남에게 당연한 의무를 알려주는 표현이므로 자신의 의무 사항에는 사용하지 않는다. 유사어로 「〜なければならない」가 있다.

- 止(と)まる 서다
- 狭(せま)い 좁다

(A) 自転車はきちんと並べてとめておくべきだ。

(B) 歩道を駐輪場として有効に活用するべきだ。

(C) 行政側で駅前に駐輪場を作るべきだった。

(D) 民間の駐輪場をきちんと利用させるべきだ。

번역 A : 이 길 자전거가 많이 서 있어서 좁네.

　　　B : 보도에 자전거를 세우고, 역에 가는 사람이 많아서 그래.

　　　A : 역 앞을 정비할 때 행정차원에서 주륜장을 만들었어야 하는데.

　　　B : 민간 주륜장은 있으니까, 거기를 이용하게 하면 충분하지 않을까?

　　여자의 의견으로 바른 것은 어느 것입니까?

　　(A) 자전거는 반듯하게 정렬해서 세워 놓아야만 한다.

　　(B) 보도를 주륜장으로 유효하게 활용해야만 한다.

　　(C) 행정 측에서 역 앞에 주륜장을 만들었어야 했다.

　　(D) 민간 주륜장을 확실히 이용시켜야만 한다.

해설

- 歩道(ほどう) 보도, 인도
- 止(と)める 세우다
- 整備(せいび) 정비
- 駐輪場(ちゅうりんじょう) 주륜장
- 行政(ぎょうせい) 행정
- 民間(みんかん) 민간
- 十分(じゅうぶん) 충분함
- 有効(ゆうこう) 유효함
- きちんと 정확하게

78.

A : 部長のところは息子さんがお一人ですか。

B : いや、娘もいるんだけど、結婚して大阪に住んでいるよ。

A : 奥さんと息子さんは京都だし、お寂しいですね。

B : いや、息子も就職して東京に出て来たから、今は妻が寂しがっているよ。

男の人の家族の説明として合っているものはどれですか。

(A) 奥さんと息子が京都に住んでいる。

(B) 男の人と息子が東京に住んでいる。

(C) 奥さんと娘が大阪に住んでいる。

(D) 娘と息子が大阪に住んでいる。

번역 A : 부장님은 아드님이 외동입니까?

　　　B : 아니야. 딸도 있는데, 결혼해서 오사카에 살고 있어.

　　　A : 부인과 아드님은 교토에 계시니까 쓸쓸하시겠네요.

　　　B : 아니야, 아들도 취직해서 도쿄에 나왔기 때문에 지금은 아내가 외로워하고 있지.

해설

☞「東京に出て来た」(도쿄로 나오다)라고 했으므로 남자는 도쿄에 있는 것을 알 수 있다.

☞「형용사 어간+がる」는 제 3자의 감정을 표현한다. 따라서「寂(さび)しがる」는 '외로워하다'.

- 住(す)む 살다
- 寂(さび)しい 외롭다
- 就職(しゅうしょく) 취직

남자의 가족 설명으로 맞는 것은 어느 것입니까?

(A) 부인과 아들이 교토에 살고 있다.

(B) 남자와 아들이 도쿄에 살고 있다.

(C) 부인과 딸이 오사카에 살고 있다.

(D) 딸과 아들이 오사카에 살고 있다.

79.

A : 会社の近くに引っ越して来たって本当ですか。

B : ええ、仕事が遅くなると帰るのがめんどうになるので。

A : へえ、私は休みの日にまで会社を見るのが嫌で、わざわざ遠くに引っ越したのに。

B : そうなんですか。やっぱり中間くらいにしておいた方がよかったですかね。

女の人は、以前どこに住んでいましたか。

(A) 会社から近い所。

(B) 会社から遠い所。

(C) 今の家と会社の中間。

(D) 今と同じ所。

☞「遠(とお)く」「近(ちか)く」는 전성명사, 「동사+たほうがいい」는 '~하는게 좋다'라는 권유, 충고 표현, 「동사+たほうがよかった」는 후회를 나타내는 표현.

- 近(ちか)く 근처
- 引(ひ)っ越(こ)す 이사하다
- 遅(おそ)い 늦다
- 中間(ちゅうかん) 중간

번역 A : 회사 근처에 이사 왔다는 거 정말인가요?

B : 예, 일이 늦어지면 돌아가는 것이 성가시게 되어서.

A : 와~ 나는 쉬는 날까지 회사를 보는 것이 싫어서 일부러 먼 곳으로 이사했는데….

B : 그래요? 역시 중간 정도로 해 두는 편이 좋았을까요?

여자는 이전에 어디에 살고 있었습니까?

(A) 회사에서 가까운 곳

(B) 회사에서 먼 곳

(C) 지금의 집과 회사의 중간

(D) 지금과 같은 곳

80.

A : 今日はこの仕事を終わらせないと帰ろうにも帰れないわね。

B : でも、三井電気の資料が届かないことには、続きができないんだよ。

A : かといって、今やっておけることもなさそうだし、食事でもしておく。(↗)

B : いいよ、とりあえず三井電気の分は抜いてデータを出してしまおう。

二人は今から何をしますか。

(A) 三井電気の資料を届ける。

(B) 三井電気以外のデータを出す。

(C) 資料が届く前に食事をしておく。

(D) 資料が届かないので今日は帰る。

해설

☞「～ないことには」～하지 않으면, 하지 않고서는.

☞「かといって」 그렇다고 해서. 앞 내용에 대한 불확실한 기분을 나타낸다.

・資料(しりょう) 자료
・続(つづ)き 계속
・抜(ぬ)く 빼다, 골라내다
※除(のぞ)く는 제외하다, 省(はぶ)く는 생략하다, 없애다.

번역 A : 오늘은 이 일을 끝내지 않으면 돌아가려 해도 돌아갈 수 없어.

B : 하지만 미츠이전기의 자료가 도착하지 않고서는 이어서 할 수 없는 걸.

A : 그렇다고 해서 지금 해 놓을 수 있는 일도 없을 것 같고, 식사라도 해 둘까?

B : 괜찮아. 우선 미츠이전기 부분은 제외하고 데이타를 내 버리자.

두 사람은 지금부터 무엇을 합니까?

(A) 미츠이 전기 자료를 보낸다.

(B) 미츠이 전기 이외의 데이타를 낸다.

(C) 자료가 도착하기 전에 식사를 해 둔다.

(D) 자료가 도착하지 않아서 오늘은 돌아간다.

Part 4 설명문

Ⅳ. 次の文章をよく聞いて、後の問いにもっとも適した答えをAからDの中で一つ
選びなさい。

> 例 昨日は母の45回目の誕生日でした。私と弟でスカーフを買ってプレゼントしま
> した。父は母の好きな料理をたくさん作りました。近所に住んでいる母の友だ
> ちが、お祝いのケーキを持って来てくれたので、みんなで一緒に食べました。

1. 昨日は誰の誕生日でしたか。

   (A) 弟

   (B) 母の友だち

   (C) 母

   (D) 父

2. お父さんは何をしましたか。

   (A) スカーフをプレゼントした。

   (B) 料理を作った。

   (C) ケーキを持って来た。

   (D) カードを贈った。

質問に対するもっとも適した返事(へんじ)は、1番は (C)，2番は(B)です。
それで(C)(B)と答(こた)えるべきです。
1. (A)(B)(●)(D)
2. (A)(●)(C)(D)

81~84

私は今年、会社を辞めてイギリスへ英語を勉強しに行くつもりです。4年間会社に勤めて、やっと資金が貯まったのです。仕事を辞めることに不安はありますが、ずっとやりたかったことなので、決心しました。1年間いっしょうけんめいに勉強して、仕事に生かせる英語を身につけて帰って来ようと思っています。

> **해설**
> ☞「身(み)につける」는 몸에 익히다.
> ☞「お金(かね)が貯(た)まる」는 돈이 모이다, 「お金(かね)を貯(た)める」는 돈을 모으다.
> ・辞(や)める 그만두다(사직)
> ・勤(つと)める 근무하다
> ・資金(しきん) 자금
> ・貯(た)まる 모이다
> ・決心(けっしん) 결심
> ・生(い)かせる 살리다, 활용하다

번역 나는 올해, 회사를 그만두고 영국으로 영어를 공부하러 갈 생각입니다. 4년간 회사에 근무하여, 간신히 자금이 모인 것입니다. 일을 그만두는 것에 불안은 있지만, 줄곧 하고 싶었던 것이어서 결심했습니다. 1년간 열심히 공부하여 업무에 살릴 수 있는 영어를 익혀서 돌아오려고 생각하고 있습니다.

81. この人は今まで何をしていましたか。

(A) 大学で勉強をしていた。
(B) 1年間英語を勉強していた。
(C) 3年間主婦をしていた。
(D) 4年間仕事をしていた。

번역 이 사람은 지금까지 무엇을 하고 있었습니까?

82. この人が今年イギリスに行く理由は何ですか。

(A) やっと留学資金がたまったから。
(B) 来年は仕事が忙しくなるから。
(C) 会社を辞めて時間ができたから。
(D) 今年はアメリカが危険だから。

> **해설**
> ☞ "4년간 ～자금이 모인 것입니다"에 답이 있다.
> ・留学(りゅうがく) 유학
> ・危険(きけん) 위험

번역 이 사람이 올해 영국으로 가는 이유는 무엇입니까?

83. この人は何を不安がっていますか。

(A) イギリスで資金が不足すること。

(B) 1年行っても、英語が上手にならないかもしれない
　　こと。

(C) 仕事を辞めること。

(D) イギリスの治安が分からないこと。

번역 이 사람은 무엇을 불안해하고 있습니까?

해설

☞「不安(ふあん)(형용사　어간)+
　がる」불안해하다

・不足(ふそく) 부족
・治安(ちあん) 치안

84. この人はイギリスで何をするつもりですか。

(A) 英語だけでなく、文化や歴史も勉強する。

(B) 仕事に生かせる英語を身につける。

(C) 英語を身につけて仕事を見つける。

(D) 英語を勉強した後、大学院に入る。

번역 이 사람은 영국에서 무엇을 할 생각입니까?

해설

☞마지막 문장에서 답을 찾는다.
☞「AだけでなくB」"A뿐 아니라
　B"

・文化(ぶんか) 문화
・歴史(れきし) 역사
・見(み)つける 발견하다

85~87

今日15日の日本列島は強い寒気が流れ込み、仙台では、最低気温5.8度を記録するなど、全国のほとんどの地域でこの秋一番の寒さを記録しました。

気象庁の発表によると、オホーツク海の発達した低気圧の影響で、日本付近は強い冬型の気圧配置となり、明け方には上空約5500メートルで、氷点下30度以下の強い寒気が日本列島を覆いました。

このため栃木県の大館山では、昨年よりも10日早く初冠雪を観測。みぞれ交じりの雨が雪に変わり、標高800メートル付近から山頂にかけて、うっすらと雪化粧をしています。

번역 오늘 15일의 일본열도는 강한 한기가 흘러 들어, 센다이에서는 최저 기온 5.8도를 기록하는 등 전국 대부분의 지역에서 이번 가을 최고의 추위를 기록했습니다.

기상청 발표에 의하면 오호츠크해의 발달한 저기압의 영향으로 일본 부근은 강한 겨울형 기압배치가 되어 새벽녘에는 상공 약 5500미터에서 빙점하 30도 이하의 강한 한기가 일본열도를 뒤덮었습니다.

이 때문에 도치기현에 있는 다이칸야마에서는 작년보다도 열흘 빨리 쌓인 첫눈을 관측. 진눈깨비 섞인 비가 눈으로 바뀌어 해발 800미터 부근에서 산 정상에 걸쳐 살짝 눈(雪) 화장을 하고 있습니다.

해설

☞「寒気(かんき)」한기,「寒気(さむけ)」오한,「寒(さむ)さ」추위
☞「雪化粧(ゆきげしょう)」는 '눈 화장' 즉 눈으로 아름답게 덮인 모습을 표현한 것.

- 記録(きろく) 기록
- 地域(ちいき) 지역
- 気象庁(きしょうちょう) 기상청
- 低気圧(ていきあつ) 저기압
- 影響(えいきょう) 영향
- 付近(ふきん) 부근
- 冬型(ふゆがた) 겨울형
- 気圧配置(きあつはいち) 기압배치
- 明(あ)け方(がた) 새벽녘
- 上空(じょうくう) 상공
- 氷点下(ひょうてんか) 빙점하
- 覆(おお)う 뒤덮다
- 大館山(だいかんやま) 산 이름
- 初冠雪(はつかんせつ) 산에 첫눈이 내려 쌓임
- 観測(かんそく) 관측
- 霙(みぞれ) 진눈깨비
- 交(ま)じり 섞임
- 標高(ひょうこう) 표고, 해발
- 山頂(さんちょう) 산 정상
- うっすら 살짝, 아주 엷게

85. 今日の日本全国の天気はどんな様子でしたか。

(A) 全ての地域でこの秋一番の寒さを記録した。

(B) ほとんどの地域でこの秋一番の寒さを記録した。

(C) 一部の地域を除いて初雪が観測された。

(D) 関東地方から東北地方にかけて寒気が流れ込んだ。

번역 오늘의 일본 전국 날씨는 어떤 모습이었습니까?

해설

☞ 첫 문장에서 '전국 대부분의 지역에서 이번 가을 최고의 추위를 기록했다'고 되어 있다.
☞「~を 除(のぞ)いて」~을 제외하고

- 様子(ようす) 모양, 모습

86. 気象庁はどんな発表を行いましたか。

(A) 日本付近は強い冬型の気圧配置になっている。

(B) 夜には氷点下30度以下の寒気がやってくる。

(C) オホーツク海周辺に高気圧が停滞している。

(D) 上空約5500メートルで、強風が吹いている。

번역 기상청은 어떤 발표를 했습니까?

해설

☞두번째 문장 '기상청의 발표에 의하면~'에 답이 있다.

· 周辺(しゅうへん) 주변
· 停滞(ていたい) 정체
· 強風(きょうふう) 강풍

87. 去年は大館山にいつ初雪が降りましたか。

(A) 5日

(B) 15日

(C) 25日

(D) 30日

번역 작년에는 다이칸 야마에 언제 첫눈이 내렸습니까?

해설

☞오늘은 15일이고, 작년보다 10일 빠르다고 했으므로….

88~91

　アメリカのある研究グループが、世界の植物について絶滅の危険度を調査しました。その結果によると、世界の植物の30～40％が絶滅の危機にあるそうです。ところが、世界の自然保護団体であるIUCNでは、同様の調査結果を約15％としています。研究グループの1人は「絶滅の危機は従来考えられていたよりも進行している」と話し、科学誌『サイエンス』に研究内容を発表して、植物保護策の強化を訴えていくつもりだそうです。

번역 미국의 어느 연구 그룹이 세계의 식물에 대해 절멸의 위험도를 조사했습니다. 그 결과에 의하면, 세계 식물의 30~40%가 절멸 위기에 있다고 합니다. 그러나 세계의 자연보호 단체인 IUCN에서는 같은 조사 결과를 약 15%로 하고 있습니다. 연구 그룹의 한 사람은 「절멸의 위기는 종래 생각되었던 것보다도 진행되고 있다」고 하며, 과학지 「사이언스」에 연구 내용을 발표하여 식물 보호책의 강화를 호소해 갈 생각이라고 합니다.

해설

☞「명사+である」는 단정의 조동사 「だ(이다)」의 문어체로, 공손한 말은 「~であります」이며, 명사 수식은 「である+명사」의 꼴을 취한다.

· 研究(けんきゅう) 연구
· 植物(しょくぶつ) 식물
· 絶滅(ぜつめつ) 절멸(죽어 없어짐)
· 危険度(きけんど) 위험도
· 危機(きき) 위기
· 自然保護団体(しぜんほごだんたい) 자연보호 단체
· 従来(じゅうらい) 종래
· 進行(しんこう) 진행
· 科学誌(かがくし) 과학지
· 保護策(ほごさく) 보호책
· 強化(きょうか) 강화
· 訴(うった)える 호소하다

88. アメリカの研究グループは何を調査しましたか。

(A) アメリカの植物の絶滅危険度

(B) 世界の植物の絶滅危険度

(C) 世界の動物と植物の絶滅危険度

(D) 世界の動物と植物の種類

번역 미국의 연구 그룹은 무엇을 조사했습니까?

해설
- 動物(どうぶつ) 동물
- 種類(しゅるい) 종류

89. 研究グループとIUCNの調査結果はどのように違いましたか。

(A) 研究グループの数値の方が少し低かった。

(B) 研究グループの数値の方が2分の1以上低かった。

(C) 研究グループの数値の方が少し高かった。

(D) 研究グループの数値の方が2倍以上高かった。

번역 연구 그룹과 IUCN의 조사 결과는 어떻게 달랐습니까?

해설
☞식물의 절멸위험도를 연구 그룹은 30∼40%라고 했고, IUCN은 15%라고 했다.
- 数値(すうち) 수치

90. この研究で世界の植物のどんなことが分かりましたか。

(A) 15%近くが絶滅の危機にある。

(B) 従来考えていたより危機が進行している。

(C) 世界中に絶滅の危機にある植物がある。

(D) 植物保護策が一定の効果を出している。

번역 이 연구에서 세계 식물의 어떤 점을 알았습니까?

해설
☞뒷부분에서 「기존에 생각했던 것보다 진행이 빨리되고 있다」고 하였다.
☞「効果(こうか)を出(だ)す」 효과를 내다
- 世界中(せかいじゅう) 전 세계
- 一定(いってい) 일정

91. 研究グループの人はこれから何をするつもりですか。

(A) さらに細かい調査を続ける。

(B) IUCNの調査結果を訂正させる。

(C) 植物保護策の強化を訴える。

(D) 絶滅種のDNA研究を進める。

번역 연구 그룹의 사람은 앞으로 무엇을 할 생각입니까?

해설
☞마지막에 '식물보호책의 강화를 호소할 작정'이라고 했다.
- 細(こま)かい 세세하다
- 続(つづ)ける 계속하다
- 訂正(ていせい) 정정
- 種(たね) 종자, 씨
- 進(すす)める 진행하다

92～94

　　1999年に始まったSETI計画は、世界最大の電波望遠鏡の観測データを、世界中の協力者のパソコン430万台で解析し、「宇宙人が発した信号」を探すものです。これまでに、ノイズにしては強い電波を発したり、何度も電波を発したりする場所が少なくとも150カ所見つかっており、今月にも、専門の科学者が詳しい分析を開始する予定だそうです。

　　宇宙人との遭遇を夢見る人たちの、熱い期待を浴びているこの研究ですが、主催するカリフォルニア大学のデビッド・アンダーソン氏は「宇宙人からの電波が見つかる可能性は1％を大きく下回る」と過剰な期待を戒めています。

해설

☞ 夢(ゆめ)を見(み)る　꿈을 꾸다
☞ 期待(きたい)を浴(あ)びる　기대를 받다

- 計画(けいかく) 계획
- 電波(でんぱ) 전파
- 望遠鏡(ぼうえんきょう) 망원경
- 観測(かんそく) 관측
- 協力者(きょうりょくしゃ) 협력자
- 解析(かいせき) 해석
- 宇宙人(うちゅうじん) 우주인
- 発(はっ)する 일으키다, 쏘다 (발사하다)
- 探(さが)す 찾다
- ノイズ 노이즈, 소음, 잡음
- 少(すく)なくとも 적어도
- 科学者(かがくしゃ) 과학자
- 詳(くわ)しい 상세하다
- 分析(ぶんせき) 분석
- 開始(かいし) 개시
- 遭遇(そうぐう) 조우(우연히 만남)
- 可能性(かのうせい) 가능성
- 下回(したまわ)る 밑돌다 ↔ 上回(うわまわ)る
- 過剰(かじょう) 과잉
- 戒(いまし)める 경계하다

번역 1999년에 시작된 SETI계획은 세계 최대의 전파망원경의 관측 데이타를 전 세계의 협력자의 컴퓨터 430만대로 해석하여, "우주인이 쏜 신호"를 찾는 것입니다. 이제까지 노이즈로서는 강한 전파를 쏘거나, 몇 번이고 전파를 쏘거나 할 장소가 적어도 150개소 발견되고 있으며, 이번 달에도 전문 과학자가 상세한 분석을 개시할 예정이라고 합니다.
　우주인과의 조우를 꿈꾸는 사람들의 뜨거운 기대를 받고 있는 이 연구이지만, 주최하는 캘리포니아 대학의 데이빗 앤더슨 씨는 "우주인으로부터의 전파가 발견될 가능성은 1%를 크게 밑돈다"며 과잉 기대를 경계하고 있습니다.

92. SETI計画は、どんな計画ですか。

(A) 宇宙人が発した信号を探す計画
(B) 宇宙人に向けて強い電波を送る計画
(C) 世界中の協力者が宇宙観測をする計画
(D) 電波の発信地を詳しく分析する計画

해설

☞ 첫번째 문장에 나와 있다.

- 向(む)ける 향하다
- 発信地(はっしんち) 발신지

번역 SETI계획은 어떤 계획입니까?

93. この実験に対する人々の反応はどうですか。

(A) 人類を危険に陥れるものと警戒されている。

(B) 宇宙人を信じない人たちからばかにされている。

(C) 研究資金のむだ使いだと批判されている。

(D) 宇宙人に遭遇したい人たちから期待されている。

번역 이 실험에 대한 사람들의 반응은 어떻습니까?

해설

☞「ばかにする」 업신여기다, 경시하다

・実験(じっけん) 실험

・反応(はんのう) 반응

・人類(じんるい) 인류

・陥(おちい)る 빠져들다

・警戒(けいかい) 경계

・無駄使(むだづか)い 낭비

・批判(ひはん) 비판

94. 主催者はどんな態度をとっていますか。

(A) 過剰に期待するべきではないと言っている。

(B) 必ず宇宙人を発見すると意気込んでいる。

(C) もっと多くの協力者の参加を期待している。

(D) 宇宙人からの電波が見つかる可能性はないと言っている。

번역 주최자는 어떤 태도를 취하고 있습니까?

해설

☞마지막에 '과잉기대를 경계하고 있다'고 되어 있다.

・主催者(しゅさいしゃ) 주최자

・態度(たいど) 태도

・意気込(いきご)む 분발하다, 벼르다

95~97

　江戸幕府開府400年を記念して、東京都内の美術館・博物館などのうち31施設に入場できる共通券「東京・ミュージアムぐるっとパス」が、4月1日から発売されています。

　国公私立の施設が一団となるのは国内初の試み。利用できるのは東京国立博物館や国立西洋美術館、上野動物園などの常設展が中心ですが、一部に企画展割引券もつきます。

　価格は大人子供とも1800円で、最初に利用した日から1ヶ月の間に、1施設1回に限って全施設で利用できます。販売は来年2月末まで、利用は同3月末までとなっています。

번역 에도 막부 개부 400년을 기념하여, 도쿄 도내 미술관, 박물관 등 중 31시설에 입장 가능한 공통권 「도쿄 박물관 일주 패스」가 4월 1일부터 발매되고 있습니다.

　국공사립 시설이 하나가 되는 것은 국내 최초의 시도. 이용 가능한 것은 도쿄 국립 박물관과 국립 서양 미술관, 우에노 동물원 등의 상설전이 중심이지만, 일부에 기획전 할인권도 있습니다.

　가격은 어른 아이 모두 1800엔으로 최초로 이용한 날부터 1개월 동안에 1시설 1회에 한해 전 시설에서 이용할 수 있습니다. 판매는 내년 2월말까지, 이용은 동 3월말까지로 되어 있습니다.

해설

☞「～に限(かぎ)って」～에 한하여

☞「～と なる」～이(가) 되다

- 幕府(ばくふ) 막부
- 開府(かいふ) 에도 막부가 열림
- 美術館(びじゅつかん) 미술관
- 博物館(はくぶつかん) 박물관
- ぐるっと 빙글(한 바퀴 도는 모양)
- 施設(しせつ) 시설
- 入場(にゅうじょう) 입장
- 共通券(きょうつうけん) 공통권
- 発売(はつばい) 발매
- 一団(いちだん) 일단, 한 덩어리
- 試(こころ)み 시도 → 試(こころ)みる 시도하다
- 国立(こくりつ) 국립
- 動物園(どうぶつえん) 동물원
- 常設(じょうせつ) 상설
- 企画(きかく) 기획
- 割引券(わりびきけん) 할인권
- 価格(かかく) 가격
- 販売(はんばい) 판매

95. この共通券が発売された理由は何ですか。

(A) 江戸幕府が今の東京にあったことを、もっとアピールするため。

(B) 江戸幕府が開かれてから400年になることを記念して。

(C) 江戸時代の文化や歴史をもっと多くの人に知ってもらうため。

(D) 美術館や博物館をもっと多くの人に利用してもらうため。

번역 이 공통권이 발매된 이유는 무엇입니까?

해설

☞「江戸幕府開府400年を記念して」라는 첫 머리에 제시하고 있다.

- アピール 어필(여론에 호소함)
- 開(ひら)かれる 열리다
- 歴史(れきし) 역사

96. どんな点が国内初の試みなのですか。

(A) 30施設以上が参加して共通券を販売している点。

(B) 博物館や美術館だけでなく、動物園も参加している点。

(C) 国立、公立、私立の施設がいっしょに共通券を発売している点。

(D) 常設展だけでなく、企画展の割引券もついている点。

번역 어떤 점이 국내 최초의 시도인 것입니까?

해설
☞「〜だけでなく」뿐만 아니라
・参加(さんか) 참가

97. このパスの使い方として正しいものはどれですか。

(A) 買った日から１ヶ月間使用できる。

(B) 最初に利用した日から１ヶ月間使用できる。

(C) 使用期間内なら好きな施設で何度でも使用できる。

(D) 東京都内の美術館・博物館ならどこでも使用できる。

번역 이 패스 사용법으로 바른 것은 어느것입니까?

해설
☞앞부분에 도쿄내 미술관, 박물관들 중 31곳이라고 했다.
・使(つか)い方(かた) 사용법
・使用(しよう) 사용
・期間内(きかんない) 기간내

98~100

先日、妹夫婦とおいといっしょに栗拾いにでかけました。私も妹夫婦も地面いっぱいに落ちているいが栗を見たとたん、懐かしさに思わずかけ寄って行ったのですが、その時、おいがびっくりすることを言いました。「なあに、これ。栗さんじゃないねえ。」と言うのです。考えてみると、おいは今までスーパーで売っている栗しか見たことがなく、いが栗は見たことがなかったのです。

不器用ながらも、足を使って中から栗を取り出したおいは、「本当に栗さんが住んでいたんだね」と、感心した様子で栗をながめていました。

해설

☞「〜にでかける」(〜하러 가다)는 목적의 표현으로 「동사(ます형)+に 이동 동사」의 꼴을 취하고 있다.

☞「懐(なつ)かしさ」는 형용사 「なつかしい」의 명사 표현.

☞「ながら」는 "〜하면서"라는 동시 진행도 있지만 여기에서는 "〜이지만, 이면서도"라는 뜻으로, 뒤에 상반된 내용이 이어진다.

・夫婦(ふうふ) 부부
・甥(おい) 조카
・拾(ひろ)う 줍다
・地面(じめん) 지면
・落(お)ちる 떨어지다
・毬栗(いがぐり) 밤송이에 싸여 있는 밤
・懐(なつ)かしさ 그리움
・思(おも)わず 무심코
・駆(か)け寄(よ)る 달려오다
・不器用(ぶきよう) 손끝이 야물지 못함, 서투름
・取(と)り出(だ)す 꺼내다
・感心(かんしん) 감탄
・眺(なが)める 바라보다, 응시하다

번역 지난번 동생 부부와 조카와 함께 밤 줍기를 하러 갔었습니다. 나도 동생 부부도 땅 위에 가득 떨어져 있는 밤송이에 싸여 있는 밤을 보자, 그리움에 무심코 달려 간 것인데, 그 때 조카가 깜짝 놀랄 말을 했습니다. "뭐야, 이거. 밤이 아니네"라고 말하는 것입니다. 생각해 보니 조카는 지금까지 슈퍼에서 팔고 있는 밤밖에 본 적이 없어서, 밤송이에 싸여 있는 밤을 본 적이 없었던 것입니다.
서투르지만, 발을 사용하여 안에서 밤을 꺼낸 조카는 "정말로 밤이 살고 있었네"라며 감탄한 모습으로 밤을 바라보고 있었습니다.

98. 何人で栗拾いに行きましたか。

(A) 2人
(B) 3人
(C) 4人
(D) 5人

해설

☞본인과 여동생 부부 그리고 조카.

번역 몇 명이서 밤줍기하러 갔었습니까?

99. この人はどうしてすぐに「いが栗」にかけ寄ったのですか。

해설

• 嬉(うれ)しい 기쁘다

(A) 「いが栗」を見るのが懐かしかったから。

(B) 早く拾わないとなくなってしまうから。

(C) たくさん落ちていて嬉しかったから。

(D) おいが「いが栗」のことを知らなかったから。

[번역] 이 사람은 왜 바로 "밤송이에 싸인 밤"으로 달려갔습니까?

100. おいはどうして「いが栗」を知らなかったのですか。

해설

☞「考えてみると～」뒷부분에 답이 있다.

• めずらしい 드물다
• 種類(しゅるい) 종류
• 危(あぶ)ない 위험하다
• 禁止(きんし) 금지

(A) 「いが栗」はめずらしい種類の栗だから。

(B) 子どもに「いが栗」は危ないので禁止されていたから。

(C) スーパー以外で栗を見たことがなかったから。

(D) 「いが栗」から栗を取り出すのは難しいから。

[번역] 조카는 왜 "밤송이에 싸여 있는 밤"을 몰랐습니까?

Part 5 ～ Part 8

Part 5 정답찾기

V. 下の＿＿＿線の言葉の正しい表現、または同じ意味のはたらきをしている言葉を（A）から（D）の中から一つ選びなさい。

101. 何があっても<u>暴力</u>はいけません。

(A) ぽくりき

(B) ばくりょく

(C) ぼうりょく

(D) ぼうりき

변역 무슨 일이 있어도 폭력은 안됩니다.

<table>
<tr><th>해설</th></tr>
<tr><td>☞「暴(사나울 폭)」의 음독은 「ぼう」와 「ばく」가 있으며, 대부분은 「ぼう」 음으로 쓰인다. 「暴走(ぼうそう) 폭주」「暴落(ぼうらく) 폭락」 등은 자주 등장하는 단어이다.

・いけない 안된다</td></tr>
</table>

102. 何を聞いても彼は<u>無言</u>でした。

(A) むごん

(B) むげん

(C) なげん

(D) いいません

변역 무엇을 물어도 그는 무언이었습니다.

<table>
<tr><th>해설</th></tr>
<tr><td>☞「無」의 음독은 「む・ぶ」두 가지가 있다. 「ぶ」의 경우는「無難(ぶなん) 무난」「無礼(ぶれい) 무례」「無事(ぶじ) 무사」등이 있다.

・聞(き)く 묻다, 듣다</td></tr>
</table>

103. 彼の技は<u>素人</u>にはとてもまねできません。

(A) そじん

(B) そにん

(C) くろうと

(D) しろうと

변역 그의 기술은 아마추어로서는 도저히 흉내낼 수 없습니다.

<table>
<tr><th>해설</th></tr>
<tr><td>☞「素」의 음독은 「そ나 す」이며 「素人(しろうと)」초심자, 아마추어)는 예외에 해당하므로 잘 기억하자. 반대말은 「玄人(くろうと)」전문가.

・技(わざ) 기술
・真似(まね)する 흉내내다</td></tr>
</table>

104. 4月から<u>鉄道運賃</u>が値上げされました。

(A) うんにん

(B) うんね

(C) うんちん

(D) うんたい

해설
- 鉄道(てつどう) 철도
- 値上(ねあ)げする 가격 인상하다

번역 4월부터 철도운임이 인상되었습니다.

105. 温泉のお湯が<u>あつくて</u>入れませんでした。

(A) 暑くて

(B) 熱くて

(C) 厚くて

(D) 温くて

해설
- ☞ 형용사「あつい」는「熱(あつ)い」(뜨겁다),「暑(あつ)い」(덥다),「厚(あつ)い」(두껍다)가 있다.
- 温泉(おんせん) 온천
- お湯(ゆ) (뜨거운)물
- 入(はい)る 들어가다

번역 온천물이 뜨거워서 들어갈 수 없었습니다.

106. アンケートの<u>かいとう</u>結果をグラフにしました。

(A) 改答

(B) 応答

(C) 回答

(D) 解答

해설
- ☞「かいとう」로 읽는 단어는「回答」(회답)「解答」(해답)「解凍」(해동) 등이 있다.
- ☞ '앙케이트의 회답'이지 '앙케이트의 해답'은 말이 안 된다.
- 結果(けっか) 결과
- グラフ 그래프
- 応答(おうとう) 응답

번역 앙케이트의 회답 결과를 그래프로 했습니다.

107. 夜9時<u>いこう</u>に電話をしてください。

(A) 以候

(B) 以高

(C) 以後

(D) 以降

해설
- ☞ '이후'의 의미를 갖는 단어는「以後(いご)」와「以降(いこう)」가 있다. (C)로 하기 쉬우므로 주의.

번역 밤 9시 이후에 전화해 주세요.

108. <u>かいしゅう</u>工事が終わるまで、こちらの建物を利用して下さい。

(A) 改訂

(B) 改修

(C) 改正

(D) 改造

번역 개수 공사가 끝날 때까지 이쪽 건물을 이용해 주세요.

해설

☞ 「改修(かいしゅう)」 '개수, 수리, 개축'의 뜻으로 건물의 일부나 도로 등을 다시 고쳐서 수리하는 것을 말한다.
「改正(かいせい)」 개정(법률 등을 바르게 고침)
「改訂(かいてい)」 개정(책의 잘못된 내용을 바로잡음)

· 工事(こうじ) 공사
· 建物(たてもの) 건물
· 改造(かいぞう) 개조

109. このかばんは<u>pocket</u>が多くて使いやすいです。

(A) ポケット

(B) ポッケット

(C) ポーケット

(D) ポケーット

번역 이 가방은 포켓이 많아서 사용하기 쉽습니다.

해설

☞ 외래어는 발음에 먼저 주의해야 한다. pocket의 일본어식 발음은 '포켓또'.

· 使(つか)いやすい 사용하기 쉽다

110. 今年は賃金の10%<u>up</u>を目指しています。

(A) アプ

(B) アップ

(C) アープ

(D) オップ

번역 금년에는 임금의 10% 인상을 목표로 하고 있습니다.

해설

☞ 「up」의 일본어 발음은 "압쁘" 이므로 촉음이 들어간다.

· 賃金(ちんぎん) 임금
· 目指(めざ)す 목표로 하다

111. 家の前にある車を<u>どけて</u>ください。

(A) 乗ってください。

(B) 移動してください。

(C) 出してください。

(D) 並べてください。

번역 집 앞에 있는 차를 치워 주세요.

해설

☞ 「退(ど)ける」는 치우다, 비키다의 뜻이므로 '옮기다/이동하다'의 의미와 일치한다.

· 移動(いどう) 이동
· 並(なら)べる 나란히하다

112. 引っ越しをすると、わずらわしい手続きがたくさん
あります。

(A) 重要な

(B) めんどうな

(C) 必要な

(D) 時間がかかる

번역 이사를 하면 번거로운 수속이 많이 있습니다.

해설

☞「煩(わずら)わしい」는 '번거롭다, 귀찮다'의 뜻이므로 그와 유사한 의미의 단어를 찾으면?

· 引(ひ)っ越(こ)し 이사
· 手続(てつづ)き 수속
· 重要(じゅうよう) 중요함
· 必要(ひつよう) 필요함

113. 地元の人々の声援にこたえて選挙に出馬しました。

(A) 難しい問題にはこたえられません。

(B) これは視聴者からの疑問にこたえていく番組です。

(C) 皆さんのご期待にこたえられず、たいへん残念です。

(D) 会社の倒産が、精神的にこたえてしまったようだ。

번역 그 지방 사람들의 성원에 부응하여 선거에 출마했습니다.
  (A) 어려운 문제에는 답할 수 없습니다.
  (B) 이것은 시청자로부터의 의문에 응답해 가는 프로그램입니다.
  (C) 여러분의 기대에 부응하지 못해 정말로 유감입니다.
  (D) 회사의 도산이 정신적으로 영향을 주어 버린 것 같다.

해설

☞「こたえる」는 다의어로 종종 시험에 등장하므로 유의해야 할 단어!! '성원'과 같은 류의 단어는 '기대'.
「応(こた)える」부응하여 보답하다, 반응하다, 크게 자극을 받다(반향하다) 느껴지다
「答(こた)える」대답하다, 해답하다
「堪(こた)える」참고 견디다

· 地元(じもと) 그 지방
· 声援(せいえん) 성원
· 選挙(せんきょ) 선거
· 出馬(しゅつば) 출마
· 視聴者(しちょうしゃ) 시청자
· 疑問(ぎもん) 의문
· 倒産(とうさん) 도산
· 精神的(せいしんてき) 정신적

114. 結婚して料理の腕があがりました。

(A) 料理をするようになりました。

(B) 料理をすることが増えました。

(C) 料理がたいへんになりました。

(D) 料理が上手になりました。

번역 결혼하여 요리 솜씨가 늘었습니다.

해설

☞「腕(うで)」는 솜씨, 수완, 역량의 의미가 있으므로「腕(うで)が上(あ)がる」는 '솜씨가 늘다' 즉 '능숙해지다'란 뜻으로 쓰인다.

115. 新聞に勝手に写真をの<u>せられて</u>しまいました。

（A） 友達にさそ<u>われて</u>コンサートに行きました。

（B） これはステンレスで作<u>られて</u>いるので丈夫です。

（C） 最近亡くなった父のことが思い出<u>されて</u>なりません。

（D） 母に日記を読<u>まれて</u>、恋人がいることが知られてし

まいました。

번역 신문에 멋대로 사진이 실렸습니다.
(A) 친구에게 초대받아 콘서트에 갔습니다.
(B) 이것은 스테인레스로 만들어져 있어서 튼튼합니다.
(C) 최근에 돌아가신 아버지가 생각나 못 견디겠습니다.
(D) 어머니가 일기를 읽어 버려서, 연인이 있는 것이 알려지고 말았습니다.

해설

☞질문과 (D)의 수동은 싫은데 누군가 그렇게 했다는 상한 기분을 나타내는 피해의 수동이고, (C)는 저절로 발생함을 의미하는 자발로, 「思(おも)い出(だ)す」「案(あん)じる」「心配(しんぱい)する」 등의 단어가 여기에 해당한다.

☞「〜て ならない」 '〜해서 못 견디다(참을 수 없다)'

• 勝手(かって) 제멋대로〈自分勝手 자기 멋대로〉
• 載(の)せる 게재하다, 싣다
• 誘(さそ)う 권유하다, 유혹하다
• 丈夫(じょうぶ) 튼튼함
• 亡(な)くなる 돌아가시다

116. 今度の仕事に我が社の運命を<u>かける</u>ことにしました。

（A） ２<u>かける</u>４は８です。

（B） コートはそこにあるハンガーに<u>かけて</u>おいてください。

（C） 時間がないので駅まで<u>かけて</u>行きました。

（D） イングランドが勝つ方に500円<u>かけました</u>。

번역 이번 일에 우리 회사의 운명을 걸기로 했습니다.
(A) 2 곱하기 4는 8입니다.
(B) 코트는 거기에 있는 행거에 걸어 놓으세요.
(C) 시간이 없어서 역까지 달려갔습니다.
(D) 잉글랜드가 이기는 쪽에 500엔 걸었습니다.

해설

☞「賭(か)ける」는 걸다(내기를 하다의 뜻으로 질문과 (D)에 해당하며, (A)는 곱하다 (B)는 달다, 늘어뜨리다 (C)는 달리다, 뛰다 「駆(か)ける」의 의미로 각각 쓰여지고 있다. 이밖에 자주 쓰이는 「かける」는 다음과 같다.

①기계나 도구를 쓸때
• アイロンをかける 다리미질을 하다 • ブラシをかける 솔질을 하다

②걱정, 수고를 끼치다
• 迷惑(めいわく)をかける 폐를 끼치다.
• 苦労(くろう)をかける 수고를 끼치다

③소리치다
• 気合(きあい)をかける 기합을 넣다 • 号令(ごうれい)をかける 구령을 넣다 • 말소리를 보내다
• 口(くち)をかける • 声(こえ)をかける 말을 걸다 등.

• 我(わ)が社(しゃ) 우리 회사
• 運命(うんめい) 운명
• 勝(か)つ 이기다

117. 役所の人は<u>融通がきかない</u>ことが多い。

(A) 人の話を無視する。

(B) 何でも規則通りにする。

(C) まじめに仕事をしない。

(D) サービス精神がない。

번역 관청 사람은 융통성이 없는 경우가 많다.
(A) 남의 말을 무시한다.
(B) 무엇이든지 규칙대로 한다.
(C) 성실하게 일을 하지 않는다.
(D) 서비스 정신이 없다.

해설

☞「融通(ゆうずう)がきかない」
'융통성이 없다'

☞「명사+通(どお)り」 ～대로

・役所(やくしょ) 관청
・無視(むし) 무시
・規則(きそく) 규칙
・精神(せいしん) 정신

118. 今度の仕事は私の<u>力に余ります</u>。

(A) みんなの力でやります。

(B) 私の力だけでやります。

(C) 私の能力では無理です。

(D) 私の能力が余ってしまいます。

번역 이번 일은 내 힘에 겹습니다.
(A) 모두의 힘으로 합니다.
(B) 내 힘만으로 합니다.
(C) 내 능력으로는 무리입니다.
(D) 내 능력이 넘쳐 버립니다.

해설

☞「力(ちから)に余(あま)る」 힘에 겹다

・力(ちから) 힘
・やる 하다
・能力(のうりょく) 능력
・余(あま)る 남다, 넘다

119. この魚は骨がなくて食べ<u>やすい</u>です。

(A) 私は体が弱くてかぜをひき<u>やすい</u>です。

(B) 最近疲れ<u>やすくて</u>こまっています。

(C) 雨の日は道がすべり<u>やすい</u>ので気をつけてください。

(D) こちらの道の方が歩き<u>やすい</u>です。

번역 이 생선은 뼈가 없어서 먹기 좋습니다.
(A) 나는 몸이 약해서 감기에 걸리기 쉽습니다.
(B) 최근에 쉽게 피곤해져서 곤란합니다.
(C) 비 오는 날은 길이 미끄러워지기 쉬우니까 조심하세요.
(D) 이쪽 길이 걷기 쉽습니다.

해설

☞「동사(ます형)+やすい」 ～하기 쉽다.

☞「食(た)べやすい」는 '먹기 좋다'의 뜻이므로 (D)와 일치하며, 나머지는 "쉽게 ～하다"의 뜻이다.

・骨(ほね) 뼈
・疲(つか)れる 피로하다
・滑(すべ)る 미끄러지다

120. 最近は金利が<u>下がる一方</u>です。

(A) 下がることの方が多いです

(B) 下がり続けています

(C) 下がらなくなりました

(D) 下がるかどうか分かりません

☞「동사 기본형+一方(いっぽう)」
'오로지 ～하기만 하다'

☞「동사 ます형+続(つづ)ける」계
속해서 ～하다

· 金利(きんり) 금리
· 下(さ)がる 내리다

번역 최근에는 금리가 내려가기만 합니다.
(A) 내려가는 경우가 많습니다.
(B) 계속 내리고 있습니다.
(C) 내리지 않게 되었습니다.
(D) 내릴지 어떨지 모릅니다.

Part 6 오문정정

VI. 下の＿＿＿＿＿＿線の(A)から(D)の中から正しくない言葉を一つ選びなさい。

121. この先の道が工事中ので、うら道を通って行った方が
　　　　　　A　　　　　　B　　　　　　　C　　　　　D

いいですよ。

🈁 이 앞의 길이 공사중이니까 뒷길을 지나서 가는 편이 좋아요.

해설

☞얼핏 보면 맞아보이는 문장.
명사에 「ので」가 접속할 때는
「명사+なので」이다.

・工事中(こうじちゅう) 공사중
・裏道(うらみち) 뒷길
・通(とお)る 지나다

122. 急に雨が降り出したので、いそいで洗濯物を部屋で
　　　　　　　　　　A　　　　　　B　　　　　　　C

しまいました。
　　D

🈁 갑자기 비가 내리기 시작해서, 서둘러 세탁물을 방에 넣었습니다.

해설

☞"방으로(에) 넣다"라는 위치
표현이므로 조사 「に」를 사용
해야 한다.

☞「降(ふ)り出(だ)す」와 같이
「동사ます형+出(だ)す」는 "(갑
작스럽게) ~하기 시작하다"라
는 뜻.

・急(いそ)ぐ 서둘다
・洗濯物(せんたくもの) 세탁물
・しまう 치우다, 넣다

123. ズボンにコーヒーをこぼしてしまったので、ハンカチを
　　　　　　A　　　　　　　　B

水で ぬれてふきました。
　C　　D

🈁 바지에 커피를 엎질러 버려서, 손수건을 물로 적셔서 닦았습니다.

해설

☞"손수건을 적시다"는 타동사적
표현이므로 「濡(ぬ)らす(적시
다)」가 되어야 한다. 또, 「水
で」는 「水に」로도 할 수 있다.

・溢(こぼ)す 엎지르다
・濡(ぬ)れる 젖다
・濡(ぬ)らす 적시다
・拭(ふ)く 닦다

124. 準備も<u>しっかり</u>したし、<u>きっと</u><u>うまくいける</u>と思います。
　　　　　　A　　　　　　B　　　　C　　　　　D

번역 준비도 빈틈없이 했으니, 반드시 잘 될 거라고 생각합니다.

해설

☞ "일이 잘되어 가다"는 「うまくいく」인데, 가능형으로는 잘 쓰지 않는다.

☞ '반드시, 꼭' 이라는 의미의 부사는 추량 표현을 동반하는 「きっと」와 희망과 의뢰를 동반하는 「ぜひ」, 100%의 필연성을 의미하는 「必(かなら)ず」가 있다.

・しっかり 확실히, 빈틈없이

125. 大阪に<u>いる間</u>、高橋さんには<u>色々と</u>お世話に<u>かけました</u>。
　　　　　　　A　　　　　　　　　B　　　C　　　　　D

번역 오사카에 있는 동안에 다카하시 씨에게는 여러 가지로 신세졌습니다.

해설

☞ 「世話(せわ)になる」 신세지다
「世話(せわ)をかける」 폐를 끼치다
「世話(せわ)をする」 돌보다
「お世話に」로 되어 있으므로 なりました로 해야 한다.

126. <u>この頃</u>テレビを<u>つける</u>たびに変な音が<u>する</u>ので、ちょっと
　　　　A　　　　　　B　　　　　　　　　C

気に<u>します</u>。
　　D

번역 요즘 텔레비전을 켤 때마다 이상한 소리가 나서 조금 걱정이 됩니다.

해설

☞ 「音(おと)がする」 소리가 나다
「気(き)にする」 걱정하다, 마음에 두다
「気(き)になる」 걱정되다
「気(き)にかかる」 마음에 걸리다

・変(へん)な 이상한

127. 去年買った物を <u>似た</u>デザインの物が<u>欲しい</u>のですが、な
　　　　　　A　B　　　　　　　C

かなか<u>見つかりません</u>。
　　　　D

번역 작년에 산 물건과 비슷한 디자인의 물건이 필요한데, 좀처럼 발견되지 않습니다.

해설

☞ 동사 「似(に)る」는 "~을 닮다"라고 할 때는 「~に似(に)ている」, "~와 닮다(비슷하다)"인 경우는 「~と似(に)ている」라고 표현한다.

128. <u>あとから</u>来る人もいるので、少し<u>多めに</u> <u>注文してある</u>
　　　　　　A　　　　　　　　　　　　　　B　　　　　　C

　　　こと<u>にしました</u>。
　　　　　D

해설

☞ 화자 자신의 결정을 나타내므로 「타동사+ておく」로 표현해야 한다. 이미 준비가 되어 있는 상태일 때는 「타동사+てある」를 사용할 수 있다.

☞ 「동사 기본형+ことにする」는 "～하기로 하다"라는 결심의 표현이다.

• 多(おお)め 넉넉한 분량이나 정도
• 注文(ちゅうもん) 주문

번역 뒤에 오는 사람도 있으니까, 조금 넉넉하게 주문해 놓기로 했습니다.

---

129. 時間が<u>ないで</u>、新幹線<u>じゃなくて</u>飛行機<u>で</u>行くことに
　　　　　　A　　　　　　　　　　B　　　　　　C

　　　<u>なりました</u>。
　　　　　D

해설

☞ '시간이 없어서'라는 이유의 표현이므로 「～ないで」를 「ないので」 또는 「なくて」로 바꾸어야 한다.

• 飛行機(ひこうき) 비행기

번역 시간이 없어서, 신칸센이 아니라 비행기로 가게 되었습니다.

---

130. いくら忙しかった<u>から</u><u>といって</u>、あいさつも<u>しなずに</u>帰る
　　　　　　　　A　　　　　　　B　　　　　　　　C

　　　なんて<u>失礼だ</u>。
　　　　　　D

해설

☞ '인사도 하지 않고'이므로, 「しないで」 또는 「せずに」라고 해야 한다.

• 忙(いそが)しい 바쁘다
• 挨拶(あいさつ) 인사

번역 아무리 바빴다 해도, 인사도 하지 않고 돌아가다니 실례다.

---

131. 車庫の前<u>に</u>だれかの車が<u>とめている</u>ので、家の車が
　　　　　　A　　　　　　　　　B

　　　<u>出せなくて</u> <u>困っています</u>。
　　　　　C　　　　　　D

해설

☞ '차가 세워져 있다'라는 상태 표현이므로 「車がとめてある」라고 해야 한다

• 車庫(しゃこ) 차고
• 止(と)める 세우다

번역 차고 앞에 누군가의 차가 세워져 있어서, 우리 차가 나가지 못해 곤란해 하고 있습니다.

132. 習い事ははじめてのうちは楽しかったのですが、最近は大
　　　　　　　　A　　　　B

変なことも増えてきました。
　　　C　　　　　　　D

> 번역　배우는 것은 처음에는 즐거웠었지만, 최근에는 힘든 점도 늘어났습니다.

해설

☞「はじめて」는 '처음으로, 비로소'라는 첫경험을 나타낸다. 이 문장에서는 '처음 동안'이라는 기간이므로 「はじめ」를 써야 한다.

・習(なら)い事(ごと) 배움(학습) 거리

---

133. 目上の人について、そんな口のきき方をしては失礼に
　　　　　　　　A　　　　　　B　　　C

なりますよ。
　D

> 번역　윗사람에게 대해서, 그런 말투를 해서는 실례가 됩니다.

☞ '어떤 대상에 대해서(대면)'라는 표현은 「～に対(たい)して」이며, 「～について」는 "어떤 일에 관해서"라는 뜻이다.

☞口(くち)を利(き)く 말하다→口(くち)のきき方(かた) 말하는 태도

・目上(めうえ) 손위

---

134. もう 二度は彼女に会うことはないだろうと思うと、自然
　　　A　　B　　　　　　　　　　　　　　C

と涙があふれてきた。
　　　　　D

> 번역　이제 두 번 다시 그녀를 만나는 일은 없을 것이라고 생각하니 저절로 눈물이 흘러내렸다.

☞ "이제 두 번 다시는 ～하지 않겠다"라고 할 때는 「もう二度(にど)と」라고 해야 한다.

・自然(しぜん)と 서절로
・涙(なみだ) 눈물
・溢(あふ)れる 넘쳐흐르다

135. 友達からおみやげにお菓子をたくさんくれたので、母や
　　　　　　　　　　　A　　　　　　　　　　　　B

姉に少し分けてあげました。
　　　　C　　　D

> **해설**
>
> ☞ 友達から이므로 もらう가 와야
> 한다.
>
> ・お土産(みやげ) 선물(특산품)
> ・お菓子(かし) 과자
> ・分(わ)ける 나누다

변역 친구로부터 선물로 과자를 많이 받았기 때문에, 엄마와 언니에게 조
금 나누어 주었습니다.

136. 誰かが呼ばれたような気がして、後ろをふり返りました
　　　　A　　　B　　　　　　　　　　　　　　　　　　C

が、誰もいませんでした。
　　　D

> **해설**
>
> ☞「呼(よ)ぶ」의 수동형「呼(よ)
> ばれる」는 "(누군가에게) 불리
> 우다"는 뜻이므로 조사「に」가
> 와야 한다.
>
> ・気(き)がする 느낌이 들다
> ・後(うし)ろ 뒤
> ・振(ふ)り返(かえ)る 뒤돌아보다

변역 누군가가 부른 것 같은 느낌이 들어 뒤를 돌아보았지만, 아무도 없
었습니다.

137. 我が社の製品を大手スーパーに置かせてもらうことに
　　　　　　　　　　　　　　　　　　　A　　　　　　B

やっと成功できました。
　　C　　　D

> **해설**
>
> ☞「(さ)せてもらう」는 '우리 회
> 사가 대형 슈퍼에 납품을 하다'
> 라는 뜻. 주체는 '우리 회사'.
>
> ☞ "놓는데 성공했다"는 뜻이므로
> 「成功(せいこう)する」의 형태
> 여야 한다.
>
> ・わが社(しゃ) 우리 회사
> ・大手(おおて) 큰 거래처, 큰 회
> 사 〈大手企業(おおてきぎょう)
> 대기업〉
> ・成功(せいこう) 성공

변역 우리 회사 제품을 대형 슈퍼에 놓는 데 간신히 성공했습니다.

138. どうしても 間に合いそうにないので、なんとか納期を
    A   B   C

1週間遅れてもらいました。
      D

> 📖 도저히 제날짜에 맞출 수 있을 것 같지 않아서, 간신히 납기를 1주일 늦추었습니다.

해설

☞ 납기를 1주일 늦추게 해 받았다는 뜻이므로 「遅らせて」로 바꾸어야 한다.

- 間(ま)に合(あ)う 제 시간에 대다
- 納期(のうき) 납기
- 遅(おく)れる 늦어지다

139. 経営者の立場で立って考えてみると、今まで見えなかった
             A   B   C

ものが見えてくる。
 D

> 📖 경영자 입장에 서서 생각해 보니, 지금까지 보이지 않았던 것이 보여진다.

해설

☞ "(어떤) 입장에 서다"라는 말은 「立場(たちば)に立(た)つ」라고 한다.

- 経営者(けいえいしゃ) 경영자
- 立場(たちば) 입장

140. 筆記試験に通っても面接試験でいつも落とさせられてし
         A   B   C

まい、就職が決まりません。
        D

> 📖 필기시험에 통과해도 면접시험에서 항상 떨어져서 취직이 정해지지 않습니다.

해설

☞ 시험에 떨어뜨림을 당하다(떨어지다)는 표현이므로 「落(お)とす」의 수동형인 「おとされて」나, 자동사인 「落(お)ちて」로 표현해야 한다.

- 筆記試験(ひっきしけん) 필기시험
- 通(とお)る 통과하다
- 面接(めんせつ) 면접
- 落(お)とす 떨어뜨리다
- 就職(しゅうしょく) 취직

Part 7 공란메우기

VII. 下の＿＿＿＿＿線に入る適当な言葉を(A)から(D)の中で一つ選びなさい。

141. 子供が目を覚まさないように、＿＿＿＿＿ドアを開けました。

(A) じっと
(B) やっと
(C) そっと
(D) きっと

번역 아이가 잠을 깨지 않도록 살짝 문을 열었습니다.

> **해설**
>
> ☞ 그っと 조용히, 가만히, 살짝.
> ☞ 「동사+ない+ように」 ～하지 않도록.
>
> - 目(め)を覚(さ)ます 잠을 깨다
> - じっと 꼼짝하지 않고 가만히 있는 모습
> - やっと 겨우, 간신히
> - きっと 반드시

142. そんなに大声で＿＿＿＿＿、もっと静かに話し合いましょうよ。

(A) どならないで
(B) さけんで
(C) ささやかないで
(D) しゃべって

번역 그렇게 큰 소리로 외치지 말고, 좀 조용히 이야기합시다.

> **해설**
>
> ☞ 단어의 의미를 파악하는 것이 중요!!
>
> 怒鳴(どな)る 고함치고 소리지르다
> 叫(さけ)ぶ 외치다, 부르짖다, 주장하다
> 囁(ささや)く 속삭이다
> しゃべる 수다떨다, 말하다
>
> - 大声(おおごえ) 큰 소리
> - 話(はな)し合(あ)う 서로 이야기하다, 상담하다

143. 学生時代は＿＿＿＿お金が無かったので、本当に貧しい食生活を送っていました。

(A) なんだか
(B) なにしろ
(C) どうか
(D) それより

번역 학생시절에는 어쨌든 돈이 없었기 때문에 정말로 가난한 식생활을 했습니다.

해설
- 貧(まず)しい 가난하다
- 食生活(しょくせいかつ) 식생활
- なんだか 왠지
- なにしろ 어쨌든, 하여간에
- どうか 제발, 아무쪼록

144. 我が社の製品に対する悪いうわさが ＿＿＿＿、売上が急に落ちてしまいました。

(A) ひろまって
(B) まわって
(C) はじけて
(D) われて

번역 우리회사 제품에 대한 나쁜 소문이 퍼져서, 매상이 갑자기 떨어져 버렸습니다.

해설
☞「噂(うわさ)が広(ひろ)まる」 소문이 퍼지다. '소문이 돌다'라고 하여 まわる로 쓰지 않도록 주의!

- 製品(せいひん) 제품
- 噂(うわさ) 소문
- 売上(うりあげ) 매상
- 回(まわ)る 돌다
- 弾(はじ)ける 튀다, 여물어 터지다
- 割(わ)れる 깨지다

145. この製品には新素材が＿＿＿＿います。

(A) 使用して
(B) 用いられて
(C) 使わせて
(D) 作らせられて

번역 이 제품에는 신소재가 쓰여지고 있습니다.

해설
☞「用(もち)いる」는 '사용하다, 채용(採択)하다'.

- 新素材(しんそざい) 신소재

146. Mサイズだとウエストがちょっと＿＿＿＿ので、Sサイズを見せてください。

(A) 狭い
(B) 厚い
(C) きつい
(D) ゆるい

번역 M사이즈는 허리가 조금 헐거우니까, S사이즈를 보여 주세요.

해설
☞ "느슨하다, 헐겁다"의 의미로 「緩(ゆる)い」가 있으며, 반대말은 「きつい」이다

- 狭(せま)い 좁다
- 厚(あつ)い 두껍다
- きつい 꼭 끼다, 빡빡하다

147. この店はちょっと_____ですが、とてもおいしいの
で、たまに食べに来ます。

(A) まずい

(B) 高い

(C) 近い

(D) 多い

해설

☞「~ですが、~ので」이므로 서로 상반되는 표현이 온다.

• たまに 간혹, 가끔
• まずい 맛없다

번역 이 가게는 조금 비싸지만, 아주 맛있어서 가끔 먹으러 옵니다.

148. 窓が開けて_____ので、風がよく通ります。

(A) いる

(B) おく

(C) ある

(D) みる

해설

☞타동사「開(あ)ける」가 조사「が」를 동반한 것은 상태를 나타내므로「~が 타동사+てある」의 형태를 취해야 한다.

• 風(かぜ) 바람
• 通(とお)る 통하다

번역 창문이 열려 있어서 바람이 잘 통합니다.

149. この電車は、東京駅_____先は各駅にとまります。

(A) より

(B) まで

(C) もう

(D) では

해설

☞「より」는「から」의 격식 차린 말로 동작, 작용의 기점이나 경로를 나타내기도 한다.

• 先(さき) 앞, 전방
• とまる 정차하다, 서다

번역 이 전차는 도쿄 역에서부터는 각 역에 정차합니다.

150. すみませんが、赤いペンを貸して_____。

(A) もらいませんか

(B) あげません

(C) くださいませんか

(D) いましょう

해설

☞"빌려주세요"라는 의뢰 표현으로「~てください」「~てくださいませんか」「~てもらえませんか」등이 있다. A가 답이 되려면 もらえませんか로 해야 한다.

번역 죄송하지만, 빨간 펜을 빌려 주시지 않겠습니까?

151. 私はいつも新聞を＿＿＿＿、朝ご飯を食べています。

(A) 読むと

(B) 読めば

(C) 読み合って

(D) 読みながら

해설
☞「동사(ます형)+ながら」 ~하면서

☞여기서「ている」는 습관을 나타낸다.

· 新聞(しんぶん) 신문

번역 나는 항상 신문을 읽으면서, 아침을 먹고 있습니다.

152. 娘はすぐ甘い物を＿＿＿＿のでこまります。

(A) 食べて

(B) 食べたがる

(C) 食べたい

(D) 食べている

해설
☞제 3자의 희망을 나타내므로「동사ます형+たがる」로 표현한다.

· 娘(むすめ) 딸
· 甘(あま)い 달다

번역 딸은 금새 단 것을 먹고 싶어하기 때문에 곤란합니다.

153. 宿題が＿＿＿＿から、遊びに行きなさい。

(A) 終わった

(B) 終わって

(C) すまない

(D) すんだ

해설
☞순차적 표현 →「동사+てから」 ~하고 나서

· 宿題(しゅくだい) 숙제
· 遊(あそ)ぶ 놀다
· 終(お)わる 끝나다
· 済(す)む 완료되다, 끝나다

번역 숙제가 끝나고 나서 놀러 가거라.

154. 明日は雨が＿＿＿＿と思います。

(A) 降るだろう

(B) 降らないでしょう

(C) 降りそう

(D) 降らなかった

해설
☞추량 표현인「~と思(おも)う」의 접속은 기본형, 부정은「ない」, 과거는「た」, 추측은「だろう」에 연결된다.

번역 내일은 비가 내릴 것 같습니다.

155. 『日本の美』＿＿＿＿本を読んだことがありますか。

(A) のする

(B) がする

(C) という

(D) はいう

번역 「일본의 미」라는 책을 읽은 적이 있습니까?

해설

☞「AというB」 'A라는 B' 구문을 이룬다.

156. 私が今日欠席する＿＿＿＿を、みんなに伝えておいてください。

(A) こと

(B) もの

(C) の

(D) が

번역 내가 오늘 결석하는 것을 모두에게 전해 주세요.

해설

☞형식명사 → 구체적이고 개인적인 행위는 「の」(것), 어떤 사실이나 추상적, 이론적, 논리적 표현은 「こと」(일, 것), 구체적인 사물은 「もの」(것 물건)가 된다.

・欠席(けっせき) 결석
・伝(つた)える 전하다

157. アンケートに答える＿＿＿＿、プレゼントがもらえます。

(A) ことは

(B) ばかりで

(C) だけで

(D) のみの

번역 앙케이트에 답하는 것만으로 선물을 받을 수 있습니다.

해설

☞「동사+だけで」 ～하는 것만으로, ～하기만 하면

・答(こた)える 답하다

158. アメリカに行く＿＿＿＿＿英語を勉強しておきます。

(A) 中で
(B) 先に
(C) 後で
(D) 前に

해설

☞「동사た+後(あと)で」 ~한 후에 「동사 기본형+前(まえ)に」 ~하기 전에

・先(さき) 앞, 앞날, 먼저

번역 미국에 가기 전에 영어를 공부해 두겠습니다.

159. 課長＿＿＿＿＿地下の喫茶店にいましたよ。

(A) なら
(B) たら
(C) だと
(D) ば

해설

☞명사의 가정 표현은 「명사+なら(ば)/だったら/だと」가 있는데, 「と」는 습관이나 필연적, 확정적 표현으로 "반드시"의 의미를 내재하고 있으며, 「なら」는 상대에게 들은 말이나 상태, 얻은 정보를 조건으로 하여 말할 때 쓴다.
☞이 문장은 상대방이 과장님이 어디 계시냐고 물었을 때의 대답.

・地下(ちか) 지하

번역 과장님이라면 지하 커피숍에 계셨습니다.

160. 疲れていたので、化粧を＿＿＿＿＿まま寝てしまいました。

(A) して
(B) した
(C) しない
(D) しよう

해설

☞~한 채로, ~한 상태 그대로라는 뜻은 「동사た형+まま」.

・疲(つか)れる 피곤하다
・化粧(けしょう)をする 화장을 하다 ↔ 化粧をおとす

번역 피곤해서 화장을 한 채 잠들어 버렸습니다.

161. この携帯電話は画面が大きくてメールが読み_____です。

(A) ながら
(B) やすい
(C) むずかしい
(D) すぎる

해설

☞「동사(ます형)+やすい」〜하기 쉽다, 「동사ます형+にくい」〜하기 어렵다.

· 携帯電話(けいたいでんわ) 휴대전화
· 画面(がめん) 화면

번역 이 휴대폰은 화면이 커서 메일을 읽기 쉽습니다.

162. 明日はカジュアルデーなので、スーツを着て_____かまいません。

(A) きても
(B) くると
(C) こなくても
(D) きたら

해설

☞허가표현 「동사+てもいい」, 불필요의 표현 「동사+なくてもいい」가 있으며, 「いいです」대신에 "상관없습니다"라는 「かまいません」를 쓰기도 한다.

· カジュアル 캐주얼
· スーツ 정장
· 着(き)る 입다

번역 내일은 캐주얼데이니까 정장을 입고 오지 않아도 됩니다.

163. 時間がないから_____なさい。

(A) いそいで
(B) いそぐ
(C) いそぎ
(D) いそがしく

해설

☞뒤가 「なさい」이므로 동사 ます형이 와야 한다.

번역 시간이 없으니까 서두르세요.

164. 入会した人は、まずレベルチェックを受けることに
_____ います。

(A) なって
(B) きめて
(C) あって
(D) できて

해설
☞ 규칙이나 결정된 사항을 나타낼 때는 「동사 기본형+ことになっている」로 표현한다.

・入会(にゅうかい) 입회
・受(う)ける 받다

번역 입회한 사람은 우선 레벨 체크를 받게 되어 있습니다.

165. 子供に、お年寄りには親切に_____言いました。

(A) すると
(B) するから
(C) するように
(D) するので

해설
☞「동사 기본형+ように (~하도록)」는 거의 명령표현에 가깝다.

・お年寄(としよ)り 노인

번역 아이에게 노인께는 친절하게 하라고(아이들에게) 말했습니다.

166. さっき出張先から_____ところです。

(A) もどる
(B) もどった
(C) もどって
(D) もどっている

해설
☞「동사た형+ところです」는 어떤 일이 막 완료되었음을 나타낸다. 앞에 さっき가 왔으므로 ~たところ가 어울린다.

・出張先(しゅっちょうさき) 출장처(지)

번역 조금 전 출장지에서 막 돌아왔습니다.

167. 対処に困った_____、彼はうその報告書を提出してしまった。

(A) かぎり
(B) いっぽう
(C) あげく
(D) せいで

해설
☞「동사た형+あげく」~한 끝에, ~한 나머지(뒤에 상반되는 표현이 온다.)

・対処(たいしょ) 대처
・うそ 거짓
・報告書(ほうこくしょ) 보고서
・提出(ていしゅつ) 제출

번역 대처에 곤란한 나머지, 그는 거짓 보고서를 제출해 버렸다.

168. 彼は才能がある＿＿＿＿努力家でもあるので、きっと
成功するだろう。

    (A) うえに

    (B) あまり

    (C) いじょう

    (D) くせに

번역 그는 재능이 있는데다 노력가이기도 하니까 꼭 성공할 것이다.

해설

☞ 「동사 기본형+うえに」 ~한 데
다가 (첨가표현)
「~あまり」 ~ 한 나머지
「~くせに」 ~인(한) 주제에

・ 才能(さいのう) 재능
・ 努力家(どりょくか) 노력가
・ 成功(せいこう) 성공
・ 以上(いじょう) 이상

169. 雨がふり出さない＿＿＿＿、早く仕事を終えてしまい
ましょう。

    (A) 前に

    (B) うちに

    (C) さきに

    (D) 後で

번역 비가 오기 전에 빨리 일을 끝내 버립시다.

해설

☞ 「~ないうちに」형태로 '~하기
전에'란 뜻으로 쓰이는 경우가
많다.

・ 降(ふ)り出(だ)す 내리기 시작
하다
・ 終(お)える 끝내다

170. 彼が遅刻をした＿＿＿＿、全員がそのバスに乗れなく
なってしまった。

    (A) からには

    (B) ものの

    (C) ためで

    (D) おかげで

번역 그가 지각을 한 덕분에 전원이 그 버스를 탈 수 없게 되어 버렸다.

해설

☞ 「おかげで」는 결과적으로 "오
히려 잘되었다"라는 기분을 표
현하며 여기서는 비아냥거리는
느낌이 들어있다. 「ため」는 뒤
에 조사 「に」가 와야 한다.
☞ 「からには」 ~이니까 당연히,
「ものの」 ~이지만(~하다고는
하지만)

Part 8 독해

Ⅷ. 下の文を読んで、後の問いにもっとも適した答えを(A)から(D)の中で一つ選びなさい。

171~173

　田川さんは今日、ご主人といっしょに実家へ遊びに行きました。お姉さんが、先月生まれたばかりの赤ちゃんをつれて、実家へ遊びに来ていたからです。赤ちゃんを見たご主人は、おどろくほど喜んで赤ちゃんを　①＿＿＿＿＿＿。

　田川さんは新婚なので、まだ子どもはいらないと思っていましたが、そんなご主人やかわいい赤ちゃんの姿を見て、少し気が　②＿＿＿＿＿＿。

해설

☞「동사た＋ばかりだ」 〜한지 얼마 안되었다(어떤 일이 끝나고 나서 얼마 지나지 않았음)

・実家(じっか) 본가, 친정
・生(う)まれる 태어나다
・赤(あか)ちゃん 아기
・連(つ)れる 데리다
・驚(おどろ)く 놀라다
・喜(よろこ)ぶ 기뻐하다
・新婚(しんこん) 신혼
・要(い)る 필요하다
・姿(すがた) 모습
・気(き) 마음, 느낌

번역 　타가와 씨는 오늘 남편과 함께 본가에 놀러 갔었습니다. 언니가 지난달 갓 태어난 아기를 데리고 친정으로 놀러 왔기 때문입니다. 아기를 본 남편은 놀랄 정도로 기뻐하며 아기를 귀여워하고 있었습니다.
　타가와 씨는 신혼이어서 아직 아이는 필요없다고 생각하고 있었는데, 그런 남편과 귀여운 아기의 모습을 보고 조금 마음이 바뀌었습니다.

171. ①＿＿＿＿＿＿に入る適当な言葉はどれですか。

(A) かわいそうでした
(B) かわいかったです
(C) かわいがっていました
(D) かわいがりそうでした

해설

☞ '귀여워하다' 이므로 「〜がる」로 표현해야 한다.

・かわいい 귀엽다
・かわいがる 귀여워하다

172. ②＿＿＿＿に入る適当な言葉はどれですか。

(A) 変わりました

(B) 立ちました

(C) 進みました

(D) 改まりました

해설

☞마음이 바뀌었다는 내용이므로 気が変(か)わる。

☞気(き)が立(た)つ 신경이 날카로워지다, 흥분하다
　気(き)が進(すす)む 마음이 내키다

・改(あらた)まる 개선되다, 새로워지다

173. 本文の内容とあっているものはどれですか。

(A) 田川さんは昨日お姉さんといっしょに実家へ行きました。

(B) お姉さんは先月赤ちゃんを産みました。

(C) ご主人は今まで赤ちゃんが好きではありませんでした。

(D) 田川さんは子どもはいらないと思っています。

해설

☞본문에 「先月生まれたばかりの」라고 되어 있다.

・産(う)む 낳다
・ご主人(しゅじん) 상대의 남편
・ずっと 줄곧

174~177

ストレス解消法には人それぞれ色々あると思いますが、私の1番のストレス解消法は「笑い」です。

　①＿＿＿＿＿に疲れて家に帰ったとき、ふとつけたテレビに大笑いをして、元気になることがよくあります。もちろん、入浴や睡眠とは違って体は②(疲れる)ままなのかもしれません。③＿＿＿＿＿、笑った後には頭がすっきりして、何だか体に力がわいてきた気がします。そして、明日は笑顔で1日を過ごそうと心に決めて、ふとんに入ります。

해설

☞「大笑(おおわら)いをする」 큰 소리로 웃다
「동사 기본형+ことがある」 ~하는 경우가 있다 → 가끔 반복되는 일을 나타낸다.

・解消法(かいしょうほう) 해소법
・それぞれ 각각
・笑(わら)い 웃음
・疲(つか)れる 피로하다
・ふと 문득
・つける 켜다, 점화하다
・入浴(にゅうよく) 입욕
・睡眠(すいみん) 수면
・すっきり 맑고 산뜻함
・湧(わ)く 솟아나다, 샘솟다
・笑顔(えがお) 웃는 얼굴
・過(す)ごす 지내다
・決(き)める 정하다
・布団(ふとん) 이불

번역 스트레스 해소법에는 각각 여러 가지 있다고 생각하지만, 나의 최고의 스트레스 해소법은 "웃음"입니다.

지쳐 피곤하여 집에 돌아왔을 때, 문득 컨 텔레비전으로 인해 박장대소하며, 힘이나는 경우가 흔히 있습니다. 물론 입욕이나 수면과는 달리 몸은 피로한 채일지도 모릅니다. 하지만, 웃은 뒤에는 머리가 맑아져서 왠지 몸에 힘이 솟아 나오는 느낌이 듭니다. 그리고 내일은 웃는 얼굴로 하루를 보내려고 마음먹고 잠자리에 듭니다.

174. ①＿＿＿＿＿に入る適当な言葉を選びなさい。

(A) くたくた
(B) くるくる
(C) ふらふら
(D) たらたら

해설

・くたくた 지쳐 녹초가 된 모양
・くるくる 빙글빙글
・ふらふら 비틀비틀, 휘청휘청
・たらたら 뚝 뚝(방울방울 떨어지는 모양)

175. ②(疲れる)の正しい形はどれですか。

 (A) 疲れる

 (B) 疲れて

 (C) 疲れた

 (D) 疲れない

해설

☞「동사 た형+まま」～한 상태 그대로(～한 채로)

176. ③＿＿＿＿に入る適当な言葉を選びなさい。

 (A) だから

 (B) そして

 (C) でも

 (D) ところで

해설

☞앞 문장(몸은 피곤하지만)과 뒷 문장(머리는 맑다)의 상반된 관계를 엮어 주는 접속사는?

・そして 그리고
・ところで 그런데(문장 전환)

177. この人は「笑い」でどう変わりますか。

 (A) テレビをよく見るようになる。

 (B) 次の日は笑顔で過ごせるようになる。

 (C) 体に力がわいてくる。

 (D) 入浴や睡眠の必要がなくなる。

해설

☞「笑(わら)い」가 가져다 주는 결정 요소는 「笑った後には～」에 나와 있다.

178~181

　JRの北越急行「ほくほく線」に、動く星座をプラネタリウム
のように天井に映し出す新型の映像電車「ゆめぞら号」が登場
しました。毎週土、日曜と祝祭日に上下２本ずつが運行され
ます。

　ほくほく線は全線の６７％がトンネル。この暗闇を利用し
て、昨年８月から天井に星座を　①＿＿＿＿＿「ほしぞら号」を
毎日上下１本ずつ走らせ、好評を得ています。今回追加され
た「ゆめぞら号」では投影装置がDVD化され、星座が動くよう
になりました。

번역　JR 호쿠에츠급행 "호쿠호쿠선"에 움직이는 별자리를 풀라네타륨처럼 천
장에 투영해 내는 신형 영상 전차인 "유메조라호(꿈의 하늘호)"가 등장했
습니다. 매주 토, 일요일과 경축일에 상하 2차량씩이 운행됩니다.
　호쿠호쿠선은 모든 선의 67%가 터널. 이 어둠을 이용하여 작년 8월부터
천장에 별자리를 띄워 올리게 했습니다. "호시조라호(별 하늘호)"를 매일
상하 1차량씩 달리게 하여 호평을 얻고 있습니다. 이번에 추가된 "유메조
라호"에서는 투영 장치가 DVD화 되어, 별자리가 움직이도록 되었습니다.

해설

☞ 비유, 예시의 표현 → 「명사+의
ように」 ~처럼, 같이
변화의 표현 → 「동사 기본형+
ようになる」 ~하게(하도록)
되다

☞ 조수사 「本(ほん)」은 가늘고
긴 것을 헤아리는 단위이며,
전화나 전차, 기차와 같은 차
량도 해당이 된다.

- 動(うご)く 움직이다
- 星座(せいざ) 별자리
- プラネタリウム 플라네타륨
- 天井(てんじょう) 천정
- 映(うつ)し出(だ)す 투영해 내
다
- 新型(しんがた) 신형
- 映像(えいぞう) 영상
- 登場(とうじょう) 등장
- 祝祭日(しゅくさいじつ) 경축,
국경일
- 運行(うんこう) 운행
- 暗闇(くらやみ) 어둠 속, 암흑
세계
- 上下(じょうげ) 상하〈발음에
주의〉
- 好評(こうひょう) 호평
- 得(え)る 얻다
- 追加(ついか) 추가
- 投影装置(とうえいそうち) 투영
장치

178. ①＿＿＿＿＿に入る適当な言葉はどれですか。

(A) 浮かび上がる

(B) 浮かび上げる

(C) 浮かび上げられる

(D) 浮かび上がられる

해설

☞ "별자리를 띄우다(띄워 올리
다)"에 해당하는 표현은?

- 浮(う)かび上(あ)がる 떠오르다

179. 「ほくほく線」ではどうして映像電車を始めましたか。

해설

☞어둠을 이용하여 별자리를 보
여주는 이유는 뭘까?

- 美(うつく)しさ 아름다움
- 走行中(そうこうちゅう) 주행
중
- 車内(しゃない) 차내
- 暗(くら)い 어둡다
- 休日(きゅうじつ) 휴일

　(A)　子供たちに星空を教えるため。

　(B)　トンネル走行中の暗闇の中で、乗客に星空を楽しん
でもらうため。

　(C)　トンネル走行中は車内が暗くて不便だから。

　(D)　休日の利用客が少なかったから。

180. 「ゆめぞら号」と「ほしぞら号」では何が違いますか。

해설

☞마지막 문장 "이번에 추가된
유메조라호에서는 ～"에 답이
있다.

- 走(はし)る 달리다
- 以外(いがい) 이외

　(A)　「ほしぞら号」は、北越急行ではなくほくほく線を走
っている。

　(B)　「ほしぞら号」では映し出す星座が動かない。

　(C)　「ゆめぞら号」では星座以外に映画も上映する。

　(D)　「ゆめぞら号」の投影装置はDVDではない。

181. 土曜日には、映像電車は上下合わせて何本運行されてい
ますか。

해설

☞「上下2本ずつ」라고 했으므로
합하면?

　(A)　2本

　(B)　3本

　(C)　4本

　(D)　6本

182~185

　トヨタ自動車は、性別や年齢を問わない使いやすさを追求した「ユニバーサルデザイン」にもとづく試作車「ALSV」を公開した。乗り降りしやすいように座席が回転し、前後ドアの間の柱もない。スピードメーターは見やすい文字盤にした。

　お年寄りや障害者でも乗りやすい車を作るため、トヨタでは約３０年前から、車両開発に人間工学を取り入れているが、車種ごとに考え方が①まちまちだった。このため今回、計器類の配置や座席の仕組み、視界の確保などで新たな評価基準を作った。「ALSV」は新基準で作られた初の試作車で、改良してミニバン「ラウム」の新型として年内に発売される。

번역　토요타 자동차는 성별과 연령을 불문하고 사용하기 편리함을 추구한 "유니버설(보편적) 디자인"에 근거한 시범 차 「ALSV」를 공개했다. 오르내리기 쉽도록 좌석이 회전하고, 전후 도어 사이의 기둥도 없다. 스피드메타는 보기 쉬운 문자판으로 했다.

　노인이나 장애자라도 타기 쉬운 차를 만들기 위해 토요타에서는 약 30년 전부터, 차량 개발에 인간공학을 채택하고 있지만, 차종마다 생각이 제각각이었다. 이 때문에 이번에는 계기류의 배치나 좌석의 구조, 시계(시야) 확보 등에서 새로운 평가기준을 만들었다. 「ALSV」는 신 기준으로 만들어진 최초의 시범 차로서, 개량하여 미니 밴 "라움"이라는 신형으로 연내에 발매된다.

해설

☞「〜を問(と)わない(問(と)わず)」〜을 불문하다(고)

☞접미어「〜毎(ごと)に」〜마다

☞자격을 나타내는「として」〜로서

- 性別(せいべつ) 성별
- 年齢(ねんれい) 연령
- 追及(ついきゅう) 추구
- 試作車(しさくしゃ) 시험삼아 만든 차
- 基(もと)づく 의거하다, 기인하다
- 乗(の)り降(お)り 승강, 타고 내림
- 回転(かいてん) 회전
- 柱(はしら) 기둥
- 文字盤(もじばん) 문자판
- 障害者(しょうがいしゃ) 장애자
- 車両(しゃりょう) 차량
- 人間工学(にんげんこうがく) 인간공학
- 取(と)り入(い)れる 채택하다
- 区々(まちまち) 제각기 다름
- 計器(けいき) 계기
- 配置(はいち) 배치
- 仕組(しく)み 구조
- 視界(しかい) 시계, 시야
- 確保(かくほ) 확보
- 評価基準(ひょうかじゅん) 평가 기준
- 改良(かいりょう) 개량

182. ①まちまちだったとは、どんな意味ですか。

(A) 対立していた

(B) 主張しあっていた

(C) ばらばらだった

(D) 独特だった

해설

☞제각각이라는「まちまち」의 의미를 알아야 한다.

- 対立(たいりつ) 대립
- 主張(しゅちょう)し合(あ)う 서로 주장하다
- ばらばら 각각, 뿔뿔이
- 独特(どくとく) 독특함

183. 「ユニバーサルデザイン」とは、どんなデザインのことですか。

   (A) 日本国内だけでなく、世界に通用するデザイン。

   (B) お年寄りや障害を持つ人のためのデザイン。

   (C) 不必要な装飾や、機能を除いたデザイン。

   (D) 性別や年齢に関係なく、みなが使いやすいデザイン。

> **해설**
>
> ☞「ユニバーサル」는 '우주적'이라는 뜻 외에 '보편적, 일반적'이라는 뜻도 있다.
>
> • 通用(つうよう) 통용
> • 装飾(そうしょく) 장식
> • 除(のぞ)く 제거하다, 제외하다

184. 「ALSV」で初めて行われたことは何ですか。

   (A) 車両開発に人間工学が取り入れられた。

   (B) ユニバーサルデザインの新基準で作られた。

   (C) お年寄りや障害者でも乗りやすい車になった。

   (D) 計器類の配置や座席の仕組みなどの実験を行った。

> **해설**
>
> ☞첫 문장에서 답을 찾는다.
>
> • 初(はじ)めて 처음으로
> • 実験(じっけん) 실험
> • 行(おこな)う 행하다

185. 「ALSV」は今後どうなりますか。

   (A) ユニバーサルデザイン車として発売される。

   (B) ユニバーサルデザインのモデルカーとして保存される。

   (C) 改良後「ラウム」の新型車として発売される。

   (D) 名前を「ラウム」に変えて発売される。

> **해설**
>
> ☞마지막 문장에 나와 있다.
>
> • 今後(こんご) 앞으로
> • 保存(ほぞん) 보존
> • 変(か)える 바꾸다

186~188

　先日、最近はやりのドッグ・カフェとやらに愛犬タローを連れて行き、恥をかいた。①<u>なにせ</u>犬たちがおりこうさんなのである。みなすましてご主人様の足下に座っている。タローはといえば一人(?)で大興奮し、回りの犬に走り寄っては冷たくあしらわれている。おかげで、コーヒー1杯も飲むか飲まないかのうちに、早々に退散してきた。

　こうしてタローのカフェ・デビューは失敗に終わり、今我が家では、タローの再デビューを夢見て、②<u>日夜</u>厳しいしつけがくり広げられている。

번역 　지난번 최근 유행하는 도그카페인가하는 곳에 애견 타로를 데리고 갔다가 창피를 당했다. 어쨌든 개들이 영리했다. 모두 깨끗이 하여 주인 발아래 앉아 있다. 타로로 말하면 혼자서 대흥분하여 주변 개에게 달려들어서는 차갑게 대접받았다. 덕분에 커피 한 잔도 마시는 둥 마는 둥 서둘러 도망쳐 나왔다.

　이렇게 하여 타로의 카페 데뷔는 실패로 끝나고 지금 우리 집에서는 타로의 재 데뷔를 꿈꾸며, 밤낮 혹독한 예의범절 교육이 전개되고 있다.

해설

☞ 恥(はじ)をかく 창피를 당하다
☞ 동사기본형+「か」 동사+「ないかのうちに」 ~하자마자, ~하자 동시에
☞ 早々(そうそう)に退散(たいさん)する 일찌감치 도망쳐 버리다

- なにせ=なにしろ 어쨌든
- 流行(はや)り 유행
- 愛犬(あいけん) 애견
- 利口(りこう) 영리함
- 澄(す)ます 깨끗이 하다
- 足下(あしもと) 발 밑
- 興奮(こうふん) 흥분
- 走(はし)り寄(よ)る 달려들다
- あしらう 대접하다 〈빈정대는 말투〉
- 退散(たいさん) 도망침, 달아남
- 日夜(にちや) 밤낮
- 厳(きび)しい 혹독하다, 엄하다
- しつけ 예의범절을 가르침, 예의범절
- 繰(く)り広(ひろ)げる 전개하다

---

186. ①<u>なにせ</u>と言いかえられる言葉はどれですか。

(A) なにも　　　　　　　(B) なにやら

(C) なにしろ　　　　　　(D) なにかと

해설

- 言(い)い替(か)える 바꿔 말하다
- なにやら 무엇인지, 무엇인가=なんとなく
- なにしろ 어쨌든

---

187. ②<u>日夜</u>の読み方として正しいものはどれですか。

(A) にちや　　　　　　　(B) にちよ

(C) ひや　　　　　　　　(D) ひよる

해설

☞ 「日夜(にちや)」는 음독으로 읽는다. 해석은 '주야' '밤낮'

188. ドッグ・カフェで普通の犬は何をしていますか。

(A) 飼い主から離れた所でおとなしく待っている。

(B) 飼い主の足下で他の犬と遊んでいる。

(C) 飼い主の足下に静かに座っている。

(D) 飼い主に抱かれておとなしくしている。

해설

• 飼(か)い主(ぬし) (동물 사육)
  주인

• 離(はな)れる 헤어지다, 떨어지
  다

• 大人(おとな)しい 얌전하다

• 抱(だ)かれる 안기다→「抱
  (だ)く」의 수동

189~192

　昨日、飲み会を終えてほろ酔い気分で自宅近くの駅に着くと、大雨が降っていた。傘もないので久しぶりにタクシーで家に帰ることにしたのだが、タクシー乗り場に行ってみると長蛇の列である。びっくりしながらも仕方なく列に並び、30分後にようやく順番が回ってきた。

　道すがら運転手に聞くと、この辺りに2つあったタクシー会社のうち1社が不況でつぶれてしまい、この駅に回されるタクシーの台数が減ってしまったそうである。しかしそれでも、①雨の日や金曜日の夜以外は、列を作るのはタクシーの方だと言う。どしゃぶりの雨と相まって、日本の不景気をつくづく②(実感する)出来事であった。

해설

☞「飲(の)み会(かい)」는 "회식"
  의 뜻으로 일종의 술자리를 의
  미한다.

• ほろ酔(よ)い 거나하게 취한 상
  태

• 自宅(じたく) 자택, 자기 집

• 着(つ)く 도착하다

• 長蛇(ちょうだ)の列(れつ) 장사
  진(긴 행렬)

• 順番(じゅんばん) 순서

• 回(まわ)る 돌다

• 道(みち)すがら 길을 가면서(길
  가는 도중에)

• 不況(ふきょう) 불황

• 回(まわ)す 돌리다

• 減(へ)る 줄다

• どしゃぶりの雨(あめ) 억수 같
  은 비

• 相(あい)まって 서로 어울려,
  겹쳐서, 더불어

• 不景気(ふけいき) 불경기

• つくづく 곰곰이, 절실히

• 出来事(できごと) 일, 사건

번역 어제 회식을 끝내고 거나한 기분으로 집 근처 역에 도착하자 폭우가 내리고 있었다. 우산도 없어서 오랜만에 택시로 집에 돌아가기로 했는데, 택시 승강장에 가 보니 장사진이다. 깜짝 놀랐지만 할 수 없이 줄을 섰고, 30분 뒤에 겨우 순서가 돌아왔다.

　길을 가면서 운전수에게 물으니, 이 주변에 두 개 있었던 택시 회사 중 한 곳이 불황으로 도산해 버려서, 이 역에 돌게 되는 택시 대수가 줄게 되었다고 한다. 그러나 그렇더라도 비 오는 날이나 금요일 밤 이 외에 줄을 짓는 것은 택시 쪽이라고 한다. 폭우와 맞물려 일본의 불경기를 절실하게 실감케 하는 일이었다.

189. この人はどうしてタクシーで家に帰りましたか。

(A) 飲み会で終電に乗れなかったから。

(B) 飲み会で酔っぱらってしまったから。

(C) 傘がないのに雨が降っていたから。

(D) 疲れていて歩いて帰る元気がなかったから。

해설

☞ '우산도 없어서 오랫만에~' 라고 되어 있다.

・終電(しゅうでん) 마지막 열차

・酔(よ)っぱらう 만취하다

190. ①雨の日や金曜日の夜以外は、列を作るのはタクシーの方だとは、どんな意味ですか。

(A) 雨の日や金曜日の夜以外は、客がタクシーを待つ場所が変わる。

(B) 金曜日の夜以外で天気のいい日は、客が並んでタクシーを待っている。

(C) 金曜日の夜以外で天気のいい日は、タクシーが並んで客を待っている。

(D) 雨の日や金曜日の夜は、タクシーが並んで客を待っている。

해설

☞ 列(れつ)を作(つく)る 줄을 서다

・以外(いがい) 이외

・場所(ばしょ) 장소

・並(なら)ぶ 줄서다

191. ②(実感する)の正しい形はどれですか。

(A) 実感な

(B) 実感される

(C) 実感させる

(D) 実感させられる

해설

☞ '실감케 하는' 이란 뜻이므로 사역수동으로 표현해야 한다.

・実感(じっかん)する 실감하다

192. 本文の内容と合っているものはどれですか。

(A) この人は駅に着いた時にとても酔っていた。

(B) この人はタクシーに乗る時に、タクシーがなかなか来ない理由を聞いた。

(C) この人はタクシーが少ない理由を聞いておどろいた。

(D) 以前この駅には、2つのタクシー会社のタクシーが来ていた。

해설

☞ 택시 승강장에 장사진을 친 것을 보고 놀랐다고 하였다.

・酔(よ)う 취하다

・聞(き)く 듣다, 묻다

・驚(おどろ)く 놀라다

・少(すく)ない 적다

193~196

　東京都は、都歯科医師会の協力で、都内の児童相談所などで保護した1歳から小学生までの被虐待児童計170人を対象に、虐待と虫歯の状況との関係を調べました。

　その結果、6歳未満児の乳歯でみると、虫歯がある割合は平均の2倍以上の48％。1人当たりの虫歯数も3.0本と平均の約3倍でした。特に2歳児では3.5本と平均の約7倍にのぼっています。6〜12歳児の永久歯は、11歳児の虫歯数が4.2本と平均の約3倍。12歳児も6.9本と平均の約3倍でいずれも多くなっています。また、治療率でも、11歳児で13％と平均の2割以下でした。

　虫歯の多さは、親の養育放棄や不規則な家庭生活などが関連しているとみられており、都は「虐待の早期発見のために、歯科検診の活用が期待できる」としています。

번역　도쿄도는 (도쿄)도 치과 의사회의 협력으로 도내의 아동 상담소 등에서 보호했던 1세부터 초등학생까지의 피학대 아동 총계 170명을 대상으로 학대와 충치 상황과의 관계를 조사했습니다.

　그 결과, 6세미만 아동의 유치(젖니)에서 보면, 충치가 있는 비율은 평균의 2배 이상인 48%. 1인당 충치 수도 3.0개로 평균 약 3배였습니다. 특히 2세 아동에서는 3.5개로 평균의 약 7배에 달하고 있습니다. 6-12세 아동의 영구치는 11세 아동의 충치 수가 4.2개로 평균의 약 3배. 12세 아동도 6.9개로 평균의 약 3배로 양쪽 모두 많아지고 있습니다. 그리고 치료율에서도 11세 아동에서 13%로 평균의 2할 이하였습니다.

　충치가 많은 것은 부모의 양육 포기나 불규칙한 가정 생활 등이 관련되어 있다고 보여지고 있어서, (도쿄)도는 "학대의 조기 발견을 위해 치과 검진의 활용을 기대할 수 있다"고 하고 있습니다.

193. これは何を知るために行われた調査ですか。

　(A) 虐待されていた子どもの虫歯の本数。
　(B) 親の経済状態と、虐待の発生との関係。
　(C) 不規則な家庭生活と虫歯の状況との関係。
　(D) 虐待と虫歯の状況との関係。

해설

☞「〜にのぼる」 수량이 일정한 정도에 달하다(이르다)
☞「多(おお)さ」 형용사「多(おお)い」의 전성명사로 많은 정도를 표현.

- 歯科(しか) 치과
- 医師会(いしかい) 의사회
- 協力(きょうりょく) 협력
- 児童(じどう) 아동
- 相談所(そうだんしょ) 상담소
- 被虐待(ひぎゃくたい) 피 학대
- 虫歯(むしば) 충치
- 状況(じょうきょう) 상황
- 未満(みまん) 미만
- 乳歯(にゅうし) 유치, 젖니
- 割合(わりあい) 비율
- いずれも 어느 쪽이나, 양쪽 다
- 永久歯(えいきゅうし) 영구치
- 平均(へいきん) 평균
- 治療(ちりょう) 치료
- 養育(よういく) 양육
- 放棄(ほうき) 포기
- 早期発見(そうきはっけん) 조기 발견
- 歯科検診(しかけんしん) 치과검진

해설

☞ 첫 문장에 '학대 아동을 대상으로 학대와 충치 관계를 조사했다'고 되어 있다.

- 行(おこな)われる 행해지다
- 本数(ほんすう) (치아) 갯수
- 不規則(ふきそく) 불규칙

194. 6歳未満の虐待されていない子どもに、虫歯がある割合はどのくらいだと考えられますか。

(A) 23％

(B) 25％

(C) 30％

(D) 48％

해설

☞학대받는 6세미만 아동의 충치비율은 평균 2배 이상인 "48％"라고 했으므로 평균에 해당하는 24％보다 아래 수치가 답이 되어야 한다.

195. 虐待されている子どもがそうでない子どもの2割以下だったのは何ですか。

(A) 歯医者に行ったことのある回数。

(B) 食事の後に歯を磨いている割合。

(C) 虫歯になった歯が治療されている割合。

(D) 虫歯が1本もない子どもの割合。

해설

☞「治療率でも、11歳児で13％と平均の2割以下でした」에서 포인트를 찾는다.

・以下(いか) 이하
・歯医者(はいしゃ) 치과의사
・磨(みが)く 닦다

196. 本文の内容と合っていないものはどれですか。

(A) 6歳未満児で虐待されていない子供の1人当たりの虫歯数は1本だ。

(B) 11歳で虐待されていない子供の虫歯治療率は75％程度だ。

(C) 歯科検診をしても、被虐待児の発見にはつながらない。

(D) 親の養育放棄が、被虐待児の虫歯の多さの一因となっている。

해설

☞치료율에서 13％가 평균의 2할이하라고 했으므로, 평균은 75％정도 된다.
마지막에서 학대의 조기발견을 위해 치과 검진을 활용하기를 기대한다고 했다.

・治療法(ちりょうほう) 치료법
・発見(はっけん) 발견
・つながる 연결되다
・一因(いちいん) 하나의 원인

197~200

　日本民間放送連盟が、消費者金融のテレビCMについての指針を発表した。それによると、CMの中身については、安易な借り入れを助長する表現を排除することを求めたほか、利率などの貸し付け条件は視聴者に十分に見える大きさの文字にし、３秒は画面に表示するよう求めた。また、子供向け番組や、子供の視聴が多い午後５～９時の放送は避けることが望ましいとしている。強制力はなく各局の判断に任せるが、民放連によると各局とも指針を尊重する方針という。４月の番組改編に伴うCM枠の販売は各局ともほぼ終わっており、対応は順次進むことになりそうだ。民放連は１０月の改編に向けて、さらに指針の運用のあり方を明確にしたいとしている。

번역　일본 민간 방송 연맹이 소비자금융의 텔레비전 CM에 대한 지침을 발표했다. 그에 의하면 CM의 내용에 대해서는 안이한 차입을 조장하는 표현을 배제할 것을 요구한 것 외에, 이율 등의 대출 조건은 시청자에게 충분히 보이는 크기의 문자로 하고, 3초는 화면에 표시하도록 요구했다. 또한, 어린이 대상 프로그램이나 어린이 시청이 많은 오후 5~9시 방송은 피하는 것이 바람직하다고 하고 있다. 강제력은 없으며, 각 국의 판단에 맡기지만, 민방련에 의하면 각 방송국 모두 지침을 존중할 방침이라고 한다. 4월 프로그램 개편에 따르는 CM 윤곽의 판매는 각 방송국 모두 거의 끝났고, 대응은 순차적으로 진행되게 될 것 같다. 민방련은 10월 개편에 맞추어 더욱 지침의 운용 자세를 명확히 했으면 하고 있다.

해설

☞「~に伴(ともな)う」~에 걸 맞는(따르는)
「명사+共(とも)」접미어로 쓰일 때는 "전부, 모두, 포함하여"의 의미가 된다.
「あり方(かた)」당연한 도리나 본연의 상태, 자세 등을 말한다.
「명사+向(む)け」는 대상이나 취향 등을 표현.

- 連盟(れんめい) 연맹
- 消費者金融(しょうひしゃきんゆう) 소비자금융
- 指針(ししん) 지침
- 中身(なかみ) 내용물
- 安易(あんい) 안이함
- 借(か)り入(い)れ (돈)차입
- 助長(じょちょう)する 조장하다
- 排除(はいじょ) 배제
- 求(もと)める 구하다
- 利率(りりつ) 이율
- 貸(か)し付(つ)け=ローン 대출
- 視聴者(しちょうしゃ) 시청자
- 文字(もじ) 문자
- 表示(ひょうじ) 표시
- 避(さ)ける 피하다
- 望(のぞ)ましい 바람직하다
- 強制力(きょうせいりょく) 강제력
- 任(まか)せる 맡기다
- 尊重(そんちょう) 존중
- 改編(かいへん) 개편
- 枠(わく) 틀, 윤곽, 범위
- ほぼ 대강, 대략
- 順次(じゅんじ) 순차, 차례차례
- さらに 더욱, 한층
- 運用(うんよう) 운용
- 明確(めいかく) 명확함

197. 日本民間放送連盟は、何についての指針を発表しました
か。

(A) 各放送局のテレビCMに関する倫理規定。
(B) 消費者金融のテレビCMから子供を守るための施策。
(C) 消費者金融のテレビCMの中身や放送方法。
(D) 消費者金融の利用に関する啓蒙・キャンペーン活動。

해설

☞첫 문장에서 「消費者金融のテレビCMについての指針を発表…CMの「中身については…」라고 다양한 방법을 제시하고 있다.

• 倫理(りんり) 윤리
• 規定(きてい) 규정
• 守(まも)る 지키다
• 施策(しさく) 시책
• 啓蒙(けいもう) 계몽

198. この指針に含まれていない内容はどれですか。

(A) 貸し付けの条件は３秒以上画面に表示するよう求め
た。
(B) 安易な借り入れを注意する文言を表示するよう求め
た。
(C) 子供向け番組の放送中は避けることが望ましい。
(D) 午後５〜９時の放送は避けることが望ましい。

해설

☞안이한 대출을 조장하는 표현을 배제하라고 한 것이지 문자로 표시하라고 한 것은 아니다.

• 含(ふく)まれる 포함되다
• 文言(ぶんげん) 문언
• 放送中(ほうそうちゅう) 방송중

199. この指針にはどんな力がありますか。

(A) 指針に違反した放送局に対して制裁を加えることが
できる。
(B) 10月までは強制力がないが、それ以降は強制力を持
つ。
(C) 各放送局が、この指針を基に独自の指針を作ること
になっている。
(D) 強制力はないが、各局とも指針を尊重する方針でい
る。

해설

☞중반부 문장「強制力はなく…」에서 답을 찾을 수 있다.

• 違反(いはん) 위반
• 制裁(せいさい) 제재
• 加(くわ)える 더하다, 가하다
• 基(もと) 기초, 토대
• 独自(どくじ) 독자적

200. 日本民間放送連盟と各放送局の今後の方針として、正しいものはどれですか。

(A) 各放送局では、できる限り４月の番組改編に合わせて指針に対応する。

(B) 各放送局では、今すぐにではなく、順次指針に対応していく。

(C) 民放連では、10月の改編に向けてさらに指針を強化していく。

(D) 民放連では、10月の改編までにすべての放送局が指針に従うよう指導していく。

해설

☞「ＣＭ枠の販売…、対応は順次進む…」라는 후반부 문장이 포인트!

• 方針(ほうしん) 방침
• 合(あ)わせる 맞추다
• 強化(きょうか) 강화
• 従(したが)う 따르다, 좇다
• 指導(しどう) 지도

JPT 실/전/문/제

3회

大江千里（おほえのちさと）

月（つき）みれば
ちぢに物（もの）こそ
かなしけれ
わが身（み）ひとつの
秋（あき）にはあらねど

Part 1 〜 Part 4

🎙 次の質問1番から質問100番までは聞き取りの問題です。

　　どの問題も1回しか言いませんから、よく聞いて答えを(A)(B)(C)(D)の中から 一つ選びなさい。答えを選んだら、それにあたる答案用紙の記号を黒くぬりつぶしなさい。

Part 1 사진묘사

┃. 次の写真を見て、その内容にあっている表現を(A)から(D)の中で一つ選びなさい。

(A)　女の人が鍋のふたを開けています。

(B)　鍋の中においしそうな料理が入っています。

(C)　二人で鍋をうばい合っています。

(D)　男の人が鍋の中身をかき混ぜています。

(A)(B)(C)(D)の中で(A)が上の写真を一番適切に表しています。

それで答えは(A)です。

(●)(B)(C)(D)

1.

2.

3.

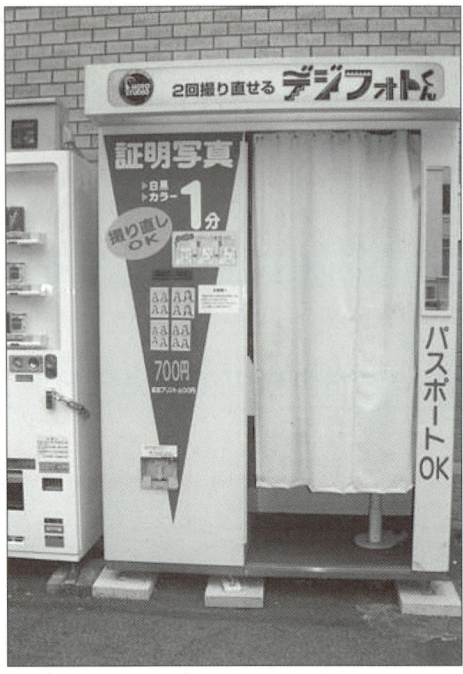

4.

5.

6.

7.

8.

9.

10.

11.

12.

13.

14.

15.

16.

17.

18.

19.

20.

Part2 질의 응답

Ⅱ. 次の言葉の返事として、最も適した答えをAからDの中で一つ選びなさい。

例

お勤めはどちらですか。

(A) 営業の仕事をしています。
(B) 電車で30分くらいです。
(C) 東京駅の近くです。
(D) どちらでもいいです。

質問(しつもん)に対(たい)するもっとも適(てき)した返事(へんじ)は(C)ですので、答(こた)えは(C)です。

(A) (B) (●) (D)

21. 答えを答案用紙に書き入れなさい。
22. 答えを答案用紙に書き入れなさい。
23. 答えを答案用紙に書き入れなさい。
24. 答えを答案用紙に書き入れなさい。
25. 答えを答案用紙に書き入れなさい。
26. 答えを答案用紙に書き入れなさい。
27. 答えを答案用紙に書き入れなさい。
28. 答えを答案用紙に書き入れなさい。
29. 答えを答案用紙に書き入れなさい。
30. 答えを答案用紙に書き入れなさい。
31. 答えを答案用紙に書き入れなさい。
32. 答えを答案用紙に書き入れなさい。
33. 答えを答案用紙に書き入れなさい。

34. 答えを答案用紙に書き入れなさい。
35. 答えを答案用紙に書き入れなさい。
36. 答えを答案用紙に書き入れなさい。
37. 答えを答案用紙に書き入れなさい。
38. 答えを答案用紙に書き入れなさい。
39. 答えを答案用紙に書き入れなさい。
40. 答えを答案用紙に書き入れなさい。
41. 答えを答案用紙に書き入れなさい。
42. 答えを答案用紙に書き入れなさい。
43. 答えを答案用紙に書き入れなさい。
44. 答えを答案用紙に書き入れなさい。
45. 答えを答案用紙に書き入れなさい。
46. 答えを答案用紙に書き入れなさい。
47. 答えを答案用紙に書き入れなさい。
48. 答えを答案用紙に書き入れなさい。
49. 答えを答案用紙に書き入れなさい。
50. 答えを答案用紙に書き入れなさい。

Part 3 회화문

Ⅲ. 次の会話をよく聞いて、後の問いにもっとも適したものを（A）から（D）の
中で一つ選びなさい。

例

A：この近くに銀行はありますか。

B：いいえ、駅まで行かないとありませんよ。

A：駅のどこにありますか。

B：駅ビルの2階にあります。

銀行はどこにありますか。　　　　　（A）この近く

　　　　　　　　　　　　　　　　　（B）駅の中

　　　　　　　　　　　　　　　　　（C）駅ビルの中

　　　　　　　　　　　　　　　　　（D）駅前

質問（しつもん）に対（たい）するもっとも適（てき）した返事（へんじ）は（C）ですので、答
（こた）えは（C）です。

（A）（B）（●）（D）

51. この工場で問題になっていることは何ですか。

（A）中国からの原料の到着が遅れたこと。

（B）部品の製造に支障が出ていること。

（C）在庫の管理をまちがえたこと。

（D）子会社からの部品納品が遅れていること。

52. 女の人はいくらお金を払いましたか。

（A）200円　　　　　　　　　　　　（B）300円

（C）400円　　　　　　　　　　　　（D）500円

53. 男の人がこの候補者を応援している理由は何ですか。

(A) 地域にサッカー場を作ってほしいから。

(B) 候補者の政策がいいと思うから。

(C) 友達に応援を頼まれたから。

(D) 高校時代の友達だから。

54. 女の人は男の人をどこで待っていて、なかなか会えなかったのですか。

(A) ホームの1番前

(B) 新宿駅のホーム

(C) 中野方面に向かって1番後ろのホーム

(D) 新宿方面に向かって1番後ろのホーム

55. 男の人は今から何をしますか。

(A) 晩ご飯を食べに行く。

(B) 急いで家に帰る。

(C) 誕生日プレゼントを買いに行く。

(D) もう少し仕事をする。

56. 二人は株価について、どんな意見ですか。

(A) 電機メーカーの株価は下がり続けるだろう。

(B) アメリカ経済の停滞が、今回の株価下落の原因だ。

(C) 企業の決算発表がプラス要因になるだろう。

(D) 株価がこれから上昇する可能性は低い。

57. 2人が問題だと思っているのはどんなことですか。

(A) 日常生活で使われる用語に英語が多いこと。

(B) 会社で使われる用語に英語が多いこと。

(C) 両親が英語をあまり知らないこと。

(D) 日本語を、たて書きでなく、よこ書きにすること。

58. 男の人はどのようにしたいと言っていますか。

(A) 表にデータを追加するのをやめて、今、本文と表を送る。

(B) 今は本文だけ送って、表は明日の朝までに送る。

(C) 今は表だけ送って、本文は明日の朝までに送る。

(D) 本文も表も明日の朝までに送る。

59. 2人はロボットに対してどんな考えを持っていますか。

(A) ロボットをパートナーと考えることも難しくはないだろう。

(B) 無機的なロボットをパートナーと考えるのはよくないことだ。

(C) ロボットをテレビやパソコンと同じように考えるべきではない。

(D) 人間の役に立つのなら、無機的かどうかは問題ではない。

60. 2人の部長は何をしようとしていますか。

(A) 会社の早期退職者募集に応募して、田舎に引っ越そうとしている。

(B) 海外に移住するために、会社を早期退職しようとしている。

(C) 自然の中で暮らそうとしたが、あきらめて復職しようとしている。

(D) 田舎に別荘を買って、自然の中で暮らそうとしている。

61. 女の人は、コンサートホールの建設に対してどんな考えを持っていますか。

　　(A) 財政難の時代に、新たな建物を作るのは税金の無駄遣いだ。

　　(B) 財政難でも、文化的なことにはお金を投資するべきだ。

　　(C) 建物の建設よりも、芸術家の育成にお金を投資するべきだ。

　　(D) 今ある建物を、設備の整ったコンサートホールに作り替えるべきだ。

62. 男の人の家族はどんな事故にあいましたか。

　　(A) 信号無視をした車に衝突されて、父親が軽いけがをした。

　　(B) 父親が運転を誤って、孫にけがを負わせてしまった。

　　(C) 車が壊れて父親が軽いけがをしたが、孫は無事だった。

　　(D) 車は壊れてしまったが、父親も孫もけがをしなかった。

63. 男の人の家に、どんな電話がかかってきましたか。

　　(A) 奥さんの高校時代の友だちからの電話。

　　(B) 奥さんの着物教室の知り合いからの電話。

　　(C) 住宅を扱う不動産業者からの電話。

　　(D) 着物屋からの宣伝の電話。

64. 栄養のとり方について、女の人はどう考えていますか。

　　(A) 錠剤を利用するのは、現代人にとっては仕方のないことだ。

　　(B) 錠剤を利用すると確実に栄養がとれて良いが、値段が高いのが問題だ。

　　(C) 食事内容を工夫して、必要な栄養は食事の中でとるべきだ。

　　(D) 錠剤を利用すると、かえって栄養のバランスが崩れることがある。

65. 女の人は、運動会で何が大変でしたか。

(A) 一人だけ大きくて重いビデオカメラで撮影すること。

(B) 早起きをしてビデオを撮る場所を確保すること。

(C) 親子で走る競技に参加すること。

(D) 一日中子供たちのビデオを撮っていること。

66. 男の人は、女の人の娘の行動についてどう考えていますか。

(A) 結局はみんなと同じにしていたいだけだ。

(B) 高校生が髪を染めるのは間違っている。

(C) 高校生くらいになれば、個性を認めてあげるべきだ。

(D) 今は個性の時代だから仕方がない。

67. 男の人はどんな考えですか。

(A) 最近は物の値段が安くなって助かる。

(B) 外国製品のせいで、日本の産業が打撃を受けるのは困る。

(C) 物が安すぎると、物を大切にする気持ちが薄れる。

(D) 物の値段が下がりすぎると、景気の回復に悪影響を及ぼす。

68. 2人は何について話していますか。

(A) 亡くなった人の家族に渡すお金の金額。

(B) 亡くなった人に供える食べ物。

(C) 病院にお見舞いに持って行く物。

(D) お世話になった人に送る贈り物。

69. 女の人は今どういう状況ですか。

(A) 母親の体の調子が悪いので、医療サービスを受けさせている。

(B) 介護サービスを受けながら、母親の面倒を見ている。

(C) 介護施設に母親を預けて仕事をしにきている。

(D) 以前は父親の介護をしていたが、今は母親の介護をしている。

70. 男の人は学級崩壊への対策について、どう考えていますか。

(A) クラス管理能力に欠ける教師には、再教育が必要だ。

(B) 教師に向いていない人には、退職をすすめるべきだ。

(C) すぐに家庭でのしつけをしっかりさせるべきだ。

(D) １クラスの生徒数を減らせば、効果があるはずだ。

71. 男の人は何が嫌だと言っていますか。

(A) 道に立っているだけの人を怖がるようになったこと。

(B) 何の理由もなく人を殺す事件が増えたこと。

(C) 女性が通り魔殺人を犯すようになったこと。

(D) 犯罪が増えて治安が悪化していること。

72. 女の人は何を不満に思っていますか。

(A) 男の人が、いっしょにレストランに行こうとしないこと。

(B) 男の人が、雑誌の情報を信じようとしないこと。

(C) 雑誌社がお金をもらって嘘の情報を載せていたこと。

(D) 雑誌の読者が、どんな情報でも信じてしまうこと。

73. 女の人の家の近くでどんな事故がありましたか。

(A) ガソリンスタンドに車が突っ込んで、ガソリンが漏れ出てしまった。

(B) ガソリンスタンドで火事があったが、すぐに消し止められた。

(C) 給油機が壊れたが、ガソリンは漏れ出なかった。

(D) ガソリンを運んできた車が事故を起こして、ガソリンが漏れ出てしまった。

74. 女の人は、何がよくないと言っていますか。

(A) 夜遅い時間にレストランを利用すること。

(B) 子どもが親と一緒にテレビを見たり、パソコンを使ったりすること。

(C) 親の都合で、子どもに夜更かしをさせること。

(D) 子どもがすぐ貧血を起こしたり、集中力が続かなかったりすること。

75. 男の人の仕事はどんな状況ですか。

(A) 専門的な勉強をしたおかげで、成果が出始めている。

(B) お客さんの知識を超える仕事ができるようになった。

(C) 専門知識が足りないために、成果を出せずにいる。

(D) 株価が低迷していて成果を出せずにいる。

76. 男の人はどの道を行きますか。

(A) カーナビに出ている道を行く。

(B) 新しくできた道を行く。

(C) 誰かに教えてもらって決める。

(D) 地図で確認して決める。

77. 日曜日なのに「新都市」がにぎやかでない理由は何ですか。

(A) 落ち着いた雰囲気を目指して作った住宅街だから。

(B) ショッピング・モールがなくて人気がないから。

(C) 不景気のせいで、テナントが集まらなかったから。

(D) オフィスや官公庁が中心のまちだから。

78. 男の人はこれから何をしますか。

(A) 受付で治療代の精算をする。

(B) 医師から薬についての説明を受ける。

(C) 受付で処方箋を書いてもらう。

(D) 薬を買って薬についての説明を受ける。

79. 免許更新の規定として合っているものはどれですか。

(A) 更新は誕生日の1ヶ月以上前にしなければならない。

(B) 誕生日を1ヶ月以上過ぎると、免許が更新できなくなる。

(C) 更新は免許センターでだけすることができる。

(D) 誕生日の前後1ヶ月は地元の警察で更新できる。

80. どうして女の人は、見ようと思ったドラマが見られなかったのですか。

(A) 放送時間が変更されていたから。

(B) チャンネルを間違えていたから。

(C) 曜日を間違えていたから。

(D) 臨時ニュースをやっていたから。

Part 4 설명문

IV. 次の文章をよく聞いて、後の問いにもっとも適した答えをAからDの中で一つ 選びなさい。

例 昨日は母の45回目の誕生日でした。私と弟でスカーフを買ってプレゼントしま した。父は母の好きな料理をたくさん作りました。近所に住んでいる母の友だ ちが、お祝いのケーキを持って来てくれたので、みんなで一緒に食べました。

1. 昨日は誰の誕生日でしたか。

(A) 弟

(B) 母の友だち

(C) 母

(D) 父

2. お父さんは何をしましたか。

(A) スカーフをプレゼントした。

(B) 料理を作った。

(C) ケーキを持って来た。

(D) カードを贈った。

質問に対するもっとも適した返事(へんじ)は、1番は (C)、2番は(B)です。それ で(C)(B)と答(こた)えるべきです。

1. (A) (B) (●) (D)

2. (A) (●) (C) (D)

81~84

81. 「身がる便」はどんなサービスですか。

(A) 駅に降りた人の荷物を宿泊先まで届けるサービス。

(B) 駅に降りた人を宿泊先まで送るサービス。

(C) 宿泊先から駅まで荷物を届けるサービス。

(D) 宿泊先から自宅まで荷物を届けるサービス。

82. このサービスの利用方法として正しいものはどれですか。

(A) 全国各地の宅配会社に500円を払って荷物を預ける。

(B) 松江駅のキヨスクに、荷物1つに500円を払って預ける。

(C) 宿泊先に予約して、松江駅で荷物を預ける。

(D) JR西日本の関連会社に予約して、松江駅で荷物を預ける。

83. このサービスの受付時間は何時から何時までですか。

(A) 午前9時から午後2時

(B) 午前11時から午後3時

(C) 午後6時から午後9時

(D) 電車の運行時間中ずっと

84. このサービスは誰が行っていますか。

(A) JR松江駅が行い、配達は一般の宅配業者が行っている。

(B) JR松江駅が、松江旅館ホテル組合の協力を得て行っている。

(C) 松江旅館ホテル組合が、JRの協力を得て行っている。

(D) JRの関連会社が、松江駅の依頼を受けて行っている。

85~87

85. 玉原スキーパークは、どんなスキー場ですか。

(A) 首都圏から最も近いスキー場の1つ。

(B) 東京から最も近いスキー場。

(C) ゴールデンウィーク中に開いている唯一のスキー場。

(D) 日本で1番遅くまでスキーが楽しめるスキー場。

86. この日はどんな天気でしたか。

(A) 朝から雪が降って180センチまで積もった。

(B) 朝の間は曇っていることの方が多かった。

(C) 朝から夕方まで曇りだった。

(D) 朝から夕方まで快晴だった。

87. ゴールデンウィークの期間中に、このスキー場には何人のスキー客が訪れると予想されていますか。

(A) 2000人　　　　　　　(B) 7000人

(C) 14000人　　　　　　(D) 20000人

88~90

88. どうして「幽霊自転車」と呼ばれていますか。

(A) 古い灰色の車体が幽霊のようだから。

(B) 知らない間にあちこち移動しているから。

(C) この自転車に乗っていて殺された人がいるから。

(D) ペダルがひとりで回り続けているから。

89. この自転車のペダルはいつ回っていますか。

(A) 方向の合っている風が強く吹いた時に回っている。

(B) 電車が動いている間はたいてい回っている。

(C) 充電装置の電気が切れるまで回っている。

(D) 人が見に来た時だけ回っている。

90. どうして警察署はこの自転車を撤去しないのですか。

(A) 街の人からの評判も悪くないので撤去しない。

(B) 持ち主が分からないので撤去できない。

(C) 前衛芸術としての価値があるので撤去しない。

(D) 子どものいたずらに過ぎないので撤去する必要がない。

91~94

91. このサービスの対象者は誰ですか。

(A) 全ての一般利用客。

(B) 登録してある会員。

(C) 一定距離以上を利用する人。

(D) 会社単位で契約してある人。

92. 利用客に必要なものは何ですか。

(A) GPS（全地球測位システム）

(B) 携帯電話

(C) カーナビゲーション

(D) パソコン

93. 利用する時に最初にすることは何ですか。

(A) 待ち合わせ場所を考えておく。

(B) タクシー会社に電話をする。

(C) 近くを走行中の車両を検索する。

(D) 自分の現在地を調べる。

94. 従来の配車の問題点として合っているものはどれですか。

(A) 待ち合わせ場所が限定されていた。

(B) iモードを利用する際の料金が高かった。

(C) 配車に時間がかかっていた。

(D) 深夜の利用客に対応できずにいた。

95~97

95. このロボットはどんなことをしますか。

(A) 入り口で入店客にプレゼントを配る。

(B) 入り口で入店客におじぎをする。

(C) 店内を回りながら客に愛嬌を振りまく。

(D) 店内を回りながら客にあいさつをする。

96. どうして今、ロボットの注目度が高いのですか。

(A) 長い目で見れば、人間より経済的だから。

(B) 人間型ロボット「アシモ」の登場が話題になったから。

(C) ロボットには日本の技術力が集約されているから。

(D) 漫画の主人公「アトム」の生まれた年だから。

97. デパートではこのロボットに何を期待していますか。

(A) 集客の即戦力になること。

(B) デパートのイメージアップにつなげること。

(C) テレビや新聞の取材を受けて話題になること。

(D) お客さんの購買意欲を高めること。

98〜100

98. この人は自動車マニアの何が不思議だと言っていますか。

(A) 車の名前が見てすぐに分かること。

(B) 普通の人と脳の使い方が違うこと。

(C) 新しい車の名前をすぐに覚えること。

(D) 車のデザインの違いをすぐに認識できること。

99. 研究グループでは2つの被験者グループにどんな実験をしましたか。

(A) 2つのグループに対して、車の写真を交互に見せていった。

(B) 2つのグループにそれぞれ車と人の顔の写真を交互に見せた。

(C) 車好きのグループには車の写真を、そうでないグループには人の顔の写真を見せた。

(D) 車と人の顔の写真を見せた結果で、被験者を2つのグループに分けた。

100. この実験結果は何を示唆していますか。

(A) 車好きの人の脳は、そうでない人の脳に比べて使われる範囲が狭い。

(B) 車好きでない人の脳は、機械に対する認識能力が低い。

(C) 車好きの人の脳は、独特のメカニズムを持っている。

(D) とても好きな物と人の顔は、同じメカニズムで認識されている。

Part 5 ～ Part 8

Part 5 정답찾기

Ⅴ. 下の＿＿＿＿線の言葉の正しい表現、または同じ意味のはたらきをしている言葉
を（A）から（D）の中で一つ選びなさい。

101. 病院の待合室で雑誌を読みました。

    （A）まつあいしつ

    （B）まちあうべや

    （C）まちあいしつ

    （D）たいごうしつ

102. 単語が分からなくても文脈から意味は分かります。

    （A）ぶんめく

    （B）むんみゃく

    （C）もんめく

    （D）ぶんみゃく

103. 小包を船便で送りました。

    （A）ふねびん

    （B）ふなびん

    （C）せんぴん

    （D）せんべん

104. この<u>鳥</u>は国の<u>天然記念物</u>に指定されています。

(A) てんぜんきねんぶつ

(B) てんねんきねんもの

(C) てんねんきねんぶつ

(D) てんぜんきねんもの

105. 昨日母が交通事故に<u>あ</u>いました。

(A) 会

(B) 合

(C) 遭

(D) 逢

106. 留学生が拳銃で<u>う</u>たれて死亡しました。

(A) 打

(B) 撃

(C) 討

(D) 襲

107. この国では王族が国を<u>おさ</u>めています。

(A) 沿

(B) 治

(C) 修

(D) 統

108. 今母は<u>internet</u>の使い方を習っています。

(A) インターネット

(B) イントーネット

(C) イントーネト

(D) インターネッ

109. キムラさんとイムラさんと、発音が似ているので<u>まぎらわしい</u>です。

(A) 覚えにくい

(B) 分かりやすい

(C) 言いにくい

(D) まちがえやすい

110. このマニュアルに<u>したがって</u>行動してください。

(A) 歳をとる<u>にしたがって</u>、体力も落ちてきます。

(B) 規則に例外はありません。<u>したがって</u>、あなたも罰金を払わなければなりません。

(C) 物価の<u>上昇にしたがって</u>、庶民の生活は苦しくなっていった。

(D) 私はいつも親の言うこと<u>にしたがって</u>生きてきました。

111. 私は参加できないので、私の名前は<u>ぬいて</u>おいてください。

(A) 初めて参加したマラソン大会で、42.195キロを走り<u>ぬきました</u>。

(B) 昨日、歯医者に行って親しらずを<u>ぬきました</u>。

(C) 息子は背の高さでは、私をもう<u>ぬきました</u>。

(D) 前置きは<u>ぬいて</u>、本論から入りましょう。

112. 講演会で先生のお話を<u>うかがった</u>ことがあります。

(A) ちょっと<u>うかがいたい</u>ことがあるのですが。

(B) あなたのことは色々と<u>うかがって</u>いますよ。

(C) 今からちょっとお家に<u>うかがって</u>もいいですか。

(D) 大丈夫かどうか<u>うかがって</u>からお訪ねします。

113. 彼はいつも<u>もってまわった</u>言い方をするので話が分かりにくい。

(A) 難しい単語を使って話す。

(B) 話が整理できていない。

(C) 直接的に話さない。

(D) 内容を省略して話す。

114. 家事の合間をぬって、webデザインの仕事をしています。

  (A) 家事の空き時間を活用して

  (B) 家事の時間がもったいないので

  (C) 家事の時間を少し減らして

  (D) 家事が一段落してから

115. 部長は何か問題が起きると、いつも女性社員の肩を持ちます。

  (A) 女性社員に注意をします

  (B) 女性社員の味方をします

  (C) 女性社員の敵に回ります

  (D) 女性社員とけんかをします

116. そんな大金を使わずともできますよ。

  (A) 使わないと

  (B) 使えば

  (C) 使わなくても

  (D) 使わなければ

117. そのような条件では協力しかねます。

  (A) 協力したいです

  (B) 協力しやすいです

  (C) 協力できません

  (D) 協力するつもりです

118. 結果<u>次第</u>では給料が減る可能性もあります。

(A) 満員になり<u>次第</u>、締め切りになります。

(B) 実行するかしないかは、あなた<u>次第</u>です。

(C) 今は大変でも、<u>次第</u>に慣れていきますよ。

(D) あちらに着き<u>次第</u>、連絡をします。

119. <u>部長に課長の仕事を手伝わされました。</u>

(A) 課長は部長の仕事を手伝いました。

(B) 私は部長の仕事を手伝いました。

(C) 部長は私に課長の仕事を手伝わせました。

(D) 課長は私の仕事を手伝ってくれました。

120. おどろいた<u>こと</u>に、彼は昇進の話を断ったそうだ。

(A) うれしい<u>こと</u>があった時には、みんなで喜び合いたいです。

(B) 彼が来ない<u>こと</u>には会議が始められない。

(C) おもしろい<u>こと</u>に、今年の新入社員は３人とも皆同じ性です。

(D) 彼女のやさしい一言が、どんなにうれしかった<u>こと</u>か。

Part6 오문정정

VI. 下の＿＿＿＿＿線の(A)から(D)の中で正しくない言葉を一つ選びなさい。

121. サイズが <u>合わなければ</u> <u>お取り替えいたします</u>ので、１週間以内に <u>お持ちして</u>下さい。
　　　　　　 A　　　　　　　　B　　　　　　　　　　　　　　C　・　D

122. 新人<u>だと</u>新人<u>らしく</u>、もう少し謙虚に<u>なった</u>方が<u>身のため</u>ですよ。
　　　　 A　　　　　 B　　　　　　　　　　 C　　　　　 D

123. 今回転職する<u>のに</u> <u>あたって</u>、大学時代の友人に<u>ずいぶんと</u> <u>相談に乗って</u>もらった。
　　　　　　　　　 A　　　 B　　　　　　　　　　　　　　　 C　　　　　 D

124. 今も雨が<u>降り出し</u>そうな空も<u>ような</u>ので、<u>外出し</u>ようかどうか<u>迷って</u>います。
　　　 A　　　 B　　　　　　　　　　　　　 C　　　　　　　 D

125. 彼は<u>言いたい</u>こと<u>ばかり</u>言うと、他の人の意見は<u>聞かず</u>　<u>さっさと</u>部屋を出て行った。
　　　　　　A　　　　　　B　　　　　　　　　　　　　　C　　　D

126. 明日は社会人になって<u>初めての</u>給料日なので、<u>今から</u>とても<u>楽しい</u>です。
　　　　　　　　　　　　　A　　　　B　　　　　　　　　C　　　　　D

127. 去年交通事故に<u>あって以来</u>、<u>ときどき</u>頭痛に<u>悩ませる</u>ように<u>なりました</u>。
　　　　　　　　　　　A　　　　　　B　　　　　　　C　　　　　　D

128. <u>買ったばかり</u>の冷蔵庫が<u>こわれた</u>ので、メーカー<u>に</u>電話をして交換して<u>くれました</u>。
　　　　　A　　　　　　　　　B　　　　　　　　　C　　　　　　　　　　　D

129. これは<u>先ごろ</u>　<u>行われた</u>展示会で好評を<u>もらった</u>商品で、たくさんの注文を<u>いただいて</u>
　　　　　　A　　　　B　　　　　　　　　　C　　　　　　　　　　　　　D
いMASU。

130. 暑いので窓を<u>開けっぱなし</u>にしていたら、<u>分からない</u>うちに家の中に猫が<u>入り込んで</u>
　　　　　　　　　A　　　　　　　　　　B　　　　　C　　　　　　　　D
いました。

131. あちこち出血していますが、命にかかるようなけがはないので心配いりません。
　　　　　A　　　　　　　　　　　　　B　　　　　　　　C　　　　　　　D

132. 10時間にかかる大手術の末、とりあえず一命はとりとめたが、まだまだ予断を
　　　　　　　　　A　　　　　　　　　B　　　　　　C

許さない状態である。
　D

133. 子供どうしのけんかに、親があれこれと口をさすのはよくない。
　　　　　A　　　　B　　　　C　　　　D

134. 部長は今朝は気分がいいので、今のうちに 謝っておくのが得策ですよ。
　　　　　　　　A　　　　　　　　　　B　　　C　　　　D

135. 慣れない外国暮らしでも、いざという時に頼める人がいるというのは安心です。
　　　　　A　　　　　　　　　B　　　　　　C　　　　　　　D

136. たしか京都で買ったと思うのですが、どの店で買ったか どうかはよく覚えていません。
　　　　　A　　　　　　　　　　　　　　　　　　　B　　　C　　　　　D

137. <u>退屈しのぎに読み出した</u>本だったが、いつの間に<u>も</u>　<u>すっかり</u><u>熱中</u>してしまっていた。
　　　　A　　　　　B　　　　　　　　　　　　　　C　　D

138. 今年の新入社員は社長を前<u>に</u>、仕事<u>より</u>プライベートの方が大事だと<u>堂々に</u>言って
　　　　　　　　　　　　　　A　　　　　B　　　　　　　　　　　　　　C

<u>のけた</u>。
D

139. 社長は<u>こちらの</u>連絡先を<u>ご存じにならなかった</u>ので、電話番号を<u>お教えして</u>
　　　　　　A　　　　　　　　　　B　　　　　　　　　　　　　　C

<u>おきました</u>。
D

140. 殺人犯<u>と</u>間違えられて警察に<u>連れて行かれた</u>　<u>なんて</u>、うそ<u>で</u>決まっています。
　　　　A　　　　　　　　　　B　　　　　C　　　　　D

~~~~~~~~~~~~~~~~ **Part 7 공란메우기** ~~~~~~~~~~~~~~~~

Ⅶ. 下の＿＿＿＿＿線に入る適当な言葉を（A）から（D）の中で一つ選びなさい。

---

141. まだ食べかけなので、＿＿＿＿＿＿＿ください。

    （A）ひろわないで

    （B）すてないで

    （C）たべて

    （D）買って

142. 今晩から明日の朝に＿＿＿＿＿、大雨が降るでしょう。

    （A）かけて

    （B）よって

    （C）したがって

    （D）まで

143. 彼の表情から＿＿＿＿＿、交渉はうまくいかなかったようだ。

    （A）みては

    （B）みずに

    （C）したし

    （D）すると

144. 何も知らない_____、余計なことを言わないでください。

(A) おかげで

(B) かわりに

(C) くせに

(D) なのに

145. ふり返ると、父がドアの前に_____に立っていました。

(A) さびしい

(B) さびしく

(C) さびしげ

(D) さびしがる

146. ワープロ_____使えない彼に、こんな難しいソフトは使えませんよ。

(A) だけ

(B) のみ

(C) さえ

(D) より

147. あんなに忙しい彼が、いっしょに旅行なんて_____ですよ。

(A) 行きっこない

(B) 行きっぱなし

(C) 行くはず

(D) 行くところ

148. お腹をこわすと困るので、＿＿＿＿＿生水を飲まないようにしていました。

    (A) できると

    (B) かえって

    (C) なるべく

    (D) むしろ

149. 今度もうそをつかれ、もう二度と彼のことなど信じる＿＿＿＿＿と思った。

    (A) ことだ

    (B) ものか

    (C) わけだ

    (D) ことか

150. 海外工場への着任に＿＿＿＿＿、現地語の講習会が開かれました。

    (A) 先走り

    (B) 先立ち

    (C) 前もって

    (D) 前倒して

151. 社長とはいっても、会社に雇われているに＿＿＿＿＿。

    (A) 足りません

    (B) 満ちません

    (C) 過ぎません

    (D) 越えません

152. 大陸を南下するに_____、砂漠地帯が広がってきました。

　(A) よって

　(B) そって

　(C) あって

　(D) つれて

153. 5日間に_____、地球環境に関する国際会議が開かれました。

　(A) わたって

　(B) かけて

　(C) つうじて

　(D) とおして

154. 子供なら_____、いい大人が食べ物一つでけんかをするなんて。

　(A) とりあえず

　(B) とはいえ

　(C) ともかく

　(D) とにかく

155. このツアーは中高年_____、余裕のある日程になっています。

　(A) 向けに

　(B) あてに

　(C) 次第で

　(D) 行きに

156. 彼女はとても多才で油絵も＿＿＿＿＿、バイオリンも弾弾けます。

    (A) かくと

    (B) かけば

    (C) かくので

    (D) かいたら

157. 今日は保険証を持っていないので、病院に＿＿＿＿＿行けません。

    (A) 行っても

    (B) 行ったら

    (C) 行こうとは

    (D) 行こうにも

158. 課長を＿＿＿＿＿、総務課の皆さま方には本当にお世話になりました。

    (A) はじめに

    (B) はじめは

    (C) はじめて

    (D) はじめ

159. 田中さんを＿＿＿＿＿、この研究の成功は語れません。

    (A) 外さないで

    (B) 除くのは

    (C) 抜きにして

    (D) 他ならず

160. この村では、ダム建設を_____住民間の対立が深刻化している。

(A) 関する

(B) 対する

(C) めぐる

(D) かこむ

161. この映画は実話を_____作られたそうです。

(A) はじめ

(B) もとに

(C) よって

(D) もとから

162. 周囲の心配を_____、彼は一人紛争地域へと向かった。

(A) なしに

(B) よそに

(C) むりに

(D) ほかに

163. 今カタログを_____ので、こちらで少々お待ち下さい。

(A) お持ちします

(B) お持ちになります

(C) お持ちです

(D) お持ちいただきます

164. 今日はこのような席に、＿＿＿＿＿本当に光栄です。

    (A) お招きいたして
    (B) お招きいただいて
    (C) ご招待さしあげて
    (D) ご招待になって

165. この映画はもう＿＿＿＿ましたか。

    (A) お見えになり
    (B) お目にかかり
    (C) ご覧になり
    (D) 拝見いたし

166. 先生のご説明で、私にも少しずつ分かって＿＿＿＿ました。

    (A) まいり
    (B) いただき
    (C) ぞんじ
    (D) うかがい

167. こちらの柄なら、少しお年を＿＿＿＿方でも十分似合いますよ。

    (A) みえた
    (B) いただいた
    (C) なさった
    (D) めした

168. 私のペンを_____ください。

(A) お使いいたして

(B) お使いになって

(C) 使わされて

(D) 使わされになって

169. 今なら家に母が_____ので、すぐ母に頼みます。

(A) ございます

(B) おります

(C) いらっしゃいます

(D) おられます

170. フランスで働いていらっしゃったのなら、フランス語も_____んですね。

(A) できられる

(B) おできでおる

(C) おできになる

(D) おできである

Part 8 독해

VIII. 下の文を読んで、後の問いにもっとも適した答えを(A)から(D)の中で一つ選びなさい。

171~173

きのう初めて、上野にある市場へ行きました。服や食べものなどの小さな店がたくさん並んでいて、値段がとても安いです。①そこにいる人たちもとてもおもしろかったです。おじさんが大きな声で値段をさけんだり、お客さんがそれを値切ったりしているのを、私は今まで見たことがありませんでした。お茶を一缶買っただけでしたが、とても楽しかったので、機会が②＿＿＿＿＿また行こうと思います。

171. ①そこはどこですか。

(A) 上野
(B) 市場
(C) 服屋
(D) お茶屋

172. ②＿＿＿＿＿に入る言葉はどれですか。

(A) あるし
(B) あると
(C) あっても
(D) あったら

173. 本文の内容と合っているものはどれですか。

(A) 市場ではTシャツやジーンズ、魚やくだものなどが安いです。

(B) この人は買う物がなくておもしろくありませんでした。

(C) この人はお茶を値切って買いました。

(D) 市場に、おこって大きな声でさけんでいるおじさんがいました。

174~177

　こんにちは。こちらに来てもう１ヶ月になるのに、１度も連絡しなくてすみませんでした。中国語は思ったよりむずかしく、授業の準備で毎日たいへんです。でも、８月初めのプロジェクト開始までには、①_____簡単な会話だけはできるようにがんばるつもりです。普通は３ヶ月ぐらいが目安だと言うので、私の予定とちょうど合っていますね。８月にはきっとみなさんをおどろかせてみせますから、②_____。
　それでは、またメールします。他の皆さんにもよろしく。

174. これはどんなメールですか。

(A) 中国に留学している人に、会社の同僚が書いたメール。

(B) 中国に留学している人が、会社の同僚に書いたメール。

(C) 会社が、プロジェクトに参加している人に送った報告のメール。

(D) プロジェクトに参加している人が、会社に送った報告のメール。

175. ①_____に入る適当な言葉はどれですか。

(A) どうして

(B) なんとか

(C) やっと

(D) とうてい

176. ② _____ に入る適当な内容はどれですか。

(A) 期待していてください

(B) 勉強していてください

(C) がんばるでしょう

(D) おどろくでしょう

177. このメールはいつ書いたものですか。

(A) 3月初め

(B) 5月初め

(C) 6月初め

(D) 8月初め

178～180

　「シーサイドホテル」のティータイムプラン（1人2500円、税別・サービス料込み）のペア利用券を、25組の方にプレゼントいたします。野天風呂の貸し切り入浴（各日先着4組、午後2時と3時からの45分間）とアフターヌーンティーを楽しむプランで、有効期限は6月30日（月）までの（月）～（木）。

　ご応募は、郵便番号101－0054神田錦町郵便局留め、「シーサイドホテル」係まで。

（＊このホームページからも応募可能。はがきでの応募と合わせて、「シーサイドホテル」で抽選。）

178. これは何の文章ですか。

(A) シーサイドホテルの紹介

(B) ティータイムプランの説明

(C) プレゼント応募の案内

(D) ホームページの紹介

179. 利用券の内容として合っているものはどれですか。

    (A) 入浴後に食事とアフターヌーンティーが楽しめる。

    (B) 野天風呂の貸し切り入浴が、午後2時から午後3時まで楽しめる。

    (C) 税金やサービス料は、自分で負担しなければならない。

    (D) 金曜日や週末には利用することができない。

180. どんな方法でこのプレゼントに応募ができますか。

    (A) はがきに必要なことを書いて応募する。

    (B) このホームページから応募する。

    (C) はがきを送るか、ホームページから応募する。

    (D) はがきを送るか、ホテルに直接応募する。

181～184

　私の姉は、子供に色々なことを①＿＿＿＿＿います。ピアノ、水泳、習字…。どうして
そんなに色々必要なのかと聞いたら、全部自分ができなくてつらかったことなのだそう
です。私にはまだ子供がいませんが、想像してみると、やはり英語、絵と、私が②
なものばかり習わせたくなります。

　親から色々なことを⑧＿＿＿＿＿子供を、私は今までかわいそうだと思っていました。
でも、子供に辛い思いをさせたくないという親心を知ると、少し理解できる気がします。
今度めいが習い事が大変だと私に言ってきたら、③そんな姉の気持ちを少し伝えてあげよ
うと思います。

181. ①⑧に入る言葉として正しいものはどれですか。

　(A)　①　習って　　　⑧　習わせている

　(B)　①　習わせて　　⑧　習われている

　(C)　①　習われて　　⑧　習わされている

　(D)　①　習わせて　　⑧　習わされている

182. ②＿＿＿＿＿にはいる言葉として適当なものを選びなさい。

　(A)　得意　　　　　　　　(B)　得手

　(C)　不得手　　　　　　　(D)　嫌悪

183. ③そんな姉の気持ちとは、どんな気持ちですか。

　(A)　子供のころピアノや水泳ができなくてつらかったこと。

　(B)　子供に自分と同じつらい思いをさせたくないこと。

　(C)　姉だけでなく、親の気持ちはみんな同じこと。

　(D)　子供に色々なことをさせて、本当はかわいそうだと思っていること。

184. 本文の内容と合っているものはどれですか。

(A) この人は、子供ができたら英語や絵を習わせるつもりだ。

(B) この人は、以前はめいが少しかわいそうだと思っていた。

(C) この人は、今度姉にめいの気持ちを伝えてあげるつもりだ。

(D) この人は、子供のころ字を書くのが下手でつらい思いをした。

185～188

　「線路を走るパトカー」登場——。白と黒のパトカー模様にぬられた電車が名古屋に①_____しました。4両編成で、先頭車両の中央には警察のマーク、上部にはサイレン模様があしらってあります。

　これは、愛知県警が、最近多発する路上犯罪などに対して県民に注意を呼びかけるため、全国の警察に先がけて導入したもの。各車両の側面には車に忍び寄るどろぼうなどのイラストと、被害を防ぐためのポイントがまとめられています。

　ホームで電車を待っていた乗客の一人は、「犯罪について考えさせるのにはいいと思うけど、毎日乗りたいかどうかは分からないね」と②苦笑していました。

185. ①_____に入る言葉として適当なものはどれですか。

(A) おめみえ

(B) おひろめ

(C) おめでたい

(D) おめかし

186. どうしてこの電車は「線路を走るパトカー」なのですか。

(A) 電車の中を警察官が巡回しているから。

(B) 非常時にはパトカーの役割を果たすから。

(C) 車体の模様がパトカーと同じだから。

(D) パトカーと同じサイレンがついているから。

187. 乗客の一人はどうして②苦笑していたのですか。

　　（A）電車を防犯に役立てるアイディアがおもしろいから。

　　（B）車に忍び寄るどろぼうの絵がとてもおもしろいから。

　　（C）あまり意味のあるアイディアだとは思えないから。

　　（D）おもしろいアイディアだが、少し複雑な気分だから。

188. 本文の内容と合っているものはどれですか。

　　（A）この電車は全ての車両に警察のマークがついている。

　　（B）この電車が導入されたのは、名古屋が全国で初めてだ。

　　（C）この電車は青少年犯罪に対する注意を呼びかけるために導入された。

　　（D）この電車の導入で、路上犯罪の発生率が減少した。

189～192

「人生をサッカーの試合に例えると、ハーフタイムは何歳?」。ある時計メーカーがこんな質問をしたところ、男性は3人に1人、女性では5人に1人、全体では、ほぼ4人に1人が「40歳」と答えたそうです。

　その理由としては、約半数の男性が「人生は80年と言われているのでそれを半分に割って」と答え、抽象的な一般論から
①＿＿＿＿＿ことがうかがえます。

　一方、女性の場合は「寿命の半分」という回答は約30％にとどまり、2番目に多い理由として「子供の自立」、「子育てからの解放」を挙げています。40歳までに子育てを一段落させてハーフタイムを迎え、後半に臨む、ということでしょうか。

　また、男性では「ハーフタイムは60歳」という回答が多いことも特徴と言えます。ほとんどの回答者が「定年」を理由に挙げていて、前半は会社勤め、後半は仕事から離れて第二の人生を楽しむという人生設計を描いているようです。

189. 人生のハーフタイムを40歳と答えた女性の割合はどのくらいですか。

(A) 20%   (B) 25%

(C) 30%   (D) 35%

190. 文脈から判断して、①_____に入る最も適当な内容はどれですか。

(A) 自分なりの時間感覚をもとに計算している

(B) 自分なりの人生設計を綿密に描いている

(C) 少しずつハーフタイムを逆算していく特徴がある

(D) シンプルにハーフタイムを算出する傾向が強い

191. ハーフタイムを40歳と答えた女性が、その理由として最も多く挙げたことは何ですか。

(A) 一般的に言われている人生の80年を半分に割ると40だから。

(B) 主人の定年や、第二の人生について考え始める時期だから。

(C) その頃になれば、子育てから開放されているはずだから。

(D) その頃になれば、子供がある程度自立しているはずだから。

192. 本文の内容と合っているものを選びなさい。

(A) この質問は、日本サッカー協会と時計メーカーの協力で行われた。

(B) 男性では「ハーフタイムは60歳」という回答が最も多かった。

(C) 女性は男性より、子育てとハーフタイムを関連付けて考える傾向が強い。

(D) 「ハーフタイムは60歳」と答えた人前半戦が第二の人生に該当する。

193~196

東京都ふじみの市に、市道や公園内を監視する防犯カメラ付きの宅地が登場した。

カメラは当初、公園内と市道上に設置予定だったが、管理者の市が「住宅街は繁華街と違って犯罪の発生率が低く、住民のプライバシーを侵害する恐れの方が強い」と設置を認めなかった。しかし、業者は「カメラ設置を認めるのが購入条件だから問題はないのでは」とし、管轄する警察署も「犯罪抑止効果は大きい」と①_____。

そこで業者側は、園内の自社の土地にカメラを設置する計画に変更。現在は団地中央と東、西の公園の鉄柱上部に計５台の防犯カメラを付けて、園内や市道を監視。映像はケーブルでパソコンのハードディスクに保存して自治会が管理し、犯罪発生時に警察だけが見ることができるようにしている。その結果、市側は「管理権がない」と黙認することになった。

犯罪に強いまちづくりを研究する奈良大教授は「犯罪への不安が高まる中でカメラは社会的合意を得てきているが、行き過ぎると生活しにくくなる。犯罪発生の危険性など地域で十分話し合うべき問題だ」と話している。

193. 市がカメラの設置を認めなかった理由は何ですか。

　(A) 住宅街は繁華街と違って犯罪の発生率が低いから

　(B) 住宅の購入条件にカメラ設置が含まれていないから。

　(C) 特定住民のためのカメラ設置は不公平になるから。

　(D) 住民のプライバシー侵害が心配されるから。

194. ①_____に入る言葉として適当なものを選びなさい。

　(A) 後押ししていた

　(B) 後追いしていた

　(C) 押し付けていた

　(D) 押し出していた

195. 現在の宅地の防犯システムについて、合っているものはどれですか。

(A) 公園内と市道上にそれぞれ5台ずつ防犯カメラが設置されている。

(B) 3ヶ所の公園に防犯カメラを設置して、公園内と市道を監視している。

(C) 撮影された映像は、犯罪発生時にだけ自治会員と警察官が見られる。

(D) 撮影された映像は、ケーブルでハードディスクに保存し、警察署で保管している。

196. 本文の内容と合っているものはどれですか。

(A) 最初の計画では、住宅の庭も監視対象だった。

(B) 業者側は市の決定を無視して防犯カメラの設置に踏み切った。

(C) 一般的にも、防犯カメラは社会的合意をまだ得ていない。

(D) 防犯を目的とした監視も行き過ぎると住みにくくなる恐れがある。

197～200

　美人はシャン、食事はエッセンで、飲むはトリンケン——。昔、旧制高校生が日常会話でよく使った言葉だ。①覚えたてのドイツ語をやたらに使ったのは、若者の稚気として愛すべきところがあったと言えるだろう。カタカナ語の氾濫の遠い起こりはこの辺かもしれない。

　しかし、いつ何が氾濫の起こりだったかはさておき、今、あふれかえるカタカナ語は、②ほとんどが迷惑千万の口だ。言葉の意味をあいまいにしては、害毒を流す。

　例えば、国立国語研究所が言いかえを検討している「モラルハザード」。「倫理感の欠如」と言いかえられるが、平たく言えば「恥知らず」だ。それをモラルハザードなどと言えば、恥知らずほどきつくは響かない。こうして、③＿＿＿＿＿＿＿。

　選挙違反や収賄はもちろん、政治献金を届け出なかったり、公約をけろりと忘れたりするのも、モラルハザードではなく恥知らずと言うべきであろう。選挙が終わった先生方、そのことをお忘れなく。

197. ①覚えたてのドイツ語と言いかえられるものはどれですか。

(A) 覚えるつもりのドイツ語

(B) 覚えなければならないドイツ語

(C) 覚えようとしているドイツ語

(D) 覚えたばかりのドイツ語

198. 筆者は、どうして②ほとんどが迷惑千万の口だと考えていますか。

(A) 今は高校生がドイツ語を習うことはほとんどないから。

(B) 選挙違反や収賄、政治献金問題などが起きるから。

(C) 言葉の意味があいまいにされて、それが害になっているから。

(D) カタカナ語が氾濫して、何を言っているのか分からないことが多いから。

199. 文脈から判断して、③＿＿＿＿＿＿に入る最も適当な内容はどれですか。

(A) カタカナ語のベールをかぶった恥知らずが増える。

(B) カタカナ語が分からず、倫理観も欠如していく。

(C) 「倫理観の欠如」の方がふさわしくなっていく。

(D) 「モラルハザード」と言って何がいけないのか。

200. 筆者の主張から考えて、これはどんな文章だといえますか。

(A) 旧制高校生のドイツ語使用と、現在のカタカナ語氾濫を比較した文章。

(B) カタカナ語の氾濫と、政治家の倫理観の欠如を結びつけた文章。

(C) 国立研究所による言いかえ例を検討、分析した文章。

(D) 政治家の話す言葉を基に、政治家の倫理観を分析した文章。

JPT

1회/2회/3회

정답
3회 스크립트
번역

入道前太政大臣
にふだうさきのだいじゃうだいじん

花さそふ
はな

嵐の庭の
あらしには

雪ならで
ゆき

ふりゆくものは

わが身なりけり
み

1회 정답

Part 1	1. (A)	2. (D)	3. (D)	4. (B)	5. (C)
	6. (B)	7. (A)	8. (B)	9. (D)	10. (B)
	11. (B)	12. (D)	13. (C)	14. (B)	15. (C)
	16. (B)	17. (B)	18. (D)	19. (A)	20. (C)
Part 2	21. (A)	22. (C)	23. (D)	24. (B)	25. (A)
	26. (C)	27. (C)	28. (C)	29. (B)	30. (A)
	31. (C)	32. (A)	33. (B)	34. (D)	35. (A)
	36. (B)	37. (A)	38. (B)	39. (C)	40. (D)
	41. (A)	42. (C)	43. (D)	44. (B)	45. (B)
	46. (D)	47. (B)	48. (A)	49. (C)	50. (C)
Part 3	51. (D)	52. (C)	53. (C)	54. (D)	55. (D)
	56. (C)	57. (D)	58. (C)	59. (C)	60. (B)
	61. (C)	62. (C)	63. (D)	64. (A)	65. (A)
	66. (D)	67. (A)	68. (C)	69. (B)	70. (A)
	71. (D)	72. (C)	73. (B)	74. (D)	75. (B)
	76. (C)	77. (B)	78. (D)	79. (C)	80. (D)
Part 4	81. (A)	82. (C)	83. (C)	84. (B)	85. (B)
	86. (C)	87. (D)	88. (B)	89. (B)	90. (D)
	91. (C)	92. (D)	93. (C)	94. (D)	95. (D)
	96. (A)	97. (B)	98. (A)	99. (C)	100. (D)
Part 5	101. (B)	102. (C)	103. (C)	104. (B)	105. (A)
	106. (C)	107. (B)	108. (D)	109. (B)	110. (A)
	111. (A)	112. (C)	113. (B)	114. (B)	115. (C)
	116. (C)	117. (A)	118. (B)	119. (C)	120. (B)
Part 6	121. (D)	122. (B)	123. (D)	124. (D)	125. (D)
	126. (D)	127. (C)	128. (A)	129. (A)	130. (A)
	131. (A)	132. (B)	133. (D)	134. (A)	135. (B)
	136. (A)	137. (C)	138. (C)	139. (A)	140. (C)
Part 7	141. (B)	142. (A)	143. (C)	144. (A)	145. (C)
	146. (D)	147. (B)	148. (C)	149. (C)	150. (D)
	151. (D)	152. (C)	153. (A)	154. (C)	155. (D)
	156. (C)	157. (A)	158. (B)	159. (C)	160. (D)
	161. (A)	162. (B)	163. (B)	164. (B)	165. (D)
	166. (A)	167. (B)	168. (D)	169. (B)	170. (A)
Part 8	171. (D)	172. (B)	173. (A)	174. (D)	175. (C)
	176. (C)	177. (B)	178. (B)	179. (B)	180. (C)
	181. (A)	182. (C)	183. (B)	184. (D)	185. (C)
	186. (B)	187. (A)	188. (B)	189. (B)	190. (B)
	191. (A)	192. (D)	193. (C)	194. (C)	195. (B)
	196. (D)	197. (C)	198. (A)	199. (D)	200. (A)

2회 정답

Part 1				
1. (A)	2. (D)	3. (A)	4. (B)	5. (C)
6. (A)	7. (B)	8. (C)	9. (C)	10. (C)
11. (C)	12. (B)	13. (D)	14. (C)	15. (B)
16. (A)	17. (B)	18. (B)	19. (C)	20. (C)

Part 2				
21. (C)	22. (B)	23. (B)	24. (C)	25. (A)
26. (C)	27. (B)	28. (C)	29. (A)	30. (C)
31. (B)	32. (B)	33. (D)	34. (B)	35. (C)
36. (A)	37. (B)	38. (C)	39. (B)	40. (B)
41. (D)	42. (B)	43. (C)	44. (D)	45. (C)
46. (D)	47. (B)	48. (A)	49. (B)	50. (C)

Part 3				
51. (C)	52. (C)	53. (B)	54. (A)	55. (B)
56. (C)	57. (C)	58. (D)	59. (B)	60. (A)
61. (D)	62. (A)	63. (D)	64. (A)	65. (D)
66. (A)	67. (C)	68. (C)	69. (B)	70. (C)
71. (C)	72. (D)	73. (D)	74. (B)	75. (D)
76. (B)	77. (C)	78. (B)	79. (A)	80. (B)

Part 4				
81. (D)	82. (A)	83. (C)	84. (B)	85. (B)
86. (A)	87. (C)	88. (B)	89. (D)	90. (B)
91. (C)	92. (A)	93. (D)	94. (A)	95. (B)
96. (C)	97. (B)	98. (C)	99. (A)	100. (C)

Part 5				
101. (C)	102. (A)	103. (D)	104. (C)	105. (B)
106. (C)	107. (D)	108. (B)	109. (A)	110. (B)
111. (B)	112. (B)	113. (C)	114. (D)	115. (D)
116. (D)	117. (B)	118. (C)	119. (D)	120. (B)

Part 6				
121. (B)	122. (C)	123. (D)	124. (D)	125. (D)
126. (D)	127. (A)	128. (C)	129. (A)	130. (C)
131. (B)	132. (A)	133. (A)	134. (B)	135. (B)
136. (A)	137. (D)	138. (D)	139. (A)	140. (C)

Part 7				
141. (C)	142. (A)	143. (B)	144. (A)	145. (B)
146. (D)	147. (B)	148. (C)	149. (A)	150. (C)
151. (D)	152. (B)	153. (B)	154. (A)	155. (C)
156. (A)	157. (C)	158. (D)	159. (A)	160. (B)
161. (B)	162. (C)	163. (C)	164. (A)	165. (C)
166. (B)	167. (C)	168. (A)	169. (B)	170. (D)

Part 8				
171. (C)	172. (A)	173. (B)	174. (A)	175. (C)
176. (C)	177. (C)	178. (B)	179. (B)	180. (B)
181. (C)	182. (C)	183. (D)	184. (B)	185. (C)
186. (C)	187. (A)	188. (C)	189. (C)	190. (C)
191. (D)	192. (D)	193. (D)	194. (A)	195. (C)
196. (C)	197. (C)	198. (B)	199. (D)	200. (B)

3회 정답

Part 1				
1. (A)	2. (C)	3. (B)	4. (A)	5. (C)
6. (D)	7. (C)	8. (C)	9. (C)	10. (A)
11. (C)	12. (C)	13. (C)	14. (B)	15. (A)
16. (B)	17. (C)	18. (C)	19. (C)	20. (D)

Part 2

21. (C)	22. (C)	23. (B)	24. (C)	25. (A)
26. (B)	27. (A)	28. (C)	29. (A)	30. (A)
31. (D)	32. (A)	33. (C)	34. (A)	35. (C)
36. (A)	37. (C)	38. (B)	39. (B)	40. (C)
41. (D)	42. (B)	43. (D)	44. (D)	45. (A)
46. (D)	47. (A)	48. (D)	49. (D)	50. (B)

Part 3

51. (D)	52. (A)	53. (C)	54. (C)	55. (D)
56. (D)	57. (A)	58. (D)	59. (A)	60. (A)
61. (B)	62. (C)	63. (D)	64. (C)	65. (B)
66. (A)	67. (C)	68. (B)	69. (B)	70. (D)
71. (A)	72. (B)	73. (A)	74. (C)	75. (D)
76. (B)	77. (D)	78. (D)	79. (D)	80. (A)

Part 4

81. (A)	82. (B)	83. (A)	84. (B)	85. (A)
86. (B)	87. (C)	88. (D)	89. (B)	90. (A)
91. (A)	92. (B)	93. (D)	94. (C)	95. (B)
96. (D)	97. (A)	98. (A)	99. (B)	100. (D)

Part 5

101. (C)	102. (D)	103. (B)	104. (C)	105. (C)
106. (B)	107. (B)	108. (A)	109. (D)	110. (D)
111. (D)	112. (B)	113. (C)	114. (A)	115. (B)
116. (C)	117. (C)	118. (B)	119. (C)	120. (C)

Part 6

121. (D)	122. (A)	123. (A)	124. (A)	125. (B)
126. (D)	127. (C)	128. (D)	129. (C)	130. (C)
131. (B)	132. (A)	133. (D)	134. (A)	135. (C)
136. (C)	137. (C)	138. (C)	139. (B)	140. (D)

Part 7

141. (B)	142. (A)	143. (D)	144. (C)	145. (C)
146. (C)	147. (A)	148. (C)	149. (B)	150. (B)
151. (C)	152. (D)	153. (A)	154. (C)	155. (A)
156. (B)	157. (D)	158. (D)	159. (C)	160. (C)
161. (B)	162. (B)	163. (A)	164. (B)	165. (C)
166. (A)	167. (D)	168. (B)	169. (B)	170. (C)

Part 8

171. (B)	172. (D)	173. (A)	174. (B)	175. (B)
176. (A)	177. (C)	178. (C)	179. (D)	180. (C)
181. (D)	182. (C)	183. (B)	184. (B)	185. (A)
186. (C)	187. (D)	188. (B)	189. (A)	190. (D)
191. (A)	192. (C)	193. (D)	194. (A)	195. (B)
196. (D)	197. (D)	198. (C)	199. (A)	200. (B)

3회 스크립트 및 번역

1. (A) 女の人がビールをついでもらっています。
   (B) 女の人が男の人にビールをついであげています。
   (C) 女の人のコップはからっぽです。
   (D) 女の人は両手でコップを持っています。

   (A) 여자가 맥주를 따라 받고 있습니다.
   (B) 여자가 남자에게 맥주를 따라 주고 있습니다.
   (C) 여자의 컵은 비어 있습니다.
   (D) 여자는 양손으로 컵을 들고 있습니다.
   ・注(つ)ぐ 붓다, 따르다
   ・からっぽ 텅 비어 있음
   ・両手(りょうて) 양손

2. (A) 女の人がベビーカーを押して歩いています。
   (B) 男の人が子供を肩に乗せて歩いています。
   (C) 女の人がベビーカーに乗った子供を見ています。
   (D) 子供がベビーカーのそばで遊んでいます。

   (A) 여자가 유모차를 밀며 걷고 있습니다.
   (B) 남자가 아이를 어깨에 태우고 걷고 있습니다.
   (C) 여자가 유모차에 탄 아이를 보고 있습니다.
   (D) 아이가 유모차 옆에서 놀고 있습니다.
   ・ベビーカー 유모차
   ・押(お)す 밀다, 누르다
   ・肩(かた) 어깨
   ・乗(の)せる 태우다

3. (A) ここでパスポートの申請を行います。
   (B) この機械で証明写真が撮れます。
   (C) この店で写真を現像してもらいます。
   (D) カーテンの向こうで写真を撮っている人がいます。

   (A) 여기에서 여권 신청을 합니다.
   (B) 이 기계로 증명사진을 찍을 수 있습니다.
   (C) 이 가게에서 사진을 현상해 줍니다.
   (D) 커튼 맞은편에서 사진을 찍고 있는 사람이 있습니다.
   ☞「写真(しゃしん)が取(と)れる」는 '사진이 찍히다', '사진을 찍을 수 있다' 두 가지로 해석할 수 있다.
   ・申請(しんせい) 신청
   ・機械(きかい) 기계
   ・証明(しょうめい) 증명
   ・現像(げんぞう) 현상

4. (A) 自転車が折り重なって倒れています。
   (B) 車の後ろ側に自転車がとまっています。
   (C) 自転車に乗った人が転んでしまいました。
   (D) こわれた自転車を修理しています。

   (A) 자전거가 포개져 넘어져 있습니다.
   (B) 차 뒤쪽에 자전거가 서 있습니다.
   (C) 자전거를 탄 사람이 넘어져 버렸습니다.
   (D) 고장난 자전거를 수리하고 있습니다.
   ・折(お)り重(かさ)なる 차례로 겹쳐지다, 포개지다
   ・倒(たお)れる 쓰러지다
   ・転(ころ)ぶ 구르다, 넘어지다
   ・壊(こわ)れる 부서지다, 망가지다
   ・修理(しゅうり) 수리

5. (A) 門の上に花が置いてあります。
   (B) 門の右側にポストがあります。
   (C) 右側の門だけ開いています。
   (D) 門を入ると車庫があります。

   (A) 문 위에 꽃이 놓여 있습니다.
   (B) 문 우측에 우편함이 있습니다.
   (C) 우측 문만 열려 있습니다.
   (D) 문을 들어서면 차고가 있습니다.
   ・置(お)く 놓다
   ・開(あ)く 열리다
   ・車庫(しゃこ) 차고

6. (A) カバン売り場で大きい旅行カバンを売っています。
   (B) ゴミ袋をゴミ捨て場に捨てている人がいます。
   (C) 大きいゴミ箱が横一列に並んでいます。
   (D) ゴミ袋が二重、三重に積み重ねられています。

   (A) 가방 매장에서 큰 여행가방을 팔고 있습니다.
   (B) 쓰레기 봉지를 쓰레기 버리는 곳에 버리고 있는 사람이 있습니다.
   (C) 큰 쓰레기통이 횡렬로 나란히 있습니다.
   (D) 쓰레기 봉지가 이중, 삼중으로 쌓아올려져 있습니다.
   ・売(う)り場(ば) 매장
   ・捨(す)てる 버리다
   ・捨(す)て場(ば) 버리는 곳
   ・横一列(よこいちれつ) 횡렬로 한 줄
   ・並(なら)ぶ 나란히 하다
   ・積(つ)み重(かさ)ねる 쌓아올리다

7. (A) 画面を見ながらカラオケで歌を歌っています。
   (B) 身ぶりを交えながら演説をしています。
   (C) 階段の前でマイクを使って話しています。
   (D) 教壇に立って生徒に向かって話しています。

(A) 화면을 보면서 가라오케로 노래를 부르고 있습니다.

(B) 몸짓을 섞어 가면서 연설을 하고 있습니다.

(C) 계단 앞에서 마이크를 사용하여 이야기하고 있습니다.

(D) 교단에 서서 학생을 향하여 말하고 있습니다.

・画面(がめん) 화면

・身(み)ぶり 몸짓〈手ぶり: 손짓〉

・交(まじ)える 섞다

・演説(えんぜつ) 연설

・教壇(きょうだん) 교단

8. (A) 女の人が子供と手をつないで走っています。

(B) 女の人が子供を抱いて歩いています。

(C) 女の人が子供を支えながら歩かせています。

(D) 子供が女の人の後を歩いています。

(A) 여자가 아이와 손을 잡고 걷고 있습니다.

(B) 여자가 아이를 안고 걷고 있습니다.

(C) 여자가 아이를 받치면서 걷게 하고 있습니다.

(D) 아이가 여자의 손에 잡혀서 걷고 있습니다.

☞「歩(ある)かせる」는「歩(ある)く」의 사역형으로 '걷게 하다'.

・つなぐ 연결하다

・抱(だ)く 안다

・支(ささ)える 떠받치다, 지탱하다

9. (A) これはたんすです。

(B) これは本棚です。

(C) これは食器棚です。

(D) これは押し入れです。

(A) 이것은 장롱입니다.

(B) 이것은 책장입니다.

(C) 이것은 그릇 수납장입니다.

(D) 이것은 벽장입니다.

・箪笥(たんす) 장롱

・本棚(ほんだな) 책장

・食器棚(しょっきだな) 그릇 수납장

・押(お)し入(い)れ (일본식)벽장

10. (A) 台所で食器を洗っています。

(B) 洗面所で顔を洗っています。

(C) 玄関で靴を磨いています。

(D) 床に掃除機をかけています。

(A) 부엌에서 식기를 씻고 있습니다.

(B) 세면대에서 세수를 하고 있습니다.

(C) 현관에서 구두를 닦고 있습니다.

(D) 마루에서 청소기를 돌리고 있습니다.

☞顔(かお)を洗(あら)う 세수하다

☞靴(くつ)を磨(みが)く 구두를 닦다

☞掃除機(そうじき)をかける 청소기를 돌리다

・食器(しょっき) 식기

・洗(あら)う 씻다

・洗面所(せんめんじょ) 세면대

・玄関(げんかん) 현관

11. (A) 今電気をつけるところです。

(B) 電気は四つともついています。

(C) 一つだけ電気が切れています。

(D) 電気が全然ついていません。

(A) 지금 전기를 켜려는 참입니다.

(B) 전기는 4개 모두 켜져 있습니다.

(C) 하나만 전기가 끊겨져 있습니다.

(D) 전기가 전혀 켜져 있지 않습니다.

☞「つく」와「切(き)れる」는 자동사.

☞「동사 기본형+ところです」는 아직 시작하지 않은 상태, 즉 '막 ~하려는 참'을 나타낸다.

・つける 켜다, 점화하다

・つく 켜지다

・切(き)れる 끊기다, 잘리다

12. (A) 女の人が大ぜいの子供たちを公園で遊ばせています。

(B) 小さいカバンを持った女の人が二人の子供と手をつないで走ってきます。

(C) すべりおりて来る子供を、別の子供が下から見上げています。

(D) 子供が二人いっしょにすべるのを、女の人が心配そうに見ています。

(A) 여자가 많은 아이들을 공원에서 놀게 하고 있습니다.

(B) 작은 가방을 든 여자가 두 아이와 손을 잡고 달려옵니다.

(C) 미끄러져 내려오는 아이를 다른 아이가 밑에서 올려다보고 있습니다.

(D) 아이 둘이 함께 미끄러지는 것을 여자가 걱정스러운 듯이 보고 있습니다.

☞「手(て)をつなぐ」손을 잡다

・つなぐ 연결하다, 잇다

・滑(すべ)る 미끄러지다

・滑(すべ)り降(お)りる 미끄러져 내리다

- 別(べつ)の 다른
- 見上(みあ)げる 올려다보다

13. (A) 制服を着たウェイターが、伝票に全員の注文を書き込んでいます。
(B) 女の人が、食べ終わったお皿をウェイターに片づけてもらっています。
(C) 女の人が、ウェイトレスが目の前に置いたお皿を見ています。
(D) ウェイトレスが、食器をひっくり返してしまいました。

(A) 제복을 입은 웨이터가 전표에 모든 사람의 주문을 써넣고 있습니다.
(B) 여자가 다 먹은 접시를 웨이터가 치우고 있습니다.
(C) 여자는 웨이트리스가 눈 앞에 놓은 접시를 보고 있습니다.
(D) 웨이트리스가 식기를 뒤엎어 버렸습니다.
☞「동사ます형+終(お)わる」는 '다~하다, 하기를 끝내다'.
- 制服(せいふく) 제복
- 伝票(でんぴょう) 전표
- 書(か)き込(こ)む 적어 넣다
- お皿(さら) 접시
- 片付(かたづ)ける 정리하다, 치우다
- 引(ひ)っくり返(かえ)す 뒤엎다

14. (A) 公衆電話にテレホンカードを差し込んでいます。
(B) 販売機から切符を取り出しているところです。
(C) 自動改札機から定期券が出てきたところです。
(D) 販売機からお釣りの小銭が出てきたところです。

(A) 공중전화에 전화 카드를 꽂아 넣고 있습니다.
(B) 판매기에서 표를 꺼내고 있는 중입니다.
(C) 자동 개찰기에서 정기권이 막 나왔습니다.
(D) 판매기에서 거스름돈이 막 나왔습니다.
- 公衆電話(こうしゅうでんわ) 공중전화
- 差(さ)し込(こ)む 끼워 넣다(꽂다)
- 販売機(はんばいき) 판매기
- 取(と)り出(だ)す 꺼내다
- 改札機(かいさつき) 개찰기
- 定期券(ていきけん) 정기권
- お釣(つ)り 거스름돈
- 小銭(こぜに) 잔돈

15. (A) 重さをはかる道具です。
(B) 長さをはかる道具です。
(C) 体温をはかる道具です。

(D) 気温をはかる道具です。

(A) 무게를 재는 도구입니다.
(B) 길이를 재는 도구입니다.
(C) 체온을 재는 도구입니다.
(D) 기온을 재는 도구입니다.
☞「はかる」는 시간, 무게, 길이 등을 재다, 측량하다 등의 뜻으로 쓰이며, 한자는 각각 다르다.
- 時間(じかん)を計(はか)る 시간을 재다
- 距離(きょり)を測(はか)る 거리를 측량하다
- 心(こころ)を量(はか)る 마음을 헤아리다
- 重(おも)さ 무게
- 長(なが)さ 길이
- 体温(たいおん) 체온
- 気温(きおん) 기온
- 道具(どうぐ) 도구

16. (A) ドアのすき間から手を伸ばして床に置いてあるものを取ろうとしています。
(B) のれんを手でよけながら、女の人がこちら側に出て来たところです。
(C) この自動ドアは、四角いボタンを押さないと開かないようになっています。
(D) 洋服売り場の試着室で、女の人が二枚のブラウスを顔に当ててみています。

(A) 문 틈새로 손을 뻗쳐 바닥에 놓여 있는 것을 잡으려 하고 있습니다.
(B) 노렌을 손으로 비키며, 여자가 이쪽으로 막 나왔습니다.
(C) 이 자동문은 네모진 단추를 누르지 않으면 열리지 않도록 되어 있습니다.
(D) 양복 매장의 시착실에서 여자가 두 장의 블라우스를 얼굴에 대 보고 있습니다.
☞「のれん」은 가게 출입구에 치는 상호가 그려진 천을 말한다.
- 隙間(すきま) 틈새
- 伸(の)ばす 펴다, 길게 하다
- 避(よ)ける 피하다, 비키다〈さける로도 읽음〉
- 四角(しかく)い 네모지다
- 試着室(しちゃくしつ) 시착실(옷 입어 보는 곳)
- 当(あ)てる 대다, 맞대다

17. (A) 3時を5分まわったところです。
(B) 4時まであと20分です。
(C) あと10分で3時半になります。
(D) もう3時半を過ぎました。

(A) 3시를 5분 막 지났습니다.

(B) 4시까지 앞으로 20분입니다.

(C) 앞으로 10분이면 3시 반이 됩니다.

(D) 벌써 3시 반을 지났습니다.

☞여기서 「回(まわ)る」는 '어느 시각이 지나다, 넘다'의 뜻으로 쓰였다.

☞부사로서의 「あと」는 '앞으로, 아직, 이후'의 뜻.

18. (A) 郵便物が届いているかどうか、ポストの中に手を入れて確かめています。

(B) ポストに貼ってある料金表を見て切手の値段を調べています。

(C) 路上のポストに郵便物を投函しているところです。

(D) 郵便局員がポストに投函された郵便物を回収しているところです。

(A) 우편물이 도착했는지 어떤지 우편함 안에 손을 넣어서 확인하고 있습니다.

(B) 우편함에 붙여져 있는 요금표를 보고 우표 가격을 살피고 있습니다.

(C) 노상에 있는 우체통에 우편물을 넣고 있는 중입니다.

(D) 우체국 직원이 우체통에 투함된 우편물을 회수하고 있는 중입니다.

· 届(とど)く 다다르다, 미치다

· 確(たし)かめる 확인하다

· 貼(は)る 붙이다

· 値段(ねだん) 가격

· 調(しら)べる 조사하다

· 路上(ろじょう) 노상

· 投函(とうかん) 투함(우체통에 넣음)

· 回収(かいしゅう) 회수

19. (A) 駅の階段を、大勢の通勤客たちが上っていくところです。

(B) 急ぐ人は右側を歩いて上っていきます。

(C) 二人連れの女の人が階段を上ってくるところです。

(D) 女の人たちが階段の前で立ち話をしています。

(A) 역 계단을 많은 통근 객들이 올라가는 중입니다.

(B) 서두르는 사람은 우측을 걸어서 올라갑니다.

(C) 두 사람을 동반한 여자가 계단을 올라오는 중입니다.

(D) 여자들이 계단 앞에 서서 이야기를 하고 있습니다.

· 大勢(おおぜい) 사람이 많음

· 通勤客(つうきんきゃく) 통근객

· 上(のぼ)る 오르다

· ~連(づ)れ 동행, 동반

· 立(た)ち話(ばなし)をする 서서 이야기를 하다 〈서서 먹는 것은 立(た)ち食(ぐ)い라고 한다.〉

20. (A) はしでご飯を食べています。

(B) スプーンでスープをすくっています。

(C) コーヒーカップを持っています。

(D) 口の中に食べ物を入れています。

(A) 젓가락으로 밥을 먹고 있습니다.

(B) 숟가락으로 스프를 뜨고 있습니다.

(C) 커피 잔을 들고 있습니다.

(D) 입 안에 음식물을 넣고 있습니다.

· 掬(すく)う 떠내다, 건져 올리다

21. 最近のペットブームはすごいですね。

(A) ええ、明るい色の服が増えましたよね。

(B) ええ、やはり布団よりベッドの方が便利ですからね。

(C) ええ、実は家でも犬を飼いだしたんですよ。

(D) ええ、でも私は犬より猫の方が好きです。

최근 애완동물 붐은 굉장하군요.

(A) 예, 밝은 색깔의 옷이 늘어났네요.

(B) 예, 역시 이부자리보다 침대가 편리하니까요.

(C) 예, 사실은 집에서도 개를 기르기 시작했어요.

(D) 예, 하지만 나는 개보다 고양이를 좋아합니다.

☞「ペット(애완동물)」와 「ベッド(침대)」의 발음상 차이, 「買(か)う(사다)」「飼(か)う(기르다)」의 의미의 차이에 유의!!

· 凄(すご)い 굉장하다

· 増(ふ)える 늘어나다

· 布団(ふとん) 이부자리

· 飼(か)う (동물을)기르다

22. 渡辺さんは本当に努力家ですよね。

(A) ええ、本当に頭が痛いです。

(B) ええ、本当に頭が上がりません。

(C) ええ、本当に頭が下がります。

(D) ええ、本当に頭が固いですね。

와타나베 씨는 정말로 노력가이군요.

(A) 예, 정말로 머리가 아픕니다.

(B) 예, 정말로 머리를 들 수 없습니다.

(C) 예, 정말로 머리가 숙여집니다.

(D) 예, 정말로 완고하군요.

☞「頭(あたま)が上(あ)がらない」는 '머리를 들 수 없다'(압도된 상황), 「頭(あたま)が下(さ)がる」는 '머리가 숙여지다'(상대에 대한 존경).

(D) そうですか、それは大変でしたね。

이 근처에서 잠시 한숨 돌리지 않겠습니까?
(A) 그러죠, 주스라도 사 옵시다.
(B) 하지만, 조금 더 가지 않으면 들어갈 수 없습니다.
(C) 예, 이 근처는 옛날부터 번화합니다.
(D) 그래요? 그거 큰일이었군요.
☞一息(ひといき) 入(い)れる 한숨 돌리다
☞이 근방에서 한숨 좀 돌릴까요?
・辺(あた)り 주변, 근처
・ちょっと 잠시
・大変(たいへん) 대단함, 큰일

26. 私は何でも石橋をたたいて渡るタイプなんですよ。
(A) 丁寧な方なんですね。
(B) 慎重な方なんですね。
(C) 思いやりのある方なんですね。
(D) 意志の強い方なんですね。

나는 무슨 일이든 돌다리도 두들겨보고 건너는 타입입니다.
(A) 공손한 분이군요.
(B) 신중한 분이군요.
(C) 동정심이 있는 분이군요.
(D) 의지가 강한 분이군요.
☞石橋(いしばし)を叩(たた)いて渡(わた)る 돌다리도 두드려
　보고 건너다(매우 조심스러움)
・叩(たた)く 두드리다
・丁寧(ていねい) 공손함
・方(かた) 분(人의 높임말)
・慎重(しんちょう) 신중함
・思(おも)いやり 동정심, 배려
・意志(いし) 의지

27. 課長に怒られたって、私は痛くもかゆくもないわよ。
(A) 君は気が強いからね。
(B) 課長はやさしい人だからね。
(C) そんなに怒らなくてもいいじゃないか。
(D) さっきけがでもしたんじゃない。

과장님이 화를 내셔도, 나는 아무렇지도 않아.
(A) 너는 마음이 강하니까.
(B) 과장님은 상냥한 사람이니까.
(C) 그렇게 화내지 않아도 되잖아?
(D) 조금 전 부상이라도 입은 것 아닌가?
☞「痛(いた)くもかゆくもない」는 '아프지도 간지럽지도 않
　다' 즉 '아무렇지도 않다' 는 뜻.
☞「~んじゃない」는 '~한 거 아냐?' 라는 반문의 표현.
・怒(おこ)る 화를 내다, 노하다

☞頭(あたま)が固(かた)い 생각이 완고하다, 융통성이 없다
・努力家(どりょくか) 노력가

23. 昨日の火事、あっという間に火が回ったそうですよ。
(A) 消防隊員たちの活躍のおかげですね。
(B) 昨日は風が強かったですからね。
(C) 急いで119番に電話をしてください。
(D) 私は料理も洗濯も苦手なんですよ。

어제의 화재는 순식간에 불이 번졌다고 합니다.
(A) 소방대원들의 활약 덕분이지요.
(B) 어제는 바람이 강했으니까요.
(C) 서둘러 119번으로 전화를 하세요.
(D) 나는 요리도 세탁도 서툽니다.
☞火(ひ)が回(まわ)る 불이 번지다
☞전문 표현→「보통형+そうだ」 ~라고 한다
・火事(かじ) 화재
・あっという間(ま)に 순식간에
・回(まわ)る 돌다, 옮겨지다
・消防(しょうぼう) 소방
・活躍(かつやく) 활약
・苦手(にがて) 서투름, 다루기 어렵고 싫다는 뜻.

24. 2、3日家を空けることになるので、よろしくお願い
　します。
(A) そうですか、どちらに引っ越されるんですか。
(B) でも、開けたらきちんと閉めておいた方がいいで
　すよ。
(C) ええ、新聞や郵便物は預かっておきますよ。
(D) えっ、2週間は長すぎますよ。

2,3일 집을 비우게 되니까, 잘 부탁합니다.
(A) 그래요? 어디로 이사하게 됩니까?
(B) 하지만 열면 확실하게 닫아 두는 것이 좋습니다.
(C) 예, 신문이나 우편물은 보관해 놓겠습니다.
(D) 에, 2주일은 너무 깁니다.
☞2, 3일은 집을 비운다고 했으므로.
・家(いえ)を空(あ)ける 집을 비우다
・引(ひ)っ越(こ)す 이사하다
・閉(し)める 닫다
・預(あず)かる 맡다, 보관하다
・長(なが)すぎる 지나치게 길다

25. この辺りでちょっと一息入れませんか。
(A) そうですね、ジュースでも買って来ましょう。
(B) でも、もう少し行かないと入れませんよ。
(C) ええ、この辺りは昔からにぎやかなんですよ。

- かゆい 가렵다
- 気(き)が強(つよ)い 고집이 세다
- けがをする 상처를 입다

28. 部長の前ではあまり大きな口を利かない方がいいわよ。
(A) お腹が空いていたんだから、仕方ないよ。
(B) うん、あんなに大声を出す必要はなかったよ。
(C) 部長があまりに知らないものだから、つい…。
(D) 部長の話がよく聞こえなかったんだよ。

부장님 앞에서는 너무 크게 말하지 않는 게 좋아.
(A) 배가 고프니까 할 수 없어.
(B) 응, 그렇게 큰 소리를 낼 필요는 없었어.
(C) 부장님이 너무나 모르니까 말이야, 나도 모르게 그만….
(D) 부장님 말이 잘 들리지 않았어.
☞大(おお)きな口(くち)を利(き)く 건방지게 말하다
☞口(くち)を利(き)く 말하다, 말을 걸다
- お腹(なか)が空(す)く 배고프다
- 大声(おおごえ) 큰소리
- 必要(ひつよう) 필요
- あまりに 너무나(도)
- つい 그만

29. 今年の夏休みはいつ頃とったらいいですか。
(A) 今の仕事のめどがついたらとっていいよ。
(B) １週間くらいとっても大丈夫そうだよ。
(C) 家族を連れていなかに帰るつもりだよ。
(D) 今年は１週間位とりたいと思っているんだが。

금년 여름휴가는 언제쯤 얻으면 좋습니까?
(A) 지금 하는 일의 목표가 정해지면 얻어도 되지.
(B) 1주일정도 얻어도 괜찮을 것 같아.
(C) 가족을 데리고 시골에 갈 생각이야.
(D) 금년은 1주일정도 얻었으면 하는데.
☞「〜たらいいです」는 좋은 방법의 제안 표현으로 단정적인 느낌을 준다.
- 休(やす)みをとる 휴가를 얻다
- めどがつく 목표가 정해지다
- 田舎(いなか) 시골, 고향

30. それじゃ、お言葉に甘えてちょうだいします。
(A) ええ、ぜひ持って行ってください。
(B) ええ、あまり甘やかさないでくださいよ。
(C) どうして勝手に持って行こうとするんですか。
(D) 一言言ってくだされればよかったのに。

그러면 호의로 여겨 받겠습니다.

(A) 예, 꼭 가지고 가세요.
(B) 예, 너무 응석을 받아주지 마세요.
(C) 왜 마음대로 가져가려고 합니까?
(D) 한 마디 해 주셨으면 좋았을 텐데.
☞「お言葉(ことば)に甘(あま)える」는 '호의를 고맙게 여기다' 는 뜻으로 상대방의 호의에 마지못해 답하는 듯한 겸손한 뉘앙스를 준다.
☞「ちょうだいする」는 「もらう(받다)」의 겸사말.
- 甘(あま)やかす 응석을 받아주다
- 勝手(かって) 제멋대로임
- 一言(ひとこと) 한마디

31. この事業はどうやっても採算が取れなかったんです。
(A) よし、それじゃあ６月からその事業にとりかかろう。
(B) よし、よくがんばったじゃないか。
(C) それでは、採算が合わないじゃないか。
(D) それでは、撤退するのも無理はないな。

이 사업은 아무리 해도 채산이 맞지 않았습니다.
(A) 좋아, 그러면 6월부터 그 사업에 착수하지.
(B) 좋아, 열심히 했잖아.
(C) 그러면 채산이 맞지 않잖아.
(D) 그러면 물러나는 것도 무리는 없겠네.
☞採算(さいさん)が取(と)れる 채산이 맞다
採算(さいさん)が合(あ)わない 채산이 맞지 않다
- 事業(じぎょう) 사업
- 取(と)り掛(か)かる 착수하다
- 頑張(がんば)る 열심히 하다
- 撤退(てったい)する 철퇴하다(물러나다)

32. 昨日の結婚式の二次会、みんなもり上がってた？
(A) それが、司会が下手で白けちゃったんだよ。
(B) それが、二次までは受かったんだけど、面接で落ちちゃって。
(C) うん、式場の近くのレストランでするって言ってたよ。
(D) うん、でも二時からじゃなくて三時からだったよ。

어제 결혼식 2차 회식은 모두 흥이 올랐었나?
(A) 그게, 사회가 서툴러서 흥이 깨져 버렸어.
(B) 그게, 2차까지는 합격했는데, 면접에서 떨어져서.
(C) 응, 식장 근처 레스토랑에서 한다고 했었어.
(D) 응, 하지만 2시부터가 아니고 3시부터였어.
☞「盛(も)り上(あ)がる」(흥이 오르다)와 「白(しら)ける」(흥이 깨지다)의 의미에 포인트!!
- 二次会(にじかい) (회식 후)2차모임

・司会(しかい) 사회
・受(う)かる 합격하다
・面接(めんせつ) 면접
・式場(しきじょう) 식장

33. ここ数年で、大リーグで活躍する日本人選手が増えましたね。
　(A) 昔から芸術に国境はない、と言いますからね。
　(B) 日韓共催でワールドカップも開かれたし、面白くなってきましたね。
　(C) 同じ日本人として、ちょっと誇らしい気分ですよ。
　(D) まだまだ日本のスポーツ界は閉鎖的な面があるんですよ。

요 몇 년 새 메이저리그에서 활약하는 일본인 선수가 늘었네요.
　(A) 옛날부터 예술에 국경은 없다고 하니까요.
　(B) 한일공동개최로 월드컵도 열렸고, 재미있어졌네요.
　(C) 같은 일본인으로서 조금 우쭐한 기분입니다.
　(D) 아직 일본의 스포츠계는 패쇄적인 면이 있습니다.
☞「共催(きょうさい)」는 「共同主催(きょうどうしゅさい)」(공동주최)의 약자.
・活躍(かつやく) 활약
・芸術(げいじゅつ) 예술
・国境(こっきょう) 국경
・開(ひら)かれる 열리다
・として (자격)~로서
・誇(ほこ)らしい 자랑스럽다, 우쭐해지다
・閉塞(へいさい) 폐쇄

34. 石原部長の下の名前知ってる?
　(A) 確か、浩一じゃなかったかな。
　(B) 奥さんの名前までは知らないよ。
　(C) 部下は全部で20人くらいになると思うよ。
　(D) 名字は石井だったと思うけど。

이시하라 부장님의 이름 알고 있니?
　(A) 아마 가츠이찌가 아니었던가?
　(B) 부인 이름까지는 몰라.
　(C) 부하는 전부해서 20명 정도가 될거야.
　(D) 성은 이시이였던 것 같은데.
☞下の名前란 이름을 말한다. 보통 세로쓰기에서 위 두 자는 성(名字), 아래 두 자는 이름이니까.
・確(たし)か 아마
・部下(ぶか) 부하(직원)
・名字(みょうじ) 성(씨)

35. さっきコーヒーをこぼした所がしみになっちゃったみたい。
　(A) 悪いけど、コーヒーを入れ直してもらえるかな。
　(B) ウェイトレスにクリーニング代を払わせなよ。
　(C) もう一度お湯でよく拭いたら落ちるよ。
　(D) じゃあ、僕がコーヒーを入れておくよ。

아까 커피를 엎지른 곳이 얼룩이 져 버린 것 같아.
　(A) 미안하지만 커피를 다시 끓여 줄 수 있을까?
　(B) 웨이트리스에게 세탁 비를 지불하게 하지 마.
　(C) 다시 한 번 뜨거운 물로 잘 닦으면 없어질 거야.
　(D) 그럼 내가 커피를 끓여 놓지.
☞아까 커피를 쏟아서 얼룩이 생겨버린 것 같애.
☞染(し)みになる 얼룩지다
☞동사ます형+直(なお)す 다시(고쳐)~하다
・さっき 조금전
・溢(こぼ)す 엎지르다
・コーヒーを入(い)れる 커피를 끓이다
・払(はら)わせる 「払(はら)う: 지불하다」의 사역
・お湯(ゆ) 뜨거운 물
・拭(ふ)く 닦다

36. このソファー、すごく座り心地がいいと思わない?
　(A) 本当だ、ふかふかしていて気持ちいいね。
　(B) 本当だ、がたがたしていて不安定だね。
　(C) 本当だ、つるつるしていて滑りやすいね。
　(D) 本当だ、さらさらしていて触り心地がいいね。

이 소파 앉은 느낌이 굉장히 좋지 않니?
　(A) 정말이네, 푹신푹신해서 기분이 좋네.
　(B) 정말이네, 덜커덩거려서 불안정하네.
　(C) 정말이네, 미끈거려서 미끄러지기 쉽네.
　(D) 정말이네, 보송보송해서 손에 닿는 느낌이 좋네.
☞「座(すわ)り心地(ごこち)がいい」 앉은 느낌이 좋다
・ふかふか 푹신푹신
・気持(きも)ち 기분, 느낌
・がたがた 덜커덩거림, 부들부들
・つるつる 미끈미끈
・滑(すべ)る 미끄러지다
・さらさら 보송보송함
・触(さわ)る 손에 닿다

37. 田中さん、風邪をひいて声が出ないんですって。
　(A) そんなに熱があるんじゃ大変だな。
　(B) あまりに大声を出しすぎたせいだよ。
　(C) どうりで今日は会社が静かなわけだ。
　(D) いかにも田中さんがやりそうなことだよ。

다나카 씨, 감기에 걸려서 목소리가 안 나온대요.
(A) 그렇게 열이 있으면 큰일인데.
(B) 너무 큰 소리를 지나치게 낸 탓이야.
(C) 그래서 오늘은 회사가 조용한 거군.
(D) 아무래도 다나카 씨가 할 것 같은 걸.
☞인용의「って」는 '~라는데, ~래'의 뜻.
☞「~わけだ」그것이 당연한 결과임을 나타낸다.
· 風邪(かぜ)を引(ひ)く 감기에 걸리다 〈조사에 주의〉
· 大声(おおごえ) 큰소리
· せい 탓
· 道理(どうり)で 과연 그래서
· いかにも 아무래도

38. この仕事は何とか課長の手を借りずにやりたいのよ。
(A) 君が飽きっぽいからそういうことになるんだよ。
(B) 今回は一人で抱え込まない方がいいと思うけど。
(C) 君が課長に手を貸してやればいいじゃないか。
(D) 僕のところも、今は人手が余っているからね。

이 일은 어떻게든 과장님의 손을 빌리지 않고 하고 싶어.
(A) 네가 싫증을 잘 내니까 그렇게 되는 거야.
(B) 이번은 혼자서 떠맡지 않는 게 좋다고 생각하는데.
(C) 네가 과장님을 도와 주면 되잖아?
(D) 나도 지금은 일손이 남아 있으니까.
☞「手(て)を借(か)りる」는 (남의)손을 빌리다,「手(て)を貸(か)す」는 조력하다(돕다).
· 飽(あ)きっぽい 싫증을 잘 내는 성질
· 抱(かか)え込(こ)む 떠맡다, 도맡다
· 貸(か)す 빌려주다
· 人手(ひとで) 남의 손, 일손
· 余(あま)る 남다

39. 原子力発電所の稼動が全てストップしたそうですよ。
(A) 今年の夏もまた水不足に苦労しそうですね。
(B) これから電力の消費量が増える時期なのに心配ですね。
(C) 地域住民は、放射能による影響がないか心配でしょうね。
(D) これで安心してエアコンが使えるようになりますよ。

원자력발전소 가동이 모두 정지되었다고 하더군요.
(A) 금년 여름도 또 물 부족으로 고생할 것 같군요.
(B) 앞으로 전력 소비량이 늘어날 시기인데 걱정이군요.
(C) 지역주민은, 방사선에 의한 영향이 없을까 걱정이겠네요.
(D) 이제 안심하고 에어컨을 사용할 수 있게 될 겁니다.

· 原子力(げんしりょく) 원자력
· 発電所(はつでんしょ) 발전소
· 稼働(かどう) 가동 〈한자에 주의〉
· 全(すべ)て 전부
· 水不足(みずぶそく) 물 부족
· 消費量(しょうひりょう) 소비량
· 地域(ちいき) 지역
· 放射能(ほうしゃのう) 방사능
· 影響(えいきょう) 영향

40. 今年の文学賞は大賞の該当者がいなかったそうですね。
(A) 日本の映画業界の行く末が心配になってきますよ。
(B) 最近明るいニュースがなかったので、良かったですよ。
(C) 残念ですが、無理に受賞させるよりはいいと思いますよ。
(D) これで、出版業界も久々に活気づくでしょうね。

금년 문학상은 대상 해당자가 없었다고 하더군요.
(A) 일본 영화 업계의 장래가 걱정되네요.
(B) 최근 밝은 뉴스가 없었는데 잘 되었습니다.
(C) 유감이지만, 무리하게 수상시키는 것보다는 좋다고 생각합니다.
(D) 이것으로 출판업계도 오랜만에 활기가 생기겠네요.
· 大賞(たいしょう) 대상
· 該当者(がいとうしゃ) 해당자
· 業界(ぎょうかい) 업계
· 行(ゆ)く末(すえ) 장래, 전도
· 明(あか)るい 밝다
· 受賞(じゅしょう) 수상
· 出版(しゅっぱん) 출판
· 久々(ひさびさ) 오랜만
· 活気(かっき)づく 활기를 띠다

41. 最近は一流と言われる大学でも新入生の学力低下が著しいようですよ。
(A) 僕たちが入社した頃には全く考えられませんでしたよ。
(B) 小さい頃から厳しい受験戦争の中を勝ち抜いてきた人たちですから。
(C) 若年層の人口が減って、選ばなければ誰でも大学に入れる時代ですから。
(D) きっと授業日数の減少等ゆとり教育の影響が出たんでしょう。

최근에는 일류라고 일컫는 대학에서도 신입생 학력저하가 현저한 것 같습니다.

274

(A) 우리들이 입사했을 때에는 전혀 생각할 수 없었습니다.

(B) 어렸을 때부터 혹독한 수험전쟁 속을 어떻게든 이겨 온 사람들이니까.

(C) 젊은층 인구가 줄어, 고르지 않으면 누구라도 대학에 들어갈 수 있는 시대이니까.

(D) 필시 작년에 시작된 인성교육의 영향이 나온 것이겠지요.

・学力低下(がくりょくていか) 학력 저하
・著(いちじる)しい 현저하다
・全(まった)く 전혀
・厳(きび)しい 엄하다, 혹독하다
・受験戦争(じゅけんせんそう) 수험 전쟁
・勝(か)ち抜(ぬ)く 어떻게 해서든 이기다
・若年層(じゃくねんそう) 청년층
・減(へ)る 줄다
・選(えら)ぶ 고르다
・ゆとり 여유

42. 3％の割引といっても、毎日の買い物のことだから馬鹿にならないですよ。

(A) そうやっていつも僕をばかにするんですね。

(B) 本当に、3％くらいじゃ大した違いにはならないですよね。

(C) だったら、無理に毎日買い物に行かなくてもいいんじゃないですか。

(D) そうですね。僕もその店のカード会員になろうかな。

3%의 할인이라 해도 매일 하는 쇼핑이니까 무시할 수 없습니다.

(A) 그래서 항상 나를 업신여기는 거군요

(B) 정말로 3%정도라면 대단한 차이는 아니겠네요.

(C) 그렇다면 무리하게 매일 쇼핑하러 가지 않아도 되는 것 아닌가요?

(D) 그렇군요. 나도 그 가게 카드 회원이 될까?

☞「ばかにならない」는 '(비용 등을)무시할 수 없다'는 뜻.
☞종조사「な(あ)」는 감동이나 영탄을 나타내지만,「동사 기본형+な」는 '~하지마'라는 부정 금지 표현.

・割引(わりびき) 할인
・馬鹿(ばか)になる 본래의 기능이나 작용을 잃다〈못쓰게 되다〉
・馬鹿(ばか)にする 업신여기다
・大(たい)した 대단한, 굉장한
・違(ちが)い 차이

43. あら、この文学全集、まだ全部そろっていないのね。

(A) 全部で30巻だから、そう簡単には読み切れないよ。

(B) 僕は純文学よりも、推理小説とか随筆の方が好きだな。

(C) 日本のCDは1枚3000円もするから、そろえるのが大変だよ。

(D) 今年の12月で全巻30冊がそろう予定なんだよ。

어머, 이 문학전집 아직 모두 구비되지 않았네!

(A) 모두 30권이니까 그렇게 쉽게는 독파하지 않는다.

(B) 나는 순문학보다도 추리소설이라든가 수필을 좋아하는데.

(C) 일본 CD는 한 장에 3000엔이나 하니까, 갖추는 것이 힘들지.

(D) 금년 12월이면 전권 30권이 갖추어질 예정이야.

☞そろっていない라고 했으므로 '다 갖춰 있지 않다'는 뜻.
☞「동사ます형+切(き)る」는 '다 마치다, 완전히 ~하다'는 뜻.

・全集(ぜんしゅう) 전집
・そろう 갖추어지다, 구비하다
・そろえる 정돈하다
・純文学(じゅんぶんがく) 순문학(희곡, 소설, 시 등)
・推理(すいり) 추리
・随筆(ずいひつ) 수필
・全巻(ぜんかん) 전권

44. 申し訳ありませんが、今回のお話はなかったことにさせてください。

(A) いえ、あなたにそんなことはさせられませんよ。

(B) こちらこそ、話が長くなってしまって申し訳ございませんでした。

(C) 分かりました。さっそく準備に入らせていただきます。

(D) 残念ですが、事情が事情なのでやむをえませんね。

죄송하지만, 이번 이야기는 없었던 것으로 해 주세요.

(A) 아니에요, 당신에게 그런 일은 시키지 않습니다.

(B) 이쪽이야말로, 이야기가 길어져 버려서 죄송했습니다.

(C) 알겠습니다. 즉시 준비에 들어가겠습니다.

(D) 유감이지만, 사정이 사정이어서 어쩔 수 없겠네요.

☞「なかったことにさせてください」는 '없었던 일로 해 주세요.'
☞「やむをえない」는 '어쩔 수 없다'는 뜻.「やむをえず」(어쩔 수 없이)로도 많이 쓴다.

・今回(こんかい) 이번
・早速(さっそく) 즉시
・事情(じじょう) 사정

45. 展示会の準備、あなたのこと当てにしていてもいいの
   ね。
   (A) うん、もう大体の見当はついているよ。
   (B) うん、多分当たると思う。
   (C) それが、今回は当たらなかったんだよ。
   (D) それが、準備に手間取っちゃって間に合わなかっ
      たんだ。

전시회 준비, 당신을 믿고 있어도 되겠지?
   (A) 응 이제 대체적인 짐작은 가고 있어.
   (B) 응, 아마 적중할거야.
   (C) 그게, 이번은 적중하지 않았어.
   (D) 그게, 준비에 시간이 걸려서 시간에 맞추지 못했어.
   ☞「当(あ)てにする」는 '기대하다, 믿다' 는 뜻. '적중하다' 와
      는 거리가 있다.
   ・展示会(てんじかい) 전시회
   ・見当(けんとう)がつく 짐작이 가다, 감을 잡다
   ・当(あ)たる 맞다, 적중하다
   ・手間取(てまど)る 시간이 걸리다

46. 最近、野菜の残留農薬の問題が新聞やテレビをにぎわ
   せていますね。
   (A) 米は日本人の主食だから、あまり輸入を増やすの
      も考えものだと思います。
   (B) 外国の海でとれた物まで日本産として売られてい
      ることがあるそうですよ。
   (C) 飼料に使われていた原料の中に、問題のウィルス
      が含まれていたようです。
   (D) 輸入野菜だけでなく、国産野菜でも信用できると
      は限らないようですからね。

최근 야채의 잔류농약 문제가 신문이나 텔레비전을 떠들썩하
게 하고 있네요.
   (A) 쌀은 일본인의 주식이니까, 너무 수입을 늘리는 것도
      생각해 볼 일 같습니다.
   (B) 외국 바다에서 잡힌 것 까지 일본산으로 팔려지고 있
      는 일이 있다고 합니다.
   (C) 사료에 쓰여지고 있었던 원료 중에, 문제의 바이러스가
      포함되어 있었던 것 같습니다.
   (D) 수입야채뿐 아니라, 국산야채라도 신용할 수 있다고는
      할 수 없을 것 같으니까요.
   ☞「新聞やテレビをにぎわせる」'신문이나 TV를 떠들썩하게
      하다'.
   ☞「~とは限(かぎ)らない」~라고는 할 수 없다
   ☞야채의 잔류 농약 문제에 대해 말하고 있다.
   ・残留農薬(ざんりゅうのうやく) 잔류 농약

・主食(しゅしょく) 주식
・輸入(ゆにゅう) 수입
・増(ふ)やす 늘리다
・考(かんが)えもの 잘 생각해 볼 일
・取(と)れる 생산되다, 잡히다
・飼料(しりょう) 사료
・原料(げんりょう) 원료
・ウィルス 바이러스
・含(ふく)まれる 포함되다
・国産(こくさん) 국내산
・信用(しんよう) 신용

47. このカード、何度入れても自動改札の扉が閉まっちゃ
   うのよ。
   (A) 磁気が狂っているのかもしれないから、駅員に確
      認してもらったら。
   (B) そのドアは、そこのボタンを押さなきゃ開かない
      んだよ。
   (C) 今月の使用限度額を超えているのかもしれないよ。
   (D) 自分の誕生日をカードの暗証番号に使うのは良く
      ないよ。

이 카드, 몇 번이고 넣어도 자동개찰 문이 닫혀 버리네.
   (A) 자기가 고장 나 있어서 그런지 모르니까, 역원에게 확
      인 받는 게 (어때요?)
   (B) 그 문은 거기 단추를 누르지 않으면 열리지 않는 걸.
   (C) 이번 달 사용한도액을 초과해서 그런지도 몰라.
   (D) 자신의 생일을 카드 비밀번호에 사용하는 것은 좋지
      않아.
   ・扉(とびら) 문
   ・磁気(じき) 자기
   ・狂(くる)う 정상을 벗어나다
   ・確認(かくにん) 확인
   ・使用限度額(しようげんどがく) 사용 한도액
   ・超(こ)える 넘다, 벗어나다
   ・暗証番号(あんしょうばんごう) 비밀 번호

48. セキュリティーチェックが思ったより厳しくなかった
   から、拍子抜けしちゃった。
   (A) 靴まで脱がされて調べられるんだから、まったく
      参るよ。
   (B) パスポートを腹巻きの中に入れておいた君が悪い
      んだよ。
   (C) おかげでこっちは危うく飛行機に乗り遅れるとこ
      ろだったよ。
   (D) おかげで空港でゆっくり買い物ができたんだから、
      よかったじゃないか。

보안검사가 생각보다 싱겁게 끝났기 때문에 맥이 빠져 버렸다.

(A) 신발까지 벗어서 조사받게 되니까, 정말이지 질리네.

(B) 여권을 복대 안에 넣어 둔 네가 나쁜 거야.

(C) 덕분에 이쪽은 위태롭게도 비행기를 놓치고 못 탈 뻔했어.

(D) 덕분에 공항에서 여유 있게 쇼핑을 할 수 있어서 잘됐잖아!

☞여기서 「参(まい)る」는 '지다, 손들다, 질리다'의 뜻으로 쓰였다.

・厳(きび)しい 엄격하다

・拍子抜(ひょうしぬ)け 맥이 빠짐=「気抜(きぬ)け」

・腹巻(はらま)き 복대

・危(あや)うい 위태하다〈危(あぶ)ない는 위험하다〉

・乗(の)り遅(おく)れる 놓치고 못 타다

49. 今回の選挙でも、投票率は前回を下回ったようですね。

(A) ええ、被告側は判決に不服で上告を行うようです。

(B) ええ、いつになく政治に対する関心が高まっていましたからね。

(C) 政治献金問題などがありましたから、落選するのが当然でしょう。

(D) 争点が曖昧なまま投票日を迎えてしまったせいでしょう。

이번 선거에서도 투표율은 지난 회를 밑돈 것 같네요.

(A) 예, 피고 측은 판결에 불복하여 상고를 하는 것 같습니다.

(B) 예, 평소와 달리 정치에 대한 관심이 높아져 있었으니까요.

(C) 정치헌금 문제 등이 있었으니까, 낙선하는 것이 당연하겠지요.

(D) 쟁점이 애매한 채로 선거일을 맞이해 버린 탓일 겁니다.

・選挙(せんきょ) 선거

・投票率(とうひょうりつ) 투표율

・下回(したまわ)る 밑돌다

・被告側(ひこくがわ) 피고측

・判決(はんけつ) 판결

・不服(ふふく) 불복

・上告(じょうこく) 상고

・政治献金(せいじけんきん) 정치헌금

・落選(らくせん) 낙선

・曖昧(あいまい) 애매함

・争点(そうてん) 쟁점

50. 最近、食べ物に対するアレルギーを抱える人が増えましたね。

(A) インフルエンザは怖いですから、手洗いとうがいは欠かせませんよ。

(B) 家の娘も小学校に入る頃まで卵が全然食べられなかったんですよ。

(C) 私も花粉症で、春はめがねとマスクが離せないんですよ。

(D) 卵はともかく、米や塩まで値上がりするんですから、困ったものですよ。

최근, 음식물에 대한 알레르기를 갖고 있는 사람이 늘어났어요.

(A) 인플루엔자는 무서우니까, 세안과 양치질은 빠트릴 수 없습니다.

(B) 우리 딸도 초등학교에 들어갈 무렵까지 계란을 전혀 먹을 수 없었습니다.

(C) 나도 꽃가루증세로 봄에는 안경과 마스크를 뗄 수 없습니다.

(D) 계란은 그렇다 해도 쌀과 소금까지 가격 인상하니까 곤란한 겁니다.

☞「アレルギーを抱(かか)える」는 '알레르기를 껴안다' 즉 '알레르기가 있다'.

・怖(こわ)い 무섭다, 두렵다

・うがい 양치질

・欠(か)かす 거르다, 빠뜨리다

・花粉症(かふんしょう) 꽃가루증세

・離(はな)す 떼다, 풀다

・ともかく 어쨌든

・値上(ねあ)がり 가격인상 ≒ 値上(ねあ)げ

51. A：子会社では、部品の納期が遅れる理由は何だと言っているんですか。

B：中国からの原料の到着が遅れて、製造に支障が出たらしいんだ。

A：この工場でも部品がないと組立ラインが動かせなくなるし、困りましたね。

B：何とか今ある在庫がなくならない内に納品してもらわないと、大変なことになるぞ。

A：자회사에서는 부품 납기가 늦어지는 이유는 뭐라고 합니까?

B：중국에서의 원료 도착이 늦어져, 제조에 지장이 생긴 것 같아.

A：이 공장에서도 부품이 없으면 조립라인을 움직일 수 없게 되니, 곤란하네요.

B：어떻게든 지금 있는 재고가 없어지기 전에 납품해

받지 않으면, 힘들어질거야.

이 공장에서 문제가 되고 있는 것은 무엇입니까?

(A) 중국에서 오는 원료 도착이 늦어진 것.

(B) 부품 제조에 지장이 생기고 있는 것.

(C) 재고 관리를 잘못한 것.

(D) 자회사에서의 부품납품이 늦어지고 있는 것.

☞「子会社(こがいしゃ)」(자회사)는 「親会社(おやがいしゃ)」(모회사)의 관리를 받는 회사.

· 納期(のうき) 납기

· 遅(おく)れる 늦어지다

· 原料(げんりょう) 원료

· 製造(せいぞう) 제조

· 支障(ししょう) 지장

· 部品(ぶひん) 부품

· 組立(くみたて) 조립

· 動(うご)かす 움직이다

· 在庫(ざいこ) 재고

· 納品(のうひん) 납품

· 間違(まちが)える 잘못하다, 실수하다

52. A : すみません、コーヒー２つ、テイクアウトでお願いします。

B : はい、400円です。あ、お客様のカードがスタンプ10個になったので、１杯はサービスになりますね。

A : えっ、それじゃあ、サービスの分は300円のカプチーノにかえてもいいですか。

B : はい、かしこまりました。コーヒーとカプチーノをお１つずつですね。

A : 실례합니다. 커피 둘, 테이크아웃으로 부탁합니다.

B : 네, 400엔입니다. 아, 손님 카드가 스탬프 10개가 되어서, 한 잔은 서비스가 되겠습니다.

A : 와, 그러면, 서비스 분은 300엔짜리 카푸치노로 바꾸어도 됩니까?

B : 네, 알겠습니다. 커피와 카푸치노를 하나씩이군요.

여자는 돈을 얼마 지불했습니까?

(A) 200엔   (B) 300엔

(C) 400엔   (D) 500엔

☞커피 두 잔에 **400엔**인데, 한 잔은 서비스니까….

· 分(ぶん) 몫, 부분

· 代(か)える/ 替(か)える 바꾸다, 대신하다

53. A : 高田さんは、どうしてこの候補者を応援しているんですか。

B : 高校時代の友達のお父さんで、応援を頼まれたん

ですよ。

A : じゃあ、政策が気に入って、というわけではないんですね。

B : ええ、サッカー場を作るっていうのは賛成だけど、あとは全然知らないんです。

A : 다카다 씨는 왜 이 후보자를 응원하고 있는 겁니까?

B : 고교시절 친구 아버님이어서, 응원을 부탁받았습니다.

A : 그러면, 정책이 마음에 들어서는 아니군요.

B : 예, 축구장을 만든다는 데는 찬성이지만, 나머지는 전혀 모릅니다.

남자가 이 후보자를 응원하고 있는 이유는 무엇입니까?

(A) 지역에 축구장을 만들어 주었으면 해서.

(B) 후보자 정책이 좋다고 생각해서.

(C) 친구에게 응원을 부탁받았기 때문에.

(D) 고교시절 친구이기 때문에.

☞「わけではない」는 '〜인 것은 아니다' 라는 완곡한 부정 표현이고, 「わけがない」는 '〜일 리가 없다' 는 뜻.

· 候補者(こうほしゃ) 후보자

· 応援(おうえん) 응원

· 政策(せいさく) 정책

· 気(き)に入(い)る 마음에 들다

· 賛成(さんせい) 찬성

54. A : あら、どうしてこんな所にいるのよ、いくら待っても来ないから探したじゃない。

B : えっ、だってホームの１番後ろで待ち合わせしようって言ったじゃないか。

A : 私は新宿方面から来るから、中野方面に向かって後ろって言ったのはあなたじゃない。

B : そうだった、こっちは新宿方面に向かって後ろだったね。

A : 어머, 왜 이런 곳에 있는 거야? 아무리 기다려도 오지 않아서 찾았잖아.

B : 네? 하지만 플랫폼 맨 뒤에서 만나자고 한 것 아니었어?

A : 나는 신주쿠방면에서 오니까, 나카노 방면을 향해 뒤쪽이라고 말한 것은 당신이잖아.

B : 그랬군, 이쪽은 신주쿠방면을 향해 뒤쪽이지.

여자는 남자를 어디에서 기다리고 있어서, 좀처럼 만나지 못한 것입니까?

(A) 플랫폼 맨 앞

(B) 신주쿠역 홈

(C) 나카노 방면을 향해 맨 뒤 홈

(D) 신주쿠방면을 향해 맨 뒤 홈

55. A：今日は残業になりそうだから、先に晩ご飯を食べて来てしまいませんか。

B：いや、今日は息子の誕生日だから、どうしても家で食べないとまずいんだよ。

A：えっ、だったらこれは私がやっておきますから、今日は帰ってください。

B：悪いね。じゃあ君が食事に行っている間にできるだけやっておくから。

A：오늘은 잔업을 하게 될 것 같으니까, 먼저 저녁밥을 먹고 올까요?

B：아니, 오늘은 아들녀석 생일이어서, 필히 집에서 먹지 않으면 난처한데.

A：아! 그러시면 이것은 제가 해 놓을 테니까, 오늘은 돌아가세요.

B：미안하군. 그럼 자네가 식사하러 가 있는 동안 할 수 있는 만큼 해 놓을 테니까.

남자는 지금부터 무엇을 합니까?

(A) 저녁밥을 먹으러 간다.

(B) 서둘러 집으로 돌아간다.

(C) 생일 선물을 사러 간다.

(D) 조금 더 일을 한다.

☞남자는 아들의 생일이라서 집에 가야 하므로, 여자가 식사하고 올 동안 일을 한다고 했다.

☞「どうしても」 긍정 문장에서는 '무슨 일이 있어도 꼭' 부정 문장에서는 '아무리 해도'

・残業(ざんぎょう) 잔업

・まずい 난처하다, 거북하다

・やる 하다

・悪(わる)い 미안하다 (원래 '나쁘다'의 뜻이지만)

56. A：株価が昨日、バブル後の最安値をまた更新したそうですね。

B：大手電機メーカーの収益悪化が発表されたことが、引き金になったようですよ。

A：アメリカ経済の停滞や、世界情勢の悪化などもあって、見通しは明るくないですね。

B：ええ。これから他の企業の決算発表も続きますけど、あまりプラス要因にはならなそうですし。

A：주가가 어제, 버블 후의 최저가격을 또 갱신했다고 하더군요.

B：대형전기메이커의 수익악화가 발표된 것이 계기가 된 것 같습니다.

A：미국 경제의 정체와 세계정세의 악화 등도 있고 해서, 전망은 밝지 않군요.

B：예. 앞으로 다른 기업의 결산 발표도 계속되겠지만, 그다지 플러스 요인은 되지 않을 것 같고.

두 사람은 주가에 대해 어떤 의견입니까?

(A) 전기메이커의 주가가 계속 내려갈 것이다.

(B) 미국 경제의 정체가 이번 주가하락의 원인이다.

(C) 기업의 결산발표가 플러스 요인이 될 것이다.

(D) 주가가 앞으로 상승할 가능성은 낮다.

・株価(かぶか) 주식 가격, 주가

・バブル 거품

・最安値(さいやすね) 최저 가격

・更新(こうしん) 갱신

・収益(しゅうえき) 수익

・悪化(あっか) 악화

・引(ひ)き金(がね) 계기, 빌미

・停滞(ていたい) 정체

・情勢(じょうせい) 정세

・見通(みとお)し 전망

・企業(きぎょう) 기업

・決算(けっさん) 결산

・下(さ)がる 내리다

・下落(げらく) 하락

・上昇(じょうしょう) 상승

57. A：私たちもこれから「アウトソーシング」は「外部委託」、「オンデマンド」は「注文対応」と言い換えてみませんか。

B：えっ、別に誰も困っていないんだから、今までのままでいいでしょう。

A：仕事ではともかく、日常生活にまで横文字が横行しているのは、やっぱり問題があると思うんですよ。

B：確かに、役所からの通知などでも、両親には分からないような単語が使われていることがありますからね。

A：우리들도 앞으로 '아웃소싱'은 '외부위탁', '온데만드'는 '주문대응'으로 바꿔 말해 보지 않겠습니까?

B：음, 특별히 아무도 곤란해 하지 않으니까, 지금까지 하던대로 좋겠는데.

A：일에서는 어쨌든, 일상생활에까지 가로문자가 횡행하고 있는 것은 역시 문제가 있다고 생각합니다.

B：확실히 관청에서 보내는 통지 등에서도, 부모님이 모르는 단어가 쓰이고 있는 경우가 있긴 하죠.

두 사람이 문제라고 생각하고 있는 것은 어떤 것입니까?

(A) 일상생활에서 쓰여지는 용어에 영어가 많은 점.

(B) 회사에서 쓰여지는 용어에 영어가 많은 점.

(C) 부모님이 영어를 그다지 모르는 점.

(D) 일본어를 세로쓰기가 아니라, 가로쓰기로 하는 점.

☞「別(べつ)に～ない」 별로, 특별히 ～하지 않다

☞「横文字(よこもじ)」는 가로 문자라는 뜻 외에 '서양 문자' 즉 영어를 의미한다.

· 委託(いたく) 위탁
· 注文対応(ちゅうもんたいおう) 주문 대응
· 言(い)い換(か)える 바꿔 말하다
· 日常(にちじょう) 일상
· 横行(おうこう) 횡행
· 確(たし)かに 확실히
· 役所(やくしょ) 관청
· 通知(つうち) 통지
· 単語(たんご) 단어
· 用語(ようご) 용어
· 縦書(たてが)き 세로쓰기
· 横書(よこが)き 가로쓰기

58. A：論文の原稿は今日中にいただかないと、印刷に回せなくなってしまうんですが。
B：すみません。表にデータを追加していたら、間に合わなくなってしまって。
A：じゃあ、表以外の本文だけでも今すぐ送ってもらえませんか。
B：本文にもデータは関係してくるので、明日の朝までということではだめですか。

A： 논문 원고는 오늘 중으로 받지 않으면, 인쇄로 옮길 수 없게 되어 버립니다만.
B： 미안합니다. 표에 데이터를 추가했더니, 시간에 맞출 수가 없게 되어 벼려서.
A： 그러면, 표 이외의 본문만이라도 이제 곧 보내 주실 수 있습니까?
B： 본문에도 데이터가 관계되니까, 내일 아침까지면 안 됩니까?

남자는 어떻게 하고 싶다고 말하고 있습니까?
(A) 표에 데이터를 추가하는 것을 그만두고, 지금 본문과 표지를 보낸다.
(B) 지금은 본문만 보내고, 표는 내일 아침까지 보낸다.
(C) 지금은 표만 보내고, 본문은 내일 아침까지 보낸다.
(D) 본문도 표도 내일 아침까지 보낸다.

☞마지막 B의 말이 포인트.

☞「～てもらえませんか」는 「～てくださいませんか」(～해 주지 않을래요?) 「～てください」(～해 주세요)의 의미.

· 原稿(げんこう) 원고
· 今日中(きょうじゅう)に 오늘 중으로
· いただく 받다 「もらう」의 겸양 동사
· 印刷(いんさつ) 인쇄

· 回(まわ)す 돌리다, 옮기다
· 表(おもて) 겉, 표면
· 追加(ついか) 추가
· 以外(いがい) 이외
· 本文(ほんぶん) 본문

59. A：薬の服用時間を教えたり、緊急時には病院に連絡をしたりする介護ロボットが発売されるそうですよ。
B：無機的なロボットが老後のパートナーだなんて、僕はちょっと抵抗があるんですけどね。
A：テレビやパソコンをパートナーのように感じている人もいますから、意外に無理なく受け入れられるんじゃないでしょうか。
B：そうですね。テレビも最初は薄気味悪いと思う人がいたそうですから、人間の感覚というのは変わっていくものなのでしょう。

A： 약 복용시간을 가르치거나, 긴급 시에는 병원에 연락을 하거나 하는 간호로봇이 발매된다고 합니다.
B： 무기적인 로봇이 노후의 파트너라니, 나는 조금 저항이 있습니다만.
A： 텔레비전과 컴퓨터를 파트너처럼 느끼고 있는 사람도 있으니까, 의외로 무리 없이 받아들여지지 않을까요?
B： 글쎄요. 텔레비전도 처음에는 왠지 기분 나쁘다고 생각하는 사람이 있었다고 하니까, 인간의 감각이라는 것은 바뀌기 마련이겠죠.

두 사람은 로봇에 대해 어떤 생각을 갖고 있습니까?
(A) 로봇을 파트너로 생각하는 것도 어렵지는 않을 것이다.
(B) 무기적인 로봇을 파트너로 생각하는 것은 좋지 않은 일이다.
(C) 로봇을 텔레비전이나 컴퓨터와 마찬가지로 생각해서는 안 된다.
(D) 인간의 도움이 되는 것이라면 무기적인지 어떤지는 문제가 아니다.

☞처음엔 저항을 느낀다고 했지만, TV의 경우를 보면 인간의 감각은 바뀌어 가는 것이라고 했다.

☞「なんて」는 '～라니, ～하다니', '～따위' 등의 뜻으로 회화체에서 쓰는 말로 부정적인 뉘앙스가 들어 있다.

· 服用(ふくよう) 복용
· 教(おし)える 가르치다
· 緊急時(きんきゅうじ) 긴급시
· 連絡(れんらく) 연락
· 介護(かいご) 간호
· 無機的(むきてき) 무기적(생명이 없음)
· 老後(ろうご) 노후

・抵抗(ていこう) 저항
・薄気味悪(うすきみわる)い 어쩐지 기분 나쁘다
・感覚(かんかく) 감각
・変(か)わる 변하다

・応募(おうぼ) 응모
・引(ひ)っ越(こ)す 이사하다
・諦(あきら)める 체념하다
・復職(ふくしょく) 복직

60.
A：部長が早期退職者の募集に手をあげたって本当なの。
B：会社に残っていてもこの先どうなるか分からないし、元々自然の豊かな所に住みたいっていう希望があったらしいよ。
A：田舎暮らしを夢見て移住した人が、結局は挫折をして帰って来ることも多いって聞くけど。
B：部長は今までも、週末は田舎の別荘でアウトドアな暮らしをしていたそうだから、彼にとってはちょうどよかったんじゃないのかな。

A： 부장이 조기퇴직자 모집에 손을 들었다니(응모했다니) 정말이야?
B： 회사에 남아 있어도 앞으로 어떻게 될지 모르고, 원래 자연이 풍부한 곳에 살고 싶다는 희망이 있었던 것 같아.
A： 시골생활을 꿈꾸고 이주한 사람이 결국은 좌절해서 돌아오는 경우도 많다고 들었는데….
B： 부장님은 지금까지도, 주말에는 시골 별장에서 전원생활을 하고 있었다고 하니까, 부장님하네테는 마침 잘 된 일이 아닐까?

두 사람의 부장은 무엇을 하려 하고 있습니까?
(A) 회사의 조기퇴직자 모집에 응모하여, 시골로 이사하려 하고 있다.
(B) 해외로 이주하기 위해, 회사를 조기퇴직하려 하고 있다.
(C) 자연 속에서 생활하려고 했지만, 포기하고 복직하려 하고 있다.
(D) 시골에 별장을 사서, 자연 속에서 생활하려 하고 있다.
☞「(사람)にとって」(사람)에게 있어서
・早期退職者(そうきたいしょくしゃ) 조기 퇴직자
・募集(ぼしゅう) 모집
・残(のこ)る 남다
・この先(さき) 장래, 금후
・元々(もともと) 애초
・豊(ゆた)か 풍부함
・田舎暮(いなかぐ)らし 시골 생활
・移住(いじゅう) 이주
・結局(けっきょく) 결국
・挫折(ざせつ) 좌절
・別荘(べっそう) 별장
・アウトドア out door

61.
A：市民会館が移転して、音響設備の整った新しいコンサートホールに生まれ変わるそうよ。
B：こんな財政難の時代に、また新たに建物を作るなんて税金の無駄づかいだよ。
A：でも、生活の質の向上のために、文化的なものにお金を使うのは当然のことよ。
B：文化にお金を使いたいなら、箱モノを作る前に芸術家を育成するとか、もっと中身にお金をかけるべきなんだよ。

A： 시민회관이 이전하여, 음향설비를 갖춘 새로운 콘서트홀로 다시 태어난다고 하더군.
B： 이런 재정난 시대에 다시 새롭게 건물을 만들다니, 세금 낭비군.
A： 하지만 생활의 질 향상을 위해 문화적인 것에 돈을 쓰는 것은 당연한 일이야.
B： 문화에 돈을 쓰고 싶다면, 건물을 만들기 전에 예술가를 육성한다든가, 좀 더 내용에 돈을 들여야만 하는 거야.

여자는 콘서트홀 건설에 대해 어떤 생각을 갖고 있습니까?
(A) 재정난 시대에 새로운 건물을 짓는 것은 세금 낭비다.
(B) 재정난이더라도 문화적인 것에는 돈을 투자해야 한다.
(C) 건물 건설보다도 예술가 육성에 돈을 투자해야 한다.
(D) 지금 있는 건물을 설비를 갖춘 콘서트홀로 개조해야 한다.
・移転(いてん) 이전
・音響(おんきょう) 음향
・設備(せつび) 설비
・整(ととの)う 갖추어지다 ※타동사는 整(ととの)える.
・生(う)まれ変(か)わる 다시 태어나다
・財政難(ざいせいなん) 재정난
・新(あら)たに 새롭게
・税金(ぜいきん) 세금
・無駄使(むだづか)い 낭비 ※돈을 낭비하는 것을 「お金(かね)の無駄使(むだづか)い」라고 한다.
・向上(こうじょう) 향상
・箱(はこ)モノ 건물, 외형
・育成(いくせい) 육성
・投資(とうし) 투자
・作(つく)り替(か)える 새로 만들다, 다시 만들다

62. A：家族の方が交通事故に遭われたって聞いたんですけど、だいじょうぶだったんですか。

B：ええ、父が運転を誤って車を大破させちゃったんですけど、本人は軽いけがですんだみたいです。

A：それは不幸中の幸いでしたね。でも、お孫さんもいっしょに乗っていたんでしょう。

B：ええ、父はそれでも打撲傷くらいは負っているんですが、子どもの方はかすり傷ひとつなくて、ぴんぴんしていました。

A : 가족 분이 교통사고를 당하셨다고 들었는데, 괜찮으셨습니까?

B : 예, 아버지가 운전을 잘못해서 차를 많이 망가뜨려 버렸지만, 본인은 가벼운 부상으로 끝난 것 같습니다.

A : 그거 불행 중 다행이었네요. 하지만 손자도 함께 타고 있었지요?

B : 예, 아버지는 그래도 타박상정도는 입었지만, 아이는 찰과상 하나 없이 멀쩡했습니다.

남자의 가족은 어떤 사고를 당했습니까?

(A) 신호무시를 한 차에 충돌되어 부친이 가벼운 부상을 입었다.

(B) 부친이 운전을 실수하여, 손자에게 부상을 입혀 버렸다.

(C) 차가 부서져 부친이 가벼운 부상을 입었지만, 손자는 무사했다.

(D) 차는 부서져 버렸지만, 부친도 손자도 부상은 입지 않았다.

☞「명사+で すむ」 ~로 끝나다, ~면 (해결)된다

☞打撲傷(だぼくしょう)を負(お)う 타박상을 입다

☞けがをする 부상을 입다

・交通事故(こうつうじこ)に遭(あ)う 교통사고를 당하다

・誤(あやま)る 실수하다, 잘못하다

・大破(たいは) 대파

・けが 상처

・不幸中(ふこうちゅう) 불행중

・幸(さいわ)い 다행

・かすり傷(きず) 찰과상

・ぴんぴん 기운참, 팔팔함

・衝突(しょうとつ) 충돌

・壊(こわ)れる 부서지다

・無事(ぶじ) 무사함

63. A：もしもし、飯田と申しますけれども、由希子さんはご在宅でしょうか。

B：妻は今留守ですけど、どちらの飯田さんでしょうか。

A：あ、いえ、あの着物のご案内をさせていただこうと思ってお電話したんですが。

B：悪いんですけど、友だちみたいなふりをして、勧誘の電話をするのはやめてもらえませんかね。

A : 여보세요. 이이다라고 합니다만, 유키코 씨는 집에 계신가요?

B : 처는 지금 부재중입니다만, 어느 이이다 씨 입니까?

A : 아, 아니에요. 저 기모노 안내를 하려고 해서 전화 드린 것입니다만.

B : 미안하지만, 친구처럼 해서, 권유 전화를 하는 것은 그만두어 주었으면 하네요.

남자의 집에 어떤 전화가 걸려 왔습니까?

(A) 부인의 고교시절 친구로부터의 전화

(B) 부인의 기모노교실의 친지로부터의 전화

(C) 주택을 취급하는 부동산업자로부터의 전화

(D) 기모노가게로부터의 선전 전화

☞「案内(あんない)をさせていただく」는「案内(あんない)する」의 겸양 표현으로 '(내가)안내해 드리다'의 뜻.

・在宅(ざいたく) 재택(집에 있음)

・留守(るす) 부재중

・ふりをする ~인 체하다

・勧誘(かんゆう) 권유

・知(し)り合(あ)い 친지, 아는 사람

・扱(あつか)う 취급하다

・宣伝(せんでん) 선전

64. B：最近健康のことを考えて、毎日総合ビタミン剤とカルシウム剤を飲むことにしたんだ。

A：でも、そんな物を飲む前に、お昼のハンバーガーを焼き魚定食に変えるとか、まず先にできることがあるんじゃないの。

B：そんな面倒なことをするより、少々高くても錠剤を飲んだ方が確実じゃないか。

A：そういう安易な考え方が、日本人の食生活をめちゃくちゃにしていくのよ。

B : 최근 건강을 생각해서, 매일 종합비타민제와 칼슘제를 먹기로 했어.

A : 하지만 그런 것을 먹기 전에, 점심의 햄버거를 생선구이 정식으로 바꾸든가, 우선 먼저 할 수 있는 것이 있잖아.

B : 그런 귀찮은 것을 하기보다, 조금 비싸도 정제를 먹

는 편이 확실하지 않을까?

A : 그러한 안이한 생각이 일본인의 식생활을 엉망으로 만들어 가는 거야.

영양 섭취방법에 대해 여자는 어떻게 생각하고 있습니까?

(A) 정제를 이용하는 것은 현대인에게 있어서는 어쩔 수 없는 일이다.

(B) 정제를 이용하면 확실히 영양을 섭취해서 좋지만, 가격이 비싼 것이 문제다.

(C) 식사내용을 연구하여, 필요한 영양은 식사 속에서 취해야만 한다.

(D) 정제를 이용하면, 오히려 영양 밸런스가 무너지는 경우가 있다.

☞「栄養(えいよう)をとる」영양을 섭취하다
・健康(けんこう) 건강
・総合(そうごう) 종합
・〜剤(ざい) 〜제
・焼(や)き魚(ざかな) 생선구이 ・定食(ていしょく) 정식
・先(さき)に 먼저
・できる 만들어지다
・面倒(めんどう) 귀찮음
・錠剤(じょうざい) 정제
・確実(かくじつ) 확실
・安易(あんい) 안이함
・めちゃくちゃ 터무니없음
・現代人(げんだいじん) 현대인
・工夫(くふう) 연구, 궁리
・かえって 오히려
・崩(くず)れる 무너지다

65. A : 昨日、娘の幼稚園の運動会に行って来たんだけど、みんなビデオカメラを持っていて大変だったわよ。

B : えっ、今のビデオはすごく小さくなっているから、別に大変なことはないでしょう。

A : そうじゃなくて、ビデオが撮りやすい場所をとるために、朝早くから行って場所取りをするのよ。

B : 親子で走ったりする前に、撮影の準備でもう疲れちゃうんですね。

A : 어제 딸의 유치원 운동회에 갔다 왔는데, 모두 비디오카메라를 갖고 있어서 힘들었어.

B : 네? 지금의 비디오는 아주 작아져서, 별로 힘든 것은 없을 텐데요.

A : 그게 아니라, 비디오를 찍기 쉬운 장소를 잡기 위해 아침 일찍부터 가서 장소잡기를 하는 거야.

B : 부모 자녀끼리 달리거나 하기 전에, 촬영 준비로 벌써 피곤해져 버리더라구요.

여자는 운동회에서 무엇이 힘들었습니까?

(A) 혼자만 크고 무거운 비디오카메라로 촬영하는 것.

(B) 아침 일찍 일어나 비디오를 찍을 장소를 확보하는 것.

(C) 부모와 자녀끼리 달리는 경기에 참가하는 것.

(D) 하루 종일 아이들을 비디오로 찍는 것.

☞場所(ばしょ)を取(と)る 자리를 잡다
☞写真(しゃしん)を撮(と)る 사진을 찍다
・幼稚園(ようちえん) 유치원
・大変(たいへん) 힘듦
・親子(おやこ) 부모 자식
・撮影(さつえい) 촬영
・確保(かくほ) 확보
・競技(きょうぎ) 경기

66. A : 娘が髪を染めてきたから叱ったんですけど、今は個性の時代なのに、なんて言って反発するんですよ。

B : 高校生にもなればおしゃれもしたいでしょうし、認めてあげてもいいんじゃないですか。

A : 本当に個性的ならそれはそれでいいんですけど、回りの友だちもみんな似たようなヘアスタイルなんですよ。

B : 口では個性なんて言いながら、結局はみんなと同じようにしていないと不安になるんでしょうね。

A : 딸이 머리를 염색하고 와서 야단을 쳤는데, 지금은 개성시대니 어쩌니 하며 반발을 하더군요.

B : 고교생쯤 되면 멋도 부리고 싶을 것이고, 인정해 주어도 좋지 않을까요?

A : 정말로 개성적이라면 그건 그런대로 괜찮지만, 주변 친구들도 모두 비슷한 헤어스타일이에요.

B : 입으로는 개성이니 말하면서, 결국은 모두와 똑같이 하고 있지 않으면 불안해지는 것이겠지요.

남자는 여자의 딸 행동에 대해 어떻게 생각하고 있습니까?

(A) 결국은 모두와 똑같이 하고 싶을 뿐이다.

(B) 고교생이 머리를 염색하는 것은 잘못되었다.

(C) 고교생정도가 되면, 개성을 인정해야 한다.

(D) 지금은 개성 시대이니까 어쩔 수 없다.

・叱(しか)る 야단치다
・個性(こせい) 개성
・反発(はんぱつ) 반발
・おしゃれをする 멋을 내다
・認(みと)める 인정하다
・回(まわ)り 주위, 주변
・結局(けっきょく) 결국
・行動(こうどう) 행동
・間違(まちが)う 틀리다, 실수하다

283

67. A：見てください、このワイングラスもこの電卓も、全部100円で買ったんですよ。

B：最近は何でも100円で買えて助かりますが、本当にこれでいいのだろうかって思うことはありませんか。

A：外国産の安い製品がたくさん入ってきて、日本の製造業が打撃を受けている点ですか。

B：それよりも僕は、物があまり安いと、物を大切にしようとする気持ちが薄れてしまいそうなのが心配なんですよ。

A：보세요. 이 와인글라스도 이 탁상 전자계산기도 전부 100엔에 샀어요.

B：최근에는 뭐든지 100엔으로 살 수 있어서 도움이 되지만, 정말로 이래도 되는 것일까 하고 생각하는 경우는 없습니까?

A：외국산의 싼 제품이 많이 들어 와서, 일본 제조업이 타격을 받고 있는 점입니까?

B：그보다도 나는 물건이 너무 싸면, 물건을 소중히 하려는 마음이 희박해져 버릴 것 같은 것이 걱정입니다.

남자는 어떤 생각입니까?

(A) 최근에는 물건의 가격이 싸져서 도움이 된다.

(B) 외국 제품 때문에 일본 산업에 타격을 받는 것은 곤란하다.

(C) 물건이 너무 싸면, 물건을 소중히 하는 마음이 희박해진다.

(D) 물건의 가격이 너무 내려가면, 경기 회복에 악영향을 미친다.

☞悪影響(あくえいきょう)を及(およ)ぼす 악영향을 미치다

・電卓(でんたく) 탁상 전자계산기

・製品(せいひん) 제품

・製造業(せいぞうぎょう) 제조업

・薄(うす)れる 희박해지다

・産業(さんぎょう) 산업

・景気(けいき) 경기

・回復(かいふく) 회복

68. A：こちらは賞味期限が3日ほどになっているので、ご注意下さい。

B：分かりました。それから、これは先日亡くなった方のご焼香に行くのに持って行くんですが、何か上につける紙がありましたよね。

A：ええ、その場合でしたら、『御霊前』になりますけれども。

B：そうですか。それじゃあそれをつけておいてください。

A：이쪽은 맛의 유효기간이 3일정도로 되어 있으니 주의하세요.

B：알겠습니다. 그리고 이것은 지난번 돌아가신 분의 분향 가는데 갖고 갈 것인데, 뭔가 위에 붙이는 종이가 있었지요.

A：예, 그 경우라면, '영전' 이 됩니다만.

B：그래요? 그러면 그것을 붙여 놓아 주세요.

두 사람은 무엇에 대해 이야기하고 있습니까?

(A) 돌아가신 분의 가족에게 건넬 돈의 금액

(B) 돌아가신 분에게 바칠 음식

(C) 병원에 문병하러 갖고 갈 물건.

(D) 신세진 사람에게 보내는 선물.

☞「ご焼香(しょうこう)」는 죽은사람의 제단 앞에 향을 피워 명복을 비는 것을 말한다.

☞「御霊前(ごれいぜん)」는 영전이란 뜻으로 불교식 장례식에서 부의를 싼 종이 겉에 쓰는 말.

・賞味期限(しょうみきげん) 상미 기한(맛보는 기한)

・ほど 정도

・先日(せんじつ) 지난번

・亡(な)くなる 죽다, 돌아가시다

・焼香(しょうこう) 소향, 분향

・付(つ)ける 붙이다, 첨가하다

・場合(ばあい) 경우

・渡(わた)す 건네주다

・供(そな)える 바치다, 올리다

・贈(おく)り物(もの) 선물

69. A：すみません、昨日は母の調子が悪くて休ませていただきました。

B：いえ、こっちは大丈夫ですよ。それより仕事をしながら家で介護をするのは大変でしょう。

A：ええ。でも、介護サービスの方も来てくれているので、今は何とかなっています。

B：僕の家内も父親を介護していたことがあるので、苦労は想像がつきますよ。

A：죄송합니다. 어제는 어머니 몸이 좋지 않아서 쉬었습니다.

B：아니에요. 저희는 괜찮습니다. 그보다 일을 하면서 집에서 간호하는게 힘드시죠?

A：예, 하지만 간호 서비스하는 분도 와 주고 있어서, 지금은 그럭저럭 되고 있습니다.

B：제 아내도 부친을 간호하고 있었던 적이 있어서 고생은 상상이 갑니다.

여자는 지금 어떠한 상황입니까?

(A) 모친의 몸 상태가 나빠서, 의료 서비스를 받게 하고 있다.

(B) 간호 서비스를 받으면서 모친을 보살피고 있다.

(C) 간호시설에 어머니를 맡기고 일을 하러 오고 있다.

(D) 이전에는 아버지 간호를 하고 있었지만, 지금은 어머니 간호를 하고 있다.

☞調子(ちょうし)が悪(わる)い 기계나 몸 상태가 좋지 않다

☞想像(そうぞう)がつく 상상이 가다(되다)

☞面倒(めんどう)を見(み)る 보살펴 주다, 돌보다

・休(やす)ませる 쉬게 하다

・介護(かいご) 간호, 병구완

・何(なん)とか 그럭저럭

・苦労(くろう) 고생

・状況(じょうきょう) 상황

・医療(いりょう) 의료

・受(う)ける 받다 〈주로 추상적인 것〉

・預(あず)ける 맡기다

---

70. A：最近、息子の小学校で学級崩壊が起こってしまっているようなんです。

B：今の子どもは甘やかされて育っているし、先生方の中にも教師には向いていないような人が結構いますからね。

A：家庭でのしつけも教師の質の向上も、そうすぐにできることではないので、心配ですよ。

B：まずは少人数学級を実現させるだけでも、相当な効果があると思うんですがね。

A： 최근, 아들의 초등학교에서 학급붕괴가 일어나고 있는 것 같습니다.

B： 지금의 아이는 응석받이로 자라고 있고, 선생님 중에도 교사에 적합하지 않을 것 같은 사람이 꽤 있으니까요.

A： 가정에서의 예절교육도 교사의 질 향상도, 그렇게 바로 가능한 것이 아니라서 걱정입니다.

B： 우선은 소수인원학급을 실현시키는 것만으로도 상당한 효과가 있다고 생각합니다만.

남자는 학급붕괴의 대책에 대해 어떻게 생각하고 있습니까?

(A) 학급 관리능력이 모자라는 교사에게는 재교육이 필요하다.

(B) 교사에 적합하지 않은 사람에게는 퇴직을 권해야 한다.

(C) 바로 가정에서의 예절교육을 확실히 시켜야 한다.

(D) 한 학급의 학생 수를 줄이면 효과가 있을 것이다.

☞教師(きょうし)に向(む)く 교사로 적합하다 〈교사로서 적성에 맞다〉

☞〜に欠(か)ける 〜이 없다(결여되다)

・学級崩壊(がっきゅうほうかい) 학급 붕괴

・起(お)こる 일어나다

・甘(あま)やかす 〈오냐오냐〉응석을 받아 주다

・育(そだ)つ 성장하다

・結構(けっこう) 꽤

・家庭(かてい) 가정

・しつけ 예절 교육

・向上(こうじょう) 향상

・少人数(しょうにんずう) 소수 〈'인원수' 는 人数(にんずう)라고 한다.〉

・実現(じつげん) 실현

・相当(そうとう) 상당함

・効果(こうか) 효과

・管理能力(かんりのうりょく) 관리능력

・退職(たいしょく) 퇴직

・勧(すす)める 권하다

---

71. A：さっき、女の人が家の前にずっと立っていたんだけど、何だか怖くて外に出られなかったわ。

B：最近は、通り魔殺人の犯人が女性だったりすることもあるからね。

A：怨恨だとか、金銭トラブルとは関係なしに、簡単に殺人事件が起きてしまうんだもの。

B：黙って道に立っているだけの人が怖いなんて、嫌な世の中になったものだよな。

A： 아까 어떤 여자가 집 앞에 줄곧 서 있었는데, 왠지 무서워서 밖에 나갈 수 없었어.

B： 최근에는 거리 기습살인의 범인이 여성일때도 있고 하니까.

A： 원한이라든가 금전 불화와는 관계없이, 간단히 살인사건이 일어나 버리잖아.

B： 가만히 길에 서 있기만 하는 사람이 무섭다니, 싫은 세상이 되었다는 거군.

남자는 무엇이 싫다고 말하고 있습니까?

(A) 길에 서 있기만 하는 사람을 무서워하게 된 것.

(B) 아무 이유도 없이 사람을 살해하는 사건이 늘어난 것.

(C) 여성이 거리 기습살인을 저지르게 된 것.

(D) 범죄가 늘어나 치안이 악화되고 있는 것.

☞通(とお)り魔(ま)殺人(さつじん) 지나는 길에 느닷없이 덮치는 살인

☞동사 기본형+ようになる 〜하게 되다(변화)

・怖(こわ)い 무섭다

・犯人(はんにん) 범인

・怨恨(えんこん) 원한

・黙(だま)る 침묵하다

・世(よ)の中(なか) 세상

・殺(ころ)す 살해하다

・犯(おか)す 범하다, 저지르다

・治安(ちあん) 치안
・悪化(あっか) 악화

72. A：ねえ、この雑誌に出ているレストラン、すごく良さそうだから行ってみない。
B：なんでそういう情報をすぐ鵜呑みにするのかなあ。お金を出して宣伝してもらっているに決まっているじゃないか。
A：そっちこそ、何でそうやってすぐ情報を疑ってかかるのよ。嘘の記事を読んで納得するほど読者は甘くないわよ。
B：よし、分かった。結論は明日行ってみてから出そうじゃないか。

A：있잖아, 이 잡지에 나와 있는 레스토랑, 굉장히 좋아 보이는데 가 보지 않을래?
B：왜 그런 정보를 곧이 곧대로 믿는 거지? 돈을 내고 선전을 하는게 뻔하잖아.
A：그쪽이야말로 왜 그렇게 바로 정보를 의심하려 드는 거야. 거짓 기사를 읽고 납득할 만큼 독자는 무르지 않아.
B：좋아, 알았어. 결론은 내일 가 보고 나서 내자구.

여자는 무엇을 불만으로 생각하고 있습니까?
(A) 남자가 함께 레스토랑에 가려고 하지 않는 것.
(B) 남자가 잡지 정보를 믿으려 하지 않는 것.
(C) 잡지사가 돈을 받고 거짓 정보를 싣고 있었던 것.
(D) 잡지 독자가 어떤 정보라도 믿어 버리는 것.

☞鵜呑(うの)み (가마우지가 물고기를 삼키듯) 통째로 삼킴, 잘 이해하지 못하고 곧이 곧대로 믿는다는 뜻.
☞「〜に決(き)まっている」 반드시(항상)〜하게 마련이다
・なんで 왜
・情報(じょうほう) 정보
・疑(うたが)う 의심하다
・嘘(うそ) 거짓
・納得(なっとく) 납득
・甘(あま)い 어수룩하다, 무르다〈호락호락하다〉
・結論(けつろん)を出(だ)す 결론을 내다
・不満(ふまん) 불만
・信(しん)じる 믿다
・載(の)せる 게재하다, 싣다

73. A：昨日、家の裏で乗用車どうしの衝突事故があったんですが、その内の一台がガソリンスタンドに突っ込んでしまったんですよ。
B：えっ、ガソリンに火がついて火事にでもなったら大変じゃないですか。

A：給油機が倒れてガソリンが漏れたみたいなんですけど、火事にはなりませんでした。
B：まあ、安全対策はしっかりしてあるんでしょうが、やっぱり怖いですよね。

A：어제, 집 뒤에서 승용차끼리 충돌사고가 있었는데, 그 중의 한 대가 주유소로 돌진해 버렸어요.
B：네, 가솔린에 불이 붙어서 화재라도 나면 큰일 아닌가요?
A：급유기가 넘어져 가솔린이 샌 것 같은데, 화재는 나지 않았어요.
B：아이구, 안전대책은 빈틈없이 해 놓았겠지만, 역시 무섭네요.

여자의 집 근처에서 어떤 사고가 있었습니까?
(A) 주유소에 차가 돌진하여 가솔린이 새어나와 버렸다.
(B) 주유소에서 화재가 있었지만, 바로 불이 꺼졌다.
(C) 급유기가 부서졌지만, 가솔린은 새어나오지 않았다.
(D) 가솔린을 운반해온 차가 사고를 일으켜 가솔린이 새어나와 버렸다.

・裏(うら) 뒤
・衝突(しょうとつ) 충돌
・突(つ)っ込(こ)む 돌진하다
・火(ひ)がつく 불이 붙다
・火事(かじ) 화재
・給油機(きゅうゆき) 급유기
・倒(たお)れる 넘어지다
・漏(も)れる (틈새로 흘러) 새다
・対策(たいさく) 대책
・しっかりする 빈틈없이 하다
・消(け)し止(と)める 불을 끄다, 번짐을 막다
・運(はこ)ぶ 운반하다
・起(お)こす 일으키다

74. A：あら、もう12時になるのに、レストランに子どもを連れて来ている人がいる。
B：今の子どもは、親といっしょになってテレビを見たりパソコンを使ったりで、ずいぶん夜更かしになっているそうだから。
A：でも、親の都合でこんな時間に外を連れ回すなんて、子どもの体によくないわよ。
B：それで、すぐ貧血を起こしたり、集中力が続かなかったりする子どもが増えているんだろうね。

A：어머, 이제 12시가 되는데, 레스토랑에 아이를 데리고 와 있는 사람이 있다.
B：요즘 아이들은 부모와 함께 텔레비전을 보거나 컴퓨터를 사용하거나 해서 꽤 밤늦게까지 안 잔대잖아.

A : 하지만, 부모 편한대로 이런 시간에 바깥에 데리고 다니다니, 아이의 몸에 좋지 않아.

B : 그래서 금방 빈혈을 일으키거나, 집중력이 떨어지거나 하는 아이가 늘어나고 있는 것이겠지.

여자는 무엇이 좋지 않다고 말하고 있습니까?

(A) 밤늦은 시간에 레스토랑을 이용하는 것.

(B) 아이가 부모와 함께 텔레비전을 보거나 컴퓨터를 사용하거나 하는 것.

(C) 부모 편한대로 아이를 밤늦게 까지 재우지 않는 것.

(D) 아이가 바로 빈혈을 일으키거나 집중력이 계속되지 않거나 하는 것.

☞「동사ます형+回(まわ)す」여기저기（이것저것）～하며 돌아다니다

• 夜更(よふ)かし 밤늦게까지 자지 않음

• 都合(つごう) 형편, 사정

• 貧血(ひんけつ) 빈혈

• 集中力(しゅうちゅうりょく) 집중력

75. A : あら、これ証券取引の専門誌じゃない。いつからそんなに勉強熱心になったの。

B : 最近のお客さんはよく研究しているから、こっちはその上をいかないとだめなんだよ。

A : へえ、それで、勉強の成果は営業成績に現れたわけ。

B : いくら勉強したって、株価がこんな状況じゃ出る成果も出ないよ。

A : 어머, 이거 증권거래 전문지잖아? 언제부터 그렇게 공부를 열심히 하게 되었지?

B : 요즘 손님들은 열심히 연구하고 있기 때문에, 우리는 그 이상이 되지 않으면 안 되는 걸.

A : 으음, 그래서 공부성과는 영업성적으로 나타났나?

B : 아무리 공부해봤자 주가가 이런 상황이라면 나올 성과도 나오지 않아.

남자의 일은 어떤 상황입니까?

(A) 전문적인 공부를 한 덕분에 성과가 나오기 시작하고 있다.

(B) 손님의 지식을 넘는 업무를 할 수 있게 되었다.

(C) 전문지식이 부족하기 때문에, 성과를 내지 못하고 있다.

(D) 주가가 침체상태에 있어서 성과를 내지 못하고 있다.

☞마지막에 '주가가 이런 상황이라면 나올 성과도 못 나온다'고 하였다.

☞이유의「出(だ)せずに」＝「出(だ)せないで（내지 않고）」의 문장체 표현.

☞「ために」는 객관적인 상황이나, 자연현상, 사회현상 등에 쓰며, 개인적인 일이나 감정, 의지 표현에는 잘 쓰지 않는다.

• 証券取引(しょうけんとりひき) 증권 거래

• 専門誌(せんもんし) 전문지

• 成果(せいか) 성과

• 営業成績(えいぎょうせいせき) 영업 성적

• 株価(かぶか) 주식가

• 低迷(ていめい) 침체상태를 벗어나지 못함

76. A : この道、カーナビには出ていないんだけど、だいじょうぶかしら。

B : そうだね。新しくできた道みたいだから、道路標識に従って行けばいいんじゃないかな。

A : でも、もし間違えていたら困るから、誰か近くの人に聞いてみましょうよ。

B : 大丈夫だよ。前はカーナビなんかなくても、標識を見てみんな運転していたんだから。

A : 이 길, 자동차 항법에는 나와 있지 않은데, 괜찮을까?

B : 글쎄, 새로 생긴 길 같으니까, 도로표식을 따라 가면 되지 않을까?

A : 하지만, 만일 틀렸다면 곤란하니까, 누군가 근처 사람에게 물어 보지 그래?

B : 괜찮아. 전에는 자동차 항법장치 같은 것 없어도, 표식을 보고 모두 운전했으니까.

남자는 어느 길을 갑니까?

(A) 자동차 항법에 나와 있는 길을 간다.

(B) 새로 생긴 길을 간다.

(C) 누군가에게 물어 결정한다.

(D) 지도로 확인하고 결정한다.

☞「～に従(したが)って」～에(을) 따라, ～와 함께

• カーナビ 자동차 항법장치 〈네비게이터와 같은 것〉

• 出来(でき)る 생기다

• 道路標識(どうろひょうしき) 도로 표식

• 間違(まちが)える 착각하다, 잘못 하다

77. A : この街、「新都市」なんていうから、もっとにぎやかな所を想像していたのに、ずいぶん寂しい所よね。

B : ここは、オフィスや官公庁が中心の街だから、日曜日に人が少ないのは当然なんだよ。

A : 私はてっきり、不景気のせいで新しいビルにテナントが入らなかったのかと思っていたわ。

B : ショッピング・モールなんかを中心とした街とは、初めから目的が違うんだよ。

A : 이 거리 '신도시'라고 하길래, 좀 더 번화한 곳을 상상하고 있었는데, 꽤 적막한 곳이네.

B : 여기는 사무실이나 관공서 중심가여서, 일요일에 사

람이 적은 것은 당연한 거야.

A : 나는 필시 불경기 탓으로 새 빌딩에 임대 사무실이 들어가지 않았나 하고 생각하고 있었지.

B : 쇼핑몰 등을 중심으로 한 거리와는 처음부터 목적이 다른 거야.

일요일인데 '신도시'가 활기차지 않은 이유는 무엇입니까?

(A) 한적한 분위기를 목표로 해서 만든 주택가이기 때문에.

(B) 쇼핑몰이 없어서 인기가 없기 때문에.

(C) 불경기 탓으로 임대사무실이 모이지 않았기 때문에.

(D) 사무실이나 관공서가 중심인 거리이기 때문에.

☞官公庁(かんこうちょう) 관공청(관청과 지방 공공 단체의 사무소)

・想像(そうぞう) 상상

・寂(さび)しい 쓸쓸하다

・てっきり 필시, 틀림없이

・不景気(ふけいき) 불경기

・テナント 테넌트 〈빌딩의 한 구획을 세낸 가게나 임대 사무실〉

・目的(もくてき) 목적

・目指(めざ)す 목표로하다

・住宅街(じゅうたくがい) 주택가

78. B : すみません、さっき治療代の精算はすませたんですが、薬をいただいていなくて。

A : ああ、さっきいっしょに処方箋をお渡ししているので、それを持って薬局に行って下さい。

B : あの、薬の種類とか飲み方とか、全然聞いていないんですけど。

A : それも薬局で薬剤師さんから説明がありますから、心配なさらないで大丈夫ですよ。

B : 실례합니다. 아까 치료비 정산은 끝냈습니다만, 약을 받지 않아서.

A : 아, 아까 함께 처방전을 같이 건내 드렸으니, 그것을 가지고 약국에 가세요.

B : 저, 약 종류라든가 먹는 법이라든가, 전혀 듣지 않았는데요.

A : 그것도 약국에서 약제사로부터 설명이 있으니까, 걱정하지 안하셔도 됩니다.

남자는 앞으로 무엇을 합니까?

(A) 접수처에서 치료비 정산을 한다.

(B) 의사로부터 약에 대한 설명을 받는다.

(C) 접수처에서 처방전을 써 받는다.

(D) 약을 사고 약에 대한 설명을 받는다.

☞「~についての+명사」 ~에 대한(관한)+명사

・治療代(ちりょうだい) 치료비 ・精算(せいさん) 정산

・済(す)ませる 끝내다

・いただく 받다→「もらう」의 겸양어

・処方箋(しょほうせん) 처방전

・渡(わた)す 건네주다

・薬局(やっきょく) 약국

・種類(しゅるい) 종류

・飲(の)み方(かた) 먹는 법

・薬剤師(やくざいし) 약사

・なさる 하시다→「する」의 존경어

・受付(うけつけ) 접수

79. A : もしもし、免許の更新をしたいんですが、誕生日の1ヶ月以上前でもできますか。

B : ええ、本来は誕生日の前後1ヶ月が申請期間なんですが、その間に更新ができない理由を証明するものがあればできますよ。

A : 分かりました。場所はいつも更新している地元の警察署に行けばいいんですか。

B : いえ、期間前更新の場合は県の免許センターに行って下さい。

A : 여보세요. 면허 갱신을 하고 싶은데, 생일의 1개월 이상 전에도 가능합니까?

B : 예, 본래는 생일 전후 1개월이 신청기간입니다만, 그 사이에 갱신이 안 되는 이유를 증명하는 것이 있으면 가능합니다.

A : 알겠습니다. 장소는 늘 갱신하고 있는 그 지역 경찰서에 가면 됩니까?

B : 아닙니다. 기간 전 갱신의 경우는 현(県)의 면허센터에 가세요.

면허갱신의 규정으로 맞는 것은 어느 것입니까?

(A) 갱신은 생일 1개월 이상 전에 하지 않으면 안 된다.

(B) 생일을 1개월 이상 지나면 면허를 갱신할 수 없게 된다.

(C) 갱신은 면허센터에서만 할 수 있다.

(D) 생일 전후 1개월은 그 지역 경찰에서 갱신 할 수 있다.

・免許(めんきょ) 면허

・更新(こうしん) 갱신

・本来(ほんらい) 본래

・申請(しんせい) 신청

・証明(しょうめい) 증명

・地元(じもと) 그 지역

・警察署(けいさつしょ) 경찰서 ・県(けん) 현

・規定(きてい) 규정

80. A：あら、変ね。9時からドラマのはずなのに、どうしてニュースをやっているのかしら。

B：えっ、チャンネルを間違えているんじゃないの。

A：ううん、4チャンネルで合っているし、曜日も今日は月曜日でいいのよね。

B：あ、さっき野球中継をやっていたから、きっと延長してその後の番組の放送時間が変更になったんだよ。

A：어머, 이상하네. 9시부터 드라마를 할텐데, 왜 뉴스를 하고 있는 것일까?

B：뭐? 채널을 착각한 거 아냐?

A：아니야, 4채널로 맞고, 요일도 오늘은 월요일이어서 되었는데.

B：아, 아까 야구중계를 했었으니까, 필시 연장해서 그 후 프로그램의 방송시간이 변경되었을 거야.

왜 여자는 보려고 했던 드라마를 볼 수 없었습니까?

(A) 방송시간이 변경되어 있었기 때문에.

(B) 채널을 착각하고 있었기 때문에.

(C) 요일을 틀렸기 때문에.

(D) 임시뉴스를 하고 있었기 때문에.

☞うんは Yes, ううんは No를 나타낸다.

・変(へん) 이상함

・中継(ちゅうけい) 중계

・延長(えんちょう) 연장

・変更(へんこう) 변경

・臨時(りんじ) 임시

81~84

JR松江駅は今月から、駅に降りた人の手荷物を宿泊先まで届けるサービス「身がる便」を始めました。利用者は、午前9時から午後2時までに、駅構内にあるキヨスクで、1つあたり500円を払って荷物を預けます。すると、チェックインが可能になる午後3時前後に宿泊先に荷物が届けられる仕組みです。

去年夏にあった松江市の催しの際に、このサービスを試験的に実施したところ好評だったことから、今回は松江旅館ホテル組合の協力を得て、本格実施することになったものです。配達はJRの関連会社が請け負っています。

JR마츠에역은 이번 달부터 역에 내린 사람의 수하물을 숙박지까지 배달하는 서비스 '미가루편(퀵 서비스)'을 시작했습니다. 이용자는 오전 9시부터 오후 2시까지, 역 구내에 있는 키요스크에서 하나당 500엔을 지불하고 짐을 맡깁니다. 그러면 체크인이 가능해지는 오후 3시 전후로 숙박지에 짐이 배달되는 짜임새입니다.

작년 여름에 있었던 마츠에시의 행사 때 이 서비스를 시험적으로 실시한 바, 호평이었던 점에서, 이번은 마츠에 여관 호텔조합의 협력을 얻어 본격적으로 실시하게 된것입니다. 배달은 JR의 관련회사가 청부를 맡고 있습니다.

81. '미가루편'은 어떤 서비스입니까?

(A) 역에 내린 사람의 화물을 숙박 지까지 배달하는 서비스

(B) 역에 내린 사람을 숙박 지까지 보내는 서비스

(C) 숙박 지에서 역까지 화물을 배달하는 서비스

(D) 숙박 지에서 자택까지 화물을 배달하는 서비스

82. 이 서비스의 이용방법으로 바른 것은 어느 것입니까?

(A) 전국각지의 택배회사에 500엔을 지불하고 짐을 맡긴다.

(B) 마츠에 역의 간이매점에 화물 하나에 500엔을 지불하고 맡긴다.

(C) 숙박 지에 예약하고, 마츠에 역에서 화물을 맡긴다.

(D) JR서일본의 관련회사에 예약하고, 마츠에 역에서 화물을 맡긴다.

・払(はら)う 지불하다

・預(あず)ける 맡기다

・関連(かんれん) 관련

83. 이 서비스의 접수시간은 몇 시부터 몇 시까지입니까?

(A) 오전 9시부터 오후 2시

(B) 오전 11시부터 오후 3시

(C) 오후 9시부터 오후 6시

(D) 전차 운행시간 중 줄곧

・運行(うんこう) 운행

・ずっと 줄곧

84. 이 서비스는 누가 하고 있습니까?

(A) JR 마츠에 역이 하며, 배달은 일반 택배업자가 하고 있다.

(B) JR 마츠에 역이, 마츠에 여관 호텔조합의 협력을 얻어 하고 있다.

(C) 마츠에 여관 호텔조합이 JR의 협력을 얻어 하고 있다.

(D) JR의 관련회사가 마츠에 역의 의뢰를 받아 하고 있다.

・一般(いっぱん) 일반

・宅配業者(たくはいぎょうしゃ) 택배업자

・依頼(いらい) 의뢰

85~87

標高1400メートルにある玉原スキーパークは、都心から車で約2時間、首都圏から最も近いスキー場の1つです。ゴールデンウィーク初日の今日は、このスキー場に春スキーを楽しもうという人が大勢詰めかけました。スキー場にはまだ180センチ近くの雪が残っており、十分にスキーが

楽しめるということです。

　今日は朝のうちは曇りがちの天気でしたが、昼前から快晴に恵まれました。ゴールデンウィーク最終日までの７日間、毎日約2000人が今シーズンの滑り納めを楽しむものと予想されています。

　표고 1400미터에 있는 타마하라 스키파크는 도심에서 차로 약 2시간, 수도권에서 가장 가까운 스키장 중의 하나입니다. 골든위크 첫날인 오늘은 이 스키장에 봄 스키를 즐기려는 사람이 많이 모여들었습니다. 스키장에는 아직 180센티 가까운 눈이 남아 있어서, 충분히 스키를 즐길 수 있다는 것입니다.

　오늘은 아침에는 흐린 날씨였지만, 점심 전부터 맑아졌습니다. 골든위크 최종일까지의 7일간, 매일 약 2000명이 이번 시즌의 마지막 스키 타기를 즐길 것으로 예상되고 있습니다.

85. 타마하라 스키파크는 어떤 스키장입니까?
(A) 수도권에서 가장 가까운 스키장 중의 하나
(B) 동경에서 가장 가까운 스키장
(C) 골든위크 중에 열고 있는 유일한 스키장
(D) 일본에서 가장 늦게까지 스키를 즐길 수 있는 스키장
・最(もっと)も 가장
・唯一(ゆいいつ) 유일

86. 이 날은 어떤 날씨였습니까?
(A) 아침부터 눈이 내려 180센티미터까지 쌓였다.
(B) 아침 동안에는 흐려있는 편이 많았다.
(C) 아침부터 저녁때까지 흐림이었다.
(D) 아침부터 저녁때까지 쾌청했다.
☞「朝のうちは曇りがち…昼前から快晴…」가 포인트.
・積(つ)もる 쌓이다
・曇(くも)る 흐리다
・夕方(ゆうがた) 저녁때

87. 골든위크 기간 중에 이 스키장에는 몇 명의 스키 손님이 방문하리라 예상되고 있습니까?
(A) 2000人　　　　(B) 7000人
(C) 14000人　　　(D) 20000人
・期間中(きかんちゅう) 기간중
・訪(おとず)れる 찾아오다

88~90

　今、東京の築地で幽霊自転車が話題を呼んでいます。だれも乗っていない灰色の老朽自転車のペダルがひとりで回り続け、初めて見た人は驚いて立ち止まります。
　実はこれ、地下鉄大江戸線の駅の通気孔から吹き出す排気に目をつけた誰かのいたずら。風の向き、強さによって時々止まりますが、早朝から深夜まで、電車が動いている間

なら回転している仕掛けです。
　築地署が防犯登録簿を調べましたが、古い自転車のこと、持ち主は見つかりませんでした。「前衛芸術みたい」と街の評判も悪くなく、同署も撤去するつもりはないそうです。

　지금 도쿄의 츠키지에서 유령자전거가 화제를 부르고 있습니다. 아무도 타고 있지 않은 회색의 낡은 자전거 페달이 혼자 계속 돌아서 처음 본 사람은 놀라서 멈춰섭니다.
　사실 이것은 지하철 大江戸(오오에도)선의 역 통기구멍에서 뿜어 나오는 배기에 착안한 누군가의 장난. 바람의 방향, 강함에 따라 때때로 멈추지만, 아침 일찍부터 심야까지 전차가 움직이고 있는 동안이라면 회전하고 있는 속임수입니다.
　츠키지 경찰서가 방범등록 부를 조사했지만, 낡은 자전거의 주인은 찾지 못했습니다. '전위예술 같다'고 거리의 평판도 나쁘지 않아서 츠키지 경찰서도 철거할 생각은 없다고 합니다.

88. 왜 '유령자전거'라고 불리고 있습니까?
(A) 낡은 회색 차체가 유령 같기 때문에.
(B) 모르는 사이에 여기저기 이동하고 있기 때문에.
(C) 이 자전거에 타고 있다 살해된 사람이 있기 때문에.
(D) 페달이 혼자 저절로 계속 돌고 있기 때문에.
・車体(しゃたい) 차체
・移動(いどう) 이동
・殺(ころ)される 살해당하다

89. 이 자전거의 페달은 언제 돌고 있습니까?
(A) 방향이 맞는 바람이 강하게 불었을 때에 돌고 있다.
(B) 전차가 움직이고 있는 동안에는 대부분 돌고 있다.
(C) 충전장치의 전기가 떨어질 때까지 돌고 있다.
(D) 사람이 보러 왔을 때에만 돌고 있다.
☞전철이 움직이는 동안이라면 회전한다고 했다.
・吹(ふ)く 불다
・充電装置(じゅうでんそうち) 충전장치
・切(き)れる 끊기다
・回(まわ)る 돌다

90. 왜 경찰서는 이 자전거를 철거하지 않습니까?
(A) 거리 사람들로부터의 평판도 나쁘지 않기 때문에 철거하지 않는다.
(B) 주인을 모르기 때문에 철거할 수 없다.
(C) 전위예술로서의 가치가 있어서 철거하지 않는다.
(D) 아이들의 장난에 지나지 않는 것이어서 철거할 필요가 없다.
・価値(かち) 가치
・～に過(す)ぎない ～에 지나지 않다

91~94

最近、東京のタクシー会社が、一般利用客を対象とした「お抱え運転手サービス」を始めました。ただし、「お抱え」とはいっても頼みは自分の携帯電話です。この会社の保有する車両には全てGPS、全地球測位システムが搭載されていて、利用客はｉモードの専用ページで現在地を調べてから、近くを走行中の車両を検索。その上で運転手に直接電話をかけて待ち合わせ場所を決めるという仕組みです。

それでも、時間がかかり、待ち合わせ場所もうまく伝わらないなどの問題があった従来の配車に比べれば、はるかに便利で効率的。かなりの「お抱え」気分は味わえるはずとのことです。

최근 도쿄의 택시회사가 일반이용객을 대상으로 한 '고용 운전수 서비스'를 시작했습니다. 단 '고용'이라고는 해도 믿을 것은 자신의 휴대전화입니다. 이 회사가 보유하는 차량에는 모두 GPS, 전 지구측위 시스템이 탑재되어 있으며, 이용객은 ｉ모드의 전용 페이지에서 현재위치를 조사하고, 근처를 주행 중인 차량을 검색. 그리고 나서 운전수에게 직접 전화를 걸어 만날 장소를 결정한다는 시스템입니다.

그래도 시간이 걸리고, 만날 장소도 잘 전해지지 않는 등의 문제가 있었던 종래의 배차에 비하면 훨씬 편리하고 효율적. 상당한 '고용' 기분은 맛볼 수 있을 거라고 합니다.

91. 이 서비스의 대상자는 누구입니까?
(A) 모든 일반 이용객
(B) 등록되어 있는 회원
(C) 일정거리 이상을 이용하는 사람
(D) 회사단위로 계약하고 있는 사람
☞첫 줄에 '일반 이용객을 대상으로 한' 이라고 했다.
· 一定距離(いっていきょり) 일정 거리
· 契約(けいやく) 계약

92. 이용객에게 필요한 것은 무엇입니까?
(A) GPS (전 지구측위 시스템)
(B) 휴대폰
(C) 자동차 항법장치
(D) 컴퓨터
· カーナビゲーション car navigation

93. 이용할 때 우선 하는 일은 무엇입니까?
(A) 만나기로 한 장소를 생각해 둔다.
(B) 택시회사에 전화를 한다.
(C) 근처를 주행 중인 차량을 검색한다.
(D) 자신의 현재위치를 조사한다.
· 走行中(そうこうちゅう) 주행중

· 現在地(げんざいち) 현재위치

94. 종래의 배차 문제점으로 맞는 것은 어느 것입니까?
(A) 만날 장소가 한정되어 있었다.
(B) ｉ모드를 이용할 때의 요금이 비쌌다.
(C) 배차에 시간이 걸리고 있었다.
(D) 심야 이용객에게 대응하지 못하고 있었다.
· ～際(さい) ～때에、～시에
· できずにいた 못하고 있었다 〈＝できないでいた〉

95~97

今年4月、大手デパートの高島屋にロボットのアシモ君が「入社」しました。1階の入り口に立ち、入店客に向かって「お越し頂きありがとうございます」とおじぎをしながら愛嬌を振りまく姿は、営業効果満点です。

気になるお給料ですが、なんと年俸は2000万円。これはホンダに支払うリース料ですが、デパート側は「今年は漫画アトムの生誕年でもあり、ロボットの注目度は高い」と言い、集客の「即戦力」となるロボット社員の健闘に期待をしているそうです。

금년 4월 대형 백화점인 다카시마에 로봇인 아시모군이 '입사' 했습니다. 1층 입구에 서서, 입점객을 향하여 「찾아주셔서 감사합니다」라고 인사를 하면서 애교를 떠는 모습은 영업효과 만점입니다.

궁금한 것은 급료인데, 무려 연봉은 2000만엔. 이것은 혼다에 지불하는 임대료이지만, 백화점 측은 '금년은 만화 아톰의 출생해이기도 하여, 로봇의 주목도는 높다'고 말하며, 손님 모으기의 '즉전력(실전에 바로 투입할 수 있는 힘)'이 되는 로봇사원의 건투에 기대를 하고 있다고 합니다.

95. 이 로봇은 어떤 일을 합니까?
(A) 입구에서 입점 객에게 선물을 나누어 준다.
(B) 입구에서 입점 객에게 인사를 한다.
(C) 가게 안을 돌면서 손님에게 애교를 떤다.
(D) 가게 안을 돌면서 손님에게 인사를 한다.
· 配(くば)る 나누다, 나누어 주다
· 店内(てんない) 점 내
· 挨拶(あいさつ) 인사

96. 왜 지금 로봇의 주목도가 높은 것입니까?
(A) 긴 안목으로 보면 인간보다 경제적이기 때문에.
(B) 인간형 로봇 '아시모'의 등장이 화제가 되었기 때문에.
(C) 로봇에게는 일본의 기술력이 집약되어 있기 때문에.
(D) 만화 주인공 '아톰'이 태어난 해이기 때문에.
· 人間型(にんげんがた) 인간형

- 技術力(ぎじゅつりょく) 기술력
- 集約(しゅうやく) 집약

97. 백화점에서는 이 로봇에게 무엇을 기대하고 있습니까?
(A) 손님을 모으는 즉 전력이 될 것.
(B) 백화점 이미지 상승에 연결되는 것.
(C) 텔레비전이나 신문 취재를 받아 화제가 되는 것.
(D) 손님의 구매의욕을 높이는 것.
- 繋(つな)ぐ 연결하다
- 取材(しゅざい) 취재
- 購買意欲(こうばいいよく) 구매의욕

98~100

みなさんは、前から来る車の名前を次々にあてる自動車マニアを、不思議に思ったことはありませんか。
ある研究グループが、車好きの人の脳にセンサーをつけ、自動車と人の顔の写真を交互に見せていったところ、脳の同じ部位の活動が活発になっていることがわかりました。一方、車に興味のない人に同様の実験を行った場合には、車と人とではまったく別の部位が活動していたそうです。人が非常に好きなものを見る時には、顔を見るのと同じメカニズムで認識していることを示唆する、興味深い結果となっています。

여러분은 앞에서 오는 차의 이름을 연달아 대는 자동차매니아를 신기하게 생각한 적은 없습니까?
어느 연구그룹이 차를 좋아하는 사람의 뇌에 센서를 부착하여 자동차와 사람의 얼굴 사진을 교대로 보였더니, 뇌의 같은 부위 활동이 활발해지고 있는 것을 알았습니다. 한편 차에 흥미가 없는 사람에게 같은 시험을 한 경우에는 차와 사람과는 전혀 다른 부위가 활동하고 있었다고 합니다.
사람이 몹시 좋아하는 것을 볼 때는 얼굴을 보는 것과 같은 메커니즘으로 인식하고 있다는 것을 시사하는 매우 흥미로운 결과가 되고 있습니다.

98. 이 사람은 자동차 매니아의 무엇이 불가사의하다고 말하고 있습니까?
(A) 차의 이름을 보고 바로 아는 것.
(B) 보통 사람과 뇌의 사용법이 다른 것.
(C) 새로운 차의 이름을 바로 외우는 것.
(D) 차 디자인의 차이를 바로 인식할 수 있는 것.
- 普通(ふつう) 보통
- 違(ちが)う 다르다
- 覚(おぼ)える 기억하다

99. 연구 그룹에서는 두 피험자 그룹에게 어떤 실험을 했습니까?
(A) 두 그룹에 대해 차의 사진을 교대로 보여주고 갔다.

(B) 두 그룹에 각각 차와 사람의 얼굴 사진을 교대로 보여 주었다.
(C) 차를 좋아하는 그룹에게는 차의 사진을 그렇지 않은 그룹에게는 사람의 얼굴 사진을 보여주었다.
(D) 차와 사람 얼굴의 사진을 보여준 결과로 피험자를 두 그룹으로 나누었다.
- それぞれ 각각
- 被験者(ひけんしゃ) 피험자
- 分(わ)ける 나누다

100. 이 실험결과는 무엇을 시사하고 있습니까?
(A) 차를 좋아하는 사람의 뇌는 그렇지 않은 사람의 뇌에 비해 사용되는 범위가 좁다.
(B) 차를 좋아하지 않는 사람의 뇌는 기계에 대한 인식 능력이 낮다.
(C) 차를 좋아하는 사람의 뇌는 독특한 메커니즘을 갖고 있다.
(D) 아주 좋아하는 물건과 사람의 얼굴은 같은 메커니즘으로 인식되고 있다.
- 範囲(はんい) 범위
- 機械(きかい) 기계
- 独特(どくとく) 독특

101. 병원 대합실에서 잡지를 읽었습니다.
☞「待合」는 서로 기다린다는 뜻이므로 훈으로 읽어주며, 「室」는 특수한 경우가 아니면 대부분 「しつ」로 읽는다.

102. 단어를 몰라도 문맥으로 의미는 이해됩니다.
☞「文」의 음독은 「ぶん」과 「もん」「も」가 있는 데, '문장'의 의미를 갖고 있는 것은 대부분 「ぶん」으로 읽는다. 「文脈」은 음독으로 읽는다.
- 単語(たんご) 단어
- 意味(いみ) 의미

103. 소포를 선편(배편)으로 보냈습니다.
☞「便」이 '소식'이나 '방법'의 의미로 쓰일 때는 음독의 경우「びん」으로 읽으며, 배편(선편)의 경우는 「船(ふね)」의 음 변형으로 「船便(ふなびん)」으로 읽는다.
- 小包(こづつみ) 소포
- 送(おく)る 보내다

104. 이 새는 국가 천연기념물로 지정되어 있습니다.
☞「然」의 음독은 거의 「ぜん」으로 읽지만 '천연'은 예외음으로 「天然(てんねん)」이다. '천연기념물'은 모두 음독으로 읽는다.
- 鳥(とり) 새
- 国(くに) 나라
- 指定(してい) 지정

105. 어제 어머니가 교통사고를 당했습니다.
☞동사 「あう」는 각각 「会(あ)う」 만나다, 「合(あ)う」 맞다 「逢(あ)う」 뜻밖에 상봉하다의 의미를 갖고 있으며, '사고를 당하다' 라는 표현은 「～事故(じこ)に遭(あ)う」라고 한다.
· 交通事故(こうつうじこ) 교통사고

106. 유학생이 권총에 맞아 사망했습니다.
☞「打(う)つ」는 '두드리다, 치다', 「撃(う)つ」는 '저격하다', 「討(う)つ」는 '공격하여 정벌하다'의 뜻, 「銃(じゅう)で撃(う)たれる」는 '총으로 저격당하다'.
· 留学生(りゅうがくせい) 유학생
· 拳銃(けんじゅう) 권총
· 死亡(しぼう)する 사망하다

107. 이 나라에서는 왕족이 국가를 다스리고 있습니다.
· 王族(おうぞく) 왕족
· 治(おさ)める 다스리다
· 修(おさ)める 배워 익히다
· 沿(そ)う 따라가다

108. 지금 어머니는 인터넷 사용법을 배우고 있습니다.

109. 기무라 씨와 이무라 씨, 발음이 비슷해서 헷갈립니다.
☞「동사ます형+やすい/にくい」 ～하기 쉽다/어렵다
☞間違(まちが)える 착각하다, 실수하다
· 発音(はつおん) 발음
· 似(に)る 닮다
· 紛(まぎ)らわしい 헷갈리다

110. 이 매뉴얼에 따라 행동하세요.
☞「～に従(したが)って」: ① ～에 따라(따르다, 순종, 복종하다)/문제와 (D) ② ～와 함께 (A) ③ ～하자 점점 더 (C) ④ 〈접속사〉따라서, 그러므로 (B)
· 行動(こうどう) 행동
· 歳(とし)をとる 나이를 먹다
· 規則(きそく) 규칙
· 罰金(ばっきん) 벌금
· 上昇(じょうしょう) 상승
· 庶民(しょみん) 서민
· 苦(くる)しい 힘들다
· 生(い)きる 살다

111. 나는 참가할 수 없으니까 내 이름을 빼 놓아 주세요.
☞抜(ぬ)く: ① 빼다, 뽑다(B) ② 빼다, 제거하다, 생략하다 (문제D) ③ 앞지르다(C) ④「동사ます형+ぬく」끝까지 해내다, 해치우다(A)
· 参加(さんか) 참가
· 大会(たいかい) 대회
· 走(はし)る 달리다

· 歯医者(はいしゃ) 치과
· 親知(おやし)らず 사랑니
· 息子(むすこ) 아들
· 前置(まえお)き 서론
· 本論(ほんろん) 본론

112. 강연회에서 선생님 말씀을 들었던 적이 있습니다.
☞겸양어「うかがう」①伺(うかが)う: 듣다 (문제/B) ②여쭙다 (A/D) ③찾아뵙다(C) ④ うかがう 살피다, 엿보다
· 講演会(こうえんかい) 강연회
· 訪(たず)ねる 방문하다 〈訪れる는「おとずれる」〉

113. 그는 언제나 돌려서 말을 하기 때문에 말을 이해하기 어렵다.
☞「もってまわる」가「もってまわった」의 꼴로 쓰여서 간접적 말투나 행동을 의미한다. 따라서「もってまわった言(い)い方(かた)」는 '완곡한 말투'.
· 単語(たんご) 단어
· 整理(せいり) 정리
· 直接(ちょくせつ) 직접
· 省略(しょうりゃく) 생략

114. 집안일을 하며 짬을 내어 웹 디자인 일을 하고 있습니다.
☞合間(あいま)を縫(ぬ)う 짬을 이용하다
*縫(ぬ)う 누비고 나가다(빠져나가다)
· 家事(かじ) 가사
· 合間(あいま) 짬, 틈
· 空(あ)き 틈새, 한가한 시간(짬)
· もったいない 아깝다
· 減(へ)らす 줄이다
· 一段落(いちだんらく) 일단락

115. 부장님은 뭔가 문제가 발생하면, 항상 여직원 편을 듭니다.
☞「肩(かた)を持(も)つ」편들다, 두둔하다
☞～の味方(みかた)をする ～의 편을 들다
☞敵(てき)に回(まわ)る 적의 편에 붙다
☞喧嘩(けんか)をする 싸움을 하다

116. 그런 큰 돈을 쓰지 않아도 가능합니다.
☞「使(つか)わずとも」= 使(つか)わなくと, 使わなくても
☞「ず」는 부정의 조동사「ぬ」의 연용형으로「ないで」「なくて」의 의미가 된다.
· 大金(たいきん) 대금, 큰 돈

117. 그런 조건으로는 협력할 수 없습니다.
☞「かねる」는 뜻 자체가 '～하기 어렵다'이므로 앞에는 긍정형이 온다.
· 条件(じょうけん) 조건
· 協力(きょうりょく) 협력

118. 결과에 따라서는 급료가 줄어들 가능성도 있습니다.
    ☞「しだい」①명사+次第(しだい) ～에 의해 결정되다(～나름, ～에 따라)―(문제/B) ② 동사ます형+次第(しだい) ～하자는 대로―(A/D) ③ 次第(しだい)に (부사) 차차, 점점―(C)
    ☞명사+次第로 된 것을 찾으면?
    ・結果(けっか) 결과
    ・給料(きゅうりょう) 급료
    ・減(へ)る 줄다
    ・可能性(かのうせい) 가능성
    ・満員(まんいん) 만원
    ・締(し)め切(き)り 마감
    ・実行(じっこう) 실행
    ・慣(な)れる 익숙해지다

119. 부장님께서 과장님 일을 돕게 했습니다.(부장님 명령으로 과장님 일을 도왔습니다.)
    ☞「手伝(てつだ)わされる」는 「手伝(てつだ)う」의 사역 수동으로 '부장님이 일을 시켜서 과장님의 일을 도왔음'을 의미한다. 화자의 입장에서 한 말이므로, 도운 사람은 '나'.
    ・手伝(てつだ)う 돕다

120. 놀랍게도 그는 승진 이야기(제의)를 거절했다고 한다.
    ☞「～ことに」～하게도
    ☞「～ないことには」～하지 않고서는, ～하지 않으면
    ☞「～ことか」매우 ～하다, (얼마나)～인지
    ・昇進(しょうしん) 승진
    ・断(ことわ)る 거절하다
    ・喜(よろこ)び合(あ)う 서로 기뻐하다
    ・とも 모두
    ・一言(ひとこと) 한마디

121. 사이즈가 맞지 않으면 교환해 드릴 테니 1주일이내에 가지고 오세요.
    ☞겸양 공식→「お(ご)+동사ます형+する(いたす)」～하다, ～해 드리다
    존경 공식→「お+동사ます형+になる」～하시다
    존경의 의뢰→「お(ご)+동사ます형+ください」～해 주세요
    답은 (D)번으로 「お持(も)ち下(くだ)さい」꼴이 되어야 한다.
    ・取(と)り替(か)える 교환하다

122. 신인이라면 신인답게 조금 더 겸손하는 편이 자신에게 유익합니다.
    ☞한정 조건은 「なら」이며, 「기본형+と」는 필연성이나 당연한 결과가 올 때 쓰인다. 「명사+らしい」～답다
    ・新人(しんじん) 신인
    ・謙虚(けんきょ) 겸허함, 겸손함
    ・為(ため) 이익, 도움, 위함

123. 이번 전직을 앞두고 대학시절 친구가 상당히 상담에 응해 주었다.
    ☞「～に あたって」에서 에 앞에 동사기본형이 와야 한다. 뜻은 '～을 앞두고, ～에 즈음하여'.
    ☞「相談(そうだん)に乗(の)る」상담에 응하다
    ・転職(てんしょく) 전직
    ・友人(ゆうじん) 친구
    ・ずいぶん 몹시, 심히

124. 지금이라도 비가 내릴 것 같은 날씨여서, 외출할지 말지 망설이고 있습니다.
    ☞'지금이라도 ～할 것 같다'는 「今にも～そうだ」의 형태로 쓰인다.
    ☞今も(지금도)가 오면 雨が降っている와 같은 표현이 올 수 있다.
    ・降(ふ)り出(だ)す 내리기 시작하다
    ・空模様(そらもよう) 날씨
    ・迷(まよ)う 망설이다

125. 그는 하고 싶은 말만 하고는, 다른 사람의 의견은 듣지 않고 재빨리 방을 나가 버렸다.
    ☞「ばかり」를 「だけ」로 바꾸어야 한다.
    「～だけ～する」～만 ～하다(한정) 「～ばかり～する」～만 ～하다(어떤 정도를 넘는)
    ・意見(いけん) 의견
    ・聞(き)かず=聞(き)かないで 듣지 않고
    ・さっさと 재빠르게

126. 내일은 사회인이 되고 나서 첫 월급날이어서 지금부터 몹시 기대됩니다.
    ☞'지금부터 매우 기대된다'는 뜻이므로 「楽(たの)しみ(기대)」를 써야 한다.
    ・社会人(しゃかいじん) 사회인
    ・給料日(きゅうりょうび) 급료일, 월급날

127. 작년 교통사고를 당한 이후, 가끔 두통에 시달리게 되었습니다.
    ☞'두통에 시달리다'란 뜻이므로 「～に 悩(なや)まされる」로 써야 한다.
    ☞「～以来(いらい)」～한 이래(이후)
    ・頭痛(ずつう) 두통

128. 산 지 얼마 되지 않은 냉장고가 고장 나서 메이커에 전화를 하여 교환해 받았습니다.
    ☞「동사た형+ばかり」～한지 얼마 지나지 않았다
    ☞「メーカーに」로 되어 있으므로 「～てもらう」로 해야 한다.
    ・冷蔵庫(れいぞうこ) 냉장고
    ・壊(こわ)れる 고장나다
    ・交換(こうかん) 교환

129. 이것은 지난번 거행된 전시회에서 호평을 얻은 상품으로, 많은 주문을 받고 있습니다.
    ☞ '호평을 받았다'고 해서 「もらう」를 쓰기 쉬운데, 「好評(こうひょう)を得(え)る」 또는 「好評(こうひょう)を博(はく)する」로 표현해야 한다.
    ☞ 「もらう」는 '물건'에 쓴다.
    • 先(さき)ごろ 지난번
    • 行(おこな)われる 거행되다
    • 展示会(てんじかい) 전시회
    • 商品(しょうひん) 상품
    • 注文(ちゅうもん) 주문

130. 더워서 창문을 열어 놓은 채로 있었더니, 눈치 채지 못한 사이에 집안에 고양이가 들어와 있었습니다.
    ☞ 「知(し)る」는 '깨닫다, 알아차리다'의 의미가 있어서 '미처 알아차리지 못한 사이에'라는 표현은 「知(し)らないうちに」가 된다.
    • 開(あ)けっ放(ぱな)し 열어 놓은 채
    • 入(はい)り込(こ)む 속으로 들어가다

131. 여기저기 출혈하고 있지만, 목숨에 관련될 만한 부상은 없으니까 걱정은 필요 없습니다.
    ☞ '~에 관련되다, 관계있다'는 표현으로 「~にかかわる」를 사용한다.
    • 出血(しゅっけつ) 출혈
    • 命(いのち) 목숨, 생명
    • 要(い)る 필요하다

132. 10시간에 걸친 대수술 끝에 우선 생명은 건졌지만, 아직도 예측 불허인 상태이다.
    ☞ '10시간에 걸친 대수술'에 조사 「に」가 왔으므로 「~におよぶ」형태가 와야 한다.
    ☞ 명사+の末(すえ) ~한 끝에
    ☞ 予断(よだん)を許(ゆる)さない 예측을 불허하다
    • 大手術(だいしゅじゅつ) 대수술
    • とりあえず 우선
    • 一命(いちめい) 한 생명
    • 取(と)り留(と)める (목숨을)건지다, 소생시키다

133. 아이들끼리의 싸움에 부모가 이러쿵저러쿵 참견하는 것은 좋지 않다.
    ☞ '남의 말에 끼어들다, 참견하다'는 「口(くち)を挟(はさ)む」또는 「口(くち)を出(だ)す」
    • 명사+同士(どうし) 끼리
    • 喧嘩(けんか) 싸움
    • あれこれ 이러쿵저러쿵

134. 부장님은 오늘 아침 기분이 좋으니까 지금 사죄해 두는 것이 상책입니다.
    ☞ 「気分(きぶん)」 '쾌, 불쾌'의 마음가짐. 정서, 기질, 분위기, 유쾌한 기분을 나타낼 때는 「機嫌(きげん)がいい」라고 한다.
    • 今朝(けさ) 오늘 아침
    • 謝(あやま)る 사죄하다
    • 得策(とくさく) 득책, 상책

135. 익숙하지 않은 외국생활이라도 만일의 경우에 의지할 수 있는 사람이 있다는 것은 안심입니다.
    ☞ 사람을 의지, 의뢰한다는 표현은 「頼(たよ)る」가 적합하며, 답은 가능형 「頼(たよ)れる」가 된다. 「頼(たの)む」는 '부탁하다'의 뜻.
    • 慣(な)れる 익숙해지다
    • いざという時(とき)에 만일의 경우에

136. 아마 교토에서 산 것 같은데, 어느 가게에서 샀는지 잘 기억하고 있지 않습니다.
    ☞ '어느 가게에서 샀는지는 잘 기억 못하겠다'이므로 「どうか」는 필요없다.

137. 심심풀이로 읽기 시작한 책이었는데, 어느샌가 완전히 열중해 있었다.
    ☞ '어느새인가'라는 표현은 「いつの間(ま)にか」.
    • 退屈(たいくつ)しのぎ 지루함을 견디기 위한 심심풀이
    • すっかり 완전히
    • 熱中(ねっちゅう) 열중

138. 금년 신입사원은 사장님 앞에서 일보다 사생활이 중요하다고 당당하게 말했다.
    ☞ '동사て+のける' 훌륭하게 해내다, 감히 ~하다
    ☞ '당당하게'는 「堂々(どうどう)と」. 조사 と를 취한다.

139. 사장님이 이쪽 연락처를 모르고 계셔서 전화번호를 가르쳐 드렸습니다.
    ☞ '아시다/모르시다'는 「ご存(ぞん)じだ」「ご存じではない」로 쓰며 「ご存じになる」로는 쓰지 않는다.
    • 連絡先(れんらくさき) 연락처

140. 살인범으로 오인되어 경찰에 연행되어 가다니, 틀림없이 거짓말이다.
    ☞ 「~に決(き)まっている」는 '반드시 ~이다, 뻔하다'의 뜻.
    • 殺人犯(さつじんはん) 살인범
    • 間違(まちが)える 착각하다
    • 警察(けいさつ) 경찰

141. 아직 먹다 만 것이니까 버리지 마세요.
    ☞ '동사ます형+かける'는 '도중까지 ~하다'는 뜻이므로 지금 먹고 있는 것은 아니지만 먹다가 걸쳐둔 상태.
    • 拾(ひろ)う 줍다
    • 捨(す)てる 버리다

142. 오늘 저녁부터 내일 아침에 걸쳐 큰 비가 내릴 겁니다.
　☞「～から ～にかけて」~부터 ~에 걸쳐
　　・大雨(おおあめ) 큰 비, 폭우

143. 그의 표정으로 보아 교섭은 잘 되지 않은 것 같다.
　☞「명사+からすると」~(입장, 상태)로 보아
　☞～から 見ると도 가능하다.
　　・表情(ひょうじょう) 표정
　　・交渉(こうしょう) 교섭

144. 아무것도 모르면서 쓸데없는 말 하지 마세요.
　☞「～くせに」는 ~하면서, ~인 주제에.「～くせして」로도 쓴다.
　　・余計(よけい) 쓸데없음

145. 뒤돌아보니 아버지가 문 앞에 쓸쓸하게 서 있었습니다.
　☞뒤에「に」가 있으므로「さびしげ」가 와야 한다.
　　・振(ふ)り返(かえ)る 뒤돌아보다
　　・寂(さび)しがる 외로워하다

146. 워드조차 사용하지 못하는 그에게 이런 어려운 소프트웨어는 사용할 수 없습니다.
　☞「さえ」조차, 마저
　☞「のみ」는「だけ」의 문어적 표현 (~만, 뿐)

147. 그렇게 바쁜 그가 함께 여행을 갈 리가 없습니다.
　☞「동사ます형+っこない」~할 리가 없다, ~할 턱이 없다 (실현 불가능)
　　・忙(いそが)しい 바쁘다

148. 배탈 나면 곤란하니까 가능하면 생수를 마시지 않도록 하고 있었습니다.
　☞「なるべく」가급적이면, 가능하다면(できれば)
　　・生水(なまみず) 생수
　　・むしろ 차라리

149. 이번에도 거짓말을 당해, 이제 두 번 다시 그에 관한 것은 믿지 않겠다고 생각했다.
　☞종조사「ものか」=「もんか」반어 표현: ~할까 보냐, ~하나 봐라
　　・嘘(うそ)をつく 거짓말을 하다
　　・二度(にど)と 두 번 다시(부정어 동반)
　　・信(しん)じる 믿다

150. 해외공장으로의 부임에 앞서 현지어 강습회가 열렸습니다.
　☞「～に先立(さきだ)ち／～に先立(さきだ)って」~에 앞서
　　・着任(ちゃくにん) 임지에 도착함, 새 임무
　　・現地語(げんちご) 현지어
　　・講習会(こうしゅうかい) 강습회
　　・開(ひら)かれる 열리다
　　・前(まえ)もって 미리

151. 사장이라고는 해도 회사에 고용되어 있는것에 지나지 않습니다.
　☞「～に過(す)ぎない」~에 지나지 않다
　　・雇(やと)われる 고용되다「雇(やと)う」의 수동
　　・足(た)りる 충분하다, 족하다
　　・満(み)ちる 넘치다
　　・越(こ)える 넘어가다

152. 대륙을 남하함에 따라 사막지대가 넓어졌습니다.
　☞「～につれて」~함에 따라, ~하자 점점 더
　　「～に沿(そ)って」(길 등)을 따라, (정해진 일, 기준)에 따라
　　「～によって」~에 의(근거)하여, ~에 따라
　　・大陸(たいりく) 대륙
　　・南下(なんか) 남하
　　・砂漠地帯(さばくちたい) 사막 지대

153. 5일간에 걸쳐 지구환경에 관한 국제회의가 열렸습니다.
　☞「～にわたって」~에 걸쳐서. '5일간에 걸쳐'와 같이 단독으로 쓰일 때는「わたって」가 와야 한다.
　　「～から～にかけて」~부터~에 걸쳐서(기간을 나타내지만, 보통「～から」와 같이 쓰인다.)
　　「～を通(つう)じて」~을 통하여(모든 것을 포함하여)
　　「～を通(とお)して」~동안 계속(내내), ~을 통하여(수단)
　　・地球環境(ちきゅうかんきょう) 지구 환경
　　・国際(こくさい) 국제
　　・開(ひら)かれる 열리다

154. 어린 아이라면 몰라도 다 큰 어른이 음식물 하나로 싸움을 하다니.
　☞「～ならともかく」~라면 또 몰라
　　「～とはいえ」그렇다 하더라도(+역접)
　　「とにかく」어쨌든
　☞「いい大人」는 '다 큰 어른'이란 뜻으로 빈정대는 말투.
　　「いい年(とし)になる」는 나이를 먹을 만큼 먹다.
　　・大人(おとな) 어른

155. 이 여행은 중장년 대상으로, 여유 있는 일정으로 되어 있습니다.
　☞「～向(む)け」는, '~을 대상(용)'이란 뜻.「あて」는 '짐작, 기대'란 뜻으로 보통「あてにする」(기대하다)로 많이 쓴다.「宛(あ)て」로 표기하면 '수신인, 수신처'를 나타낸다.
　　・中高年(ちゅうこうねん) 중고년, 중장년
　　・余裕(よゆう) 여유
　　・日程(にってい) 일정

156. 그녀는 매우 재능이 많아, 유화도 그리고 바이올린도 켤 수 있습니다.
　☞「～も ～ば、～も」~도 ~하고(하거니와) ~도 → 같은

사항을 열거할 때
☞ 絵(え)をかく 그림을 그리다
☞ バイオリンを弾(ひ)く 바이올린을 켜다
・多才(たさい) 다재(재능이 많음)
・油絵(あぶらえ) 유화

157. 오늘은 보험증을 갖고 있지 않아서 병원에 갈 수 없습니다.
☞ 「동사 의지형+(よ)うにも」 ~하려 해도
・保険証(ほけんしょう) 보험증

158. 과장을 비롯하여 총무과 여러분에게는 정말로 신세졌습니다.
☞ 「~をはじめ」 ~을 비롯하여 〈はじめる의 중지형〉
☞ 「はじめに」는 시간적으로 '초기에, 처음에' 「はじめは」는 '처음은' 「はじめて」는 '첫(경험)'
・総務課(そうむか) 총무과
・お世話(せわ)になる 신세지다

159. 다나카 씨를 제외하고 이 연구의 성공은 말할 수 없습니다.
☞ 「~をぬきにして」 ~을 제외하고(빼고)
☞ 除(のぞ)く가 되려면 除いて(は)로 해야 한다.
・研究(けんきゅう) 연구
・成功(せいこう) 성공
・語(かた)る 말하다, 이야기하다

160. 이 마을에서는 댐 건설을 둘러싼 주민간의 대립이 심각해 지고 있다.
☞ 「~をめぐる」 ~을 둘러싼(관련한) 「かこむ(둘러싸다)」는 구체적인 대상에 쓴다.
・ダム建設(けんせつ) 댐 건설
・住民(じゅうみん) 주민
・対立(たいりつ) 대립
・深刻化(しんこくか) 심각화

161. 이 영화는 실화를 바탕으로 만들어졌다고 합니다.
☞ 「~をもとに(して)」 ~을 바탕으로 하여
・実話(じつわ) 실화
・作(つく)られる 만들어지다

162. 주위의 걱정을 외면하고, 그는 혼자 분쟁지역으로 향했다.
☞ 「~をよそに」 ~을 무시하고, 외면하고
・周囲(しゅうい) 주위
・紛争地域(ふんそうちいき) 분쟁 지역
・向(む)かう 향하다

163. 지금 카탈로그를 갖다 드릴 테니 이쪽에서 잠시 기다려 주세요.
☞ 내가 하는 행동이므로 「お持ちする」.
・少々(しょうしょう) 잠시

164. 오늘 이러한 자리에 초대해 주셔서 정말로 영광입니다.
☞ 「お(ご)+동사ます형/한자어+いただく」 ~해 주시다

・招(まね)く 초대하다
・光栄(こうえい) 광영, 영광

165. 이 영화는 벌써 보셨습니까?

166. 선생님의 설명으로 저도 조금씩 이해가 갑니다.
☞ 「わかってくる」의 겸양어는 「わかってまいる」.
・説明(せつめい) 설명
・まいる 「来(く)る、行(い)く」의 겸양어

167. 이쪽 무늬라면 조금 나이 드신 분이라도 잘 어울립니다.
☞ 年(とし)を召(め)す → 「年(とし)をとる : 나이를 먹다」의 존경어, 나이 드시다.
・柄(がら) 무늬, 체격
・十分(じゅうぶん) 충분함
・似合(にあ)う 어울리다

168. 제 펜을 사용하세요.
☞ 「お~になってください」 ~해 주세요(정중한 명령)

169. 지금이라면 집에 엄마가 있을 테니, 바로 엄마에게 부탁하겠습니다.
☞ '(나의) 어머니가 있다'라는 말이므로 「いる」를 써야 하고, 「おる」는 「いる」의 겸양어이므로 답은 おります. 「ござる」는 「ある」의 공손어.

170. 프랑스에서 일하고 계셨다면 프랑스말도 하시겠네요.
☞ 상대방을 높이는 말이므로 「できる」의 존경 표현 「おできになる」을 썼다. する의 가능동사가 できる이다.

171~173

> 어제 처음으로 우에노에 있는 시장에 갔습니다. 옷이나 식품 등의 작은 가게가 많이 늘어서 있고, 가격이 아주 쌉니다. 그곳에 있는 사람들도 매우 재미있었습니다. 아저씨가 큰 소리로 값을 외치거나 손님이 값을 깎거나 하고 있는 것을 나는 지금까지 본 적이 없었습니다. 차를 한 캔 산 것 뿐이었는데, 너무 즐거워서 기회가 있으면 다시 가려고 합니다.

☞ 「~や~など」 ~랑 ~등
「~たり~たりしている」 ~거나 ~거나 하고 있다
・市場(いちば) (재래)시장
・服(ふく) 옷
・並(なら)ぶ 늘어서다
・値段(ねだん) 가격
・おじさん 아저씨
・声(こえ) 소리
・叫(さけ)ぶ 외치다
・値切(ねぎ)る 값을 깎다
・缶(かん) 캔
・機会(きかい) 기회

174~177

안녕하세요. 이곳에 온 지 벌써 1개월이 되는데, 한 번도 연락하지 않아서 미안했습니다. 중국어는 생각보다 어렵고 수업 준비로 매일 힘듭니다. 하지만 8월초 프로젝트 개시까지는 그럭저럭 간단한 회화만은 할 수 있도록 열심히 할 생각입니다. 보통은 3개월 정도가 기준이라고 하니까, 나의 예정과 마침 맞고 있습니다. 8월에는 꼭 여러분을 놀라게 해 보일 테니까 기대해 주세요. 그러면 또 메일 보내겠습니다. 다른 분들께도 안부 전해 주세요.

- 中国語(ちゅうごくご) 중국어
- 思(おも)ったより 생각보다
- 授業(じゅぎょう) 수업
- 初(はじ)め 초
- 開始(かいし) 개시
- 頑張(がんば)る 열심히 하다
- 普通(ふつう) 보통
- 目安(めやす) 전망, 목표
- 合(あ)う 맞다
- 驚(おどろ)かせる 놀라게 하다

178~180

'시사이드호텔(Seaside Hotel)'의 티타임플랜(1인 2500엔, 세금별도, 서비스요금포함)의 페어이용권을 25쌍에게 선물합니다. 노천탕의 전세입욕(각일 선착 4쌍, 오후 2시와 3시부터의 45분간)과 애프터눈 티를 즐기는 플랜으로 유효기간은 6월 30일(월)까지의 (월)~(목).

이 응모는 우편번호101-0054 간다니시키쵸 우체국사서함 '시사이드호텔' 담당자에게.

(＊이 홈페이지로도 응모가능. 엽서 응모와 맞추어서 '시사이드호텔'에서 추첨)

☞수량+組(くみ) 짝이나 쌍으로 된 것을 헤아리는 단위, 조
- ~込(こ)み ~포함
- いたす 하다(するの 겸양어)
- 野天風呂(のてんぶろ) 노천 욕탕〈露天風呂 ろてんぶろ〉
- 貸(か)し切(き)り 전세, 대절 ・入浴(にゅうよく) 입욕
- 先着(せんちゃく) 선착
- 楽(たの)しむ 즐기다
- 有効期限(ゆうこうきげん) 유효 기한
- 応募(おうぼ) 응모
- 係(かかり) 담당
- 葉書(はがき) 엽서
- 合(あ)わせる 맞추다
- 抽選(ちゅうせん) 추첨

181~184

제 언니는 아이에게 여러 가지를 배우게 하고 있습니다. 피아노, 수영, 서예…. 왜 그렇게 여러 가지 필요한 것이냐고 물으면, 전부 자신이 하지 못해서 괴로웠던 것이라고 합니다. 저에게는 아직 아이가 없지만, 상상해 보면 역시 영어, 그림 등 제가 잘 못했던 것만 배우게 하고 싶어집니다.

부모로 인해 여러 가지 것을 배우고 있는 아이를 나는 지금까지 불쌍하다고 생각하고 있었습니다. 하지만, 아이에게 괴로운 경험을 갖게 하고 싶지 않다는 부모 마음을 알면, 조금 이해할 수 있을 것 같습니다. 이번에 조카가 개별 학습활동이 힘들다고 저에게 말해 오면, 그런 언니의 마음을 조금 전해 주려고 생각합니다.

- 習字(しゅうじ) 습자, 서예
- 必要(ひつよう) 필요함
- 辛(つら)い 괴롭다
- 想像(そうぞう) 상상
- かわいそうだ 불쌍하다
- 親心(おやごころ) 부모의 마음
- 気(き)がする 느낌이 들다
- 姪(めい) 여자 조카
- 習(なら)い事(ごと) 배우는 일

185~188

'선로를 달리는 순찰차' 등장ー. 흰색과 흑색의 순찰차 모양으로 칠해진 전차가 나고야에 처음으로 선보였습니다. 4량 편성으로 선두차량의 중앙에는 경찰 마크, 상부에는 사이렌 모양이 곁들여져 있습니다.

이것은 아이치현 경찰이 최근 많이 발생하는 노상범죄 등에 대해 현 주민에게 주의를 호소하기 위해, 전국 경찰에 앞서서 도입한 것. 각 차량의 측면에는 차에 다가오는 도둑 등의 일러스트, 피해를 방지하기 위한 포인트가 모아져 있습니다.

홈에서 전차를 기다리고 있었던 승객중 한 사람은 '범죄에 대해 생각하게 하는 것은 좋다고 생각하지만, 매일 타고 싶을지 어떨지는 모르겠네'라며 쓴 웃음을 지었습니다.

☞注意(ちゅうい)を呼(よ)び掛(か)ける 주의를 호소하다
- 線路(せんろ) 선로
- パトカー 패트롤카
- 登場(とうじょう) 등장
- 模様(もよう) 모양, 무늬
- 塗(ぬ)る 칠하다, 바르다
- 編成(へんせい) 편성
- 先頭(せんとう) 선두
- 車両(しゃりょう) 차량
- 上部(じょうぶ) 상부
- あしらう 곁들이다
- 多発(たはつ) 다발
- 路上犯罪(ろじょうはんざい) 노상 범죄
- 県民(けんみん) 현 주민
- 警察(けいさつ) 경찰
- 先駆(さきが)ける 앞장서다

- 導入(どうにゅう) 도입
- 忍(しの)び寄(よ)る 다가오다 ・被害(ひがい) 피해
- 防(ふせ)ぐ 방지하다
- まとめる 모으다
- 苦笑(くしょう)する 쓴웃음을 짓다

189~192

'인생을 축구 시합에 비유하면 하프타임은 몇 살?' 어느 시계 메이커가 이런 질문을 했더니, 남성은 세 명에 한 사람, 여성은 다섯 명에 한 사람, 전체에서는 거의 네 명에 한 명이 '40세'라고 대답했다고 합니다.

그 이유로는, 약 반수의 남성이 '인생은 80이라고 말해지고 있어서 그것을 반으로 나누어'라고 대답하여, 추상적인 일반론으로 간단하게 하프타임을 계산하는 것을 엿볼 수 있습니다. 한편 여성의 경우는 '수명의 반'이라는 회답은 약 30%에 머물며, 두 번째로 많은 이유로 '아이의 자립' '자녀양육으로부터의 해방'을 들고 있습니다. 40세까지 자녀양육을 일단락 지어 놓고, 하프타임을 맞이하여 후반에 임한다는 것일까요?

또한 남성은 '하프타임은 60세'라는 회답이 많은 것도 특징이라고 말할 수 있습니다. 대부분의 회답자가 '정년'을 이유로 들고 있고, 전반은 회사 근무, 후반은 일에서 떠나 제2의 인생을 즐긴다는 인생설계를 그리고 있는 것 같습니다.

☞「~に例(たと)えると／例(たと)えば」~에 비유하면
☞「一段落(いちだんらく)する」 일단락 짓다
- 試合(しあい) 시합
- 例(たと)える 비유하다
- ほぼ 대략
- 半分(はんぶん) 절반
- 割(わ)る 나누다
- 抽象的(ちゅうしょうてき) 추상적
- 一般論(いっぱんろん) 일반론
- 寿命(じゅみょう) 수명
- とどまる 머물다, 멈추다
- 自立(じりつ) 자립
- 開放(かいほう) 개방
- 挙(あ)げる (이유를)들다
- 子育(こそだ)て 자녀 양육
- 臨(のぞ)む 임하다
- 特徴(とくちょう) 특징
- 定年(ていねん) 정년
- 後半(こうはん) 후반
- 勤(つと)め 근무
- 設計(せっけい) 설계
- 描(えが)く 그리다

193~196

동경도 후지미노시에, 시도와 공원 안을 감시하는 방범카메라가 부착된 택지가 등장했다.

카메라는 당초 공원 안과 시도상에 설치예정이었지만, 관리자인 시가 '주택가는 변화가와 달리 범죄 발생률이 낮아, 주민의 프라이버시를 침해할 우려가 크다'며 설치를 인정하지 않았었다. 그러나 업자는 '카메라 설치를 인정하는 것이 구입조건이기 때문에 문제는 없지 않겠느냐'하고, 관할하는 경찰서도 '범죄 억제효과는 크다'며 후원했다.

그래서 업자측은 공원 내의 자사 토지에 카메라를 설치하는 계획으로 변경. 현재는 단지중앙과 동서 공원의 철기둥 상부에 모두 5대의 방범카메라를 부착하여, 공원 내와 시도를 감시. 영상은 케이블로 컴퓨터의 하드디스크에 보존하여 자치회가 관리하고, 범죄발생시에 경찰만이 볼 수 있도록 하고 있다. 그 결과 시측은 '관리권이 없다'고 묵인하게 되었다.

범죄에 강한 거리 만들기를 연구하는 나라대학 교수는 '범죄에 대한 불안이 높아지는 중에 카메라는 사회적 합의를 얻어 가고 있지만, 지나치면 생활하기 어려워지게 된다. 범죄발생의 위험성 등 지역에서 충분히 서로 의논해야 할 문제이다'라고 말하고 있다.

☞「~と違(ちが)って」~와 달리
- 監視(かんし) 감시
- 防犯(ぼうはん) 방법
- 付(つ)き 부착
- 宅地(たくち) 택지
- 当初(とうしょ) 당초
- 設置(せっち) 설치
- 住宅街(じゅうたくがい) 주택가
- 繁華街(はんかがい) 변화가
- 侵害(しんがい) 침해
- 恐(おそ)れ 우려
- 認(みと)める 인정하다
- 購入条件(こうにゅうじょうけん) 구입조건
- 管轄(かんかつ) 관할
- 抑止(よくし) 억지
- 効果(こうか) 효과
- 業者(ぎょうしゃ) 업자
- 土地(とち) 토지
- 変更(へんこう) 변경
- 現在(げんざい) 현재
- 団地(だんち) 단지
- 中央(ちゅうおう) 중앙
- 鉄柱(てっちゅう) 철기둥
- 映像(えいぞう) 영상
- 保存(ほぞん) 보존
- 自治会(じちかい)

・管理権(かんりけん) 관리권

・黙認(もくにん) 묵인

・街(まち)づくり 거리만들기

・高(たか)まる 높아지다

・合意(ごうい) 합의

・危険性(きけんせい) 위험성

・話(はな)し合(あ)う 의논하다

・倫理観(りんりかん) 윤리관

・欠如(けつじょ) 결여

・平(ひら)たい 납작하다, 알기 쉽다

・響(ひび)く 전해지다

・選挙違反(せんきょいはん) 선거 위반

・収賄(しゅうわい) 수회(뇌물을 받음)

・政治献金(せいじけんきん) 정치헌금

・届(とど)け出(で)る 신고하다

・公約(こうやく) 공약

・けろりと 까맣게

197~200

미인은 샹, 식사는 엣센에서, 마시는 것은 토링켄ー. 옛날, 구제도의 고교생이 일상회화에서 자주 사용했던 말이다. 막 익힌 독일어를 함부로 사용했던 것은 젊은이의 치기로 사랑할 만한 부분이 있었다고 말할 수 있을 것이다. 가타카나어의 범람의 먼 기원은 이 즈음일지도 모른다.

그러나 언제 무엇이 범람의 기원이었는지는 그렇다 치고, 지금 넘쳐나는 가타카나어는 거의가 성가시기 짝이 없는 말이다. 말의 의미를 애매하게 하고, 해독을 끼친다.

예를 들면 국립국어연구소가 말 바꾸기를 검토하고 있는 '모럴헤저드'. '윤리의식의 결여'라고 바꿔 말할 수 있지만 알기 쉽게 말하면 '창피(부끄러움)를 모른다'이다. 그것을 모랄헤저드 등이라고 말하면 창피를 모를 정도로 심하게는 다가오지 않는다. 이렇게 해서 가타카나어의 베일을 쓴 부끄러움을 모르는 것이 늘어난다.

선거위반과 뇌물은 물론, 정치헌금을 신고하지 않았다거나, 공약을 까맣게 잊었다거나 하는 것도 모럴헤저드가 아니라 부끄러움을 모른다고 말해야만 할 것이다. 선거가 끝난 선생님들, 그것을 잊지 말기를.

☞「害毒(がいどく)を流(なが)す」해독을 끼치다

「平(ひら)たく言(い)うと」알기 쉽게 말하면

「恥知(はじし)らず」몰염치함, 뻔뻔스러움

「동사ます형+たて」(일이 완료되고)금방~

・美人(びじん) 미인

・旧制(きゅうせい) 구제도

・言葉(ことば) 말

・やたら 함부로 함

・稚気(ちき) 치기(어린애 같은 기분)

・愛(あい)する 사랑하다

・氾濫(はんらん) 범람(넘쳐 남)

・起(お)こり 기원, 발단, 시초

・さておき 그건 그렇고

・溢(あふ)れる 넘쳐흐르다

・迷惑千万(めいわくせんまん) 성가시기 짝이 없음

・曖昧(あいまい) 애매함

・害毒(がいどく) 해독

・流(なが)す 흘리다

・検討(けんとう) 검토

・モラルハザード 도덕 장애

JPT 990점 완전정복 해답용지 1회

청해문제 (Part 1~Part 4)

No	ANSWER	No	ANSWER	No	ANSWER	No	ANSWER	No	ANSWER
1	Ⓐ Ⓑ Ⓒ Ⓓ	21	Ⓐ Ⓑ Ⓒ Ⓓ	41	Ⓐ Ⓑ Ⓒ Ⓓ	61	Ⓐ Ⓑ Ⓒ Ⓓ	81	Ⓐ Ⓑ Ⓒ Ⓓ
2	Ⓐ Ⓑ Ⓒ Ⓓ	22	Ⓐ Ⓑ Ⓒ Ⓓ	42	Ⓐ Ⓑ Ⓒ Ⓓ	62	Ⓐ Ⓑ Ⓒ Ⓓ	82	Ⓐ Ⓑ Ⓒ Ⓓ
3	Ⓐ Ⓑ Ⓒ Ⓓ	23	Ⓐ Ⓑ Ⓒ Ⓓ	43	Ⓐ Ⓑ Ⓒ Ⓓ	63	Ⓐ Ⓑ Ⓒ Ⓓ	83	Ⓐ Ⓑ Ⓒ Ⓓ
4	Ⓐ Ⓑ Ⓒ Ⓓ	24	Ⓐ Ⓑ Ⓒ Ⓓ	44	Ⓐ Ⓑ Ⓒ Ⓓ	64	Ⓐ Ⓑ Ⓒ Ⓓ	84	Ⓐ Ⓑ Ⓒ Ⓓ
5	Ⓐ Ⓑ Ⓒ Ⓓ	25	Ⓐ Ⓑ Ⓒ Ⓓ	45	Ⓐ Ⓑ Ⓒ Ⓓ	65	Ⓐ Ⓑ Ⓒ Ⓓ	85	Ⓐ Ⓑ Ⓒ Ⓓ
6	Ⓐ Ⓑ Ⓒ Ⓓ	26	Ⓐ Ⓑ Ⓒ Ⓓ	46	Ⓐ Ⓑ Ⓒ Ⓓ	66	Ⓐ Ⓑ Ⓒ Ⓓ	86	Ⓐ Ⓑ Ⓒ Ⓓ
7	Ⓐ Ⓑ Ⓒ Ⓓ	27	Ⓐ Ⓑ Ⓒ Ⓓ	47	Ⓐ Ⓑ Ⓒ Ⓓ	67	Ⓐ Ⓑ Ⓒ Ⓓ	87	Ⓐ Ⓑ Ⓒ Ⓓ
8	Ⓐ Ⓑ Ⓒ Ⓓ	28	Ⓐ Ⓑ Ⓒ Ⓓ	48	Ⓐ Ⓑ Ⓒ Ⓓ	68	Ⓐ Ⓑ Ⓒ Ⓓ	88	Ⓐ Ⓑ Ⓒ Ⓓ
9	Ⓐ Ⓑ Ⓒ Ⓓ	29	Ⓐ Ⓑ Ⓒ Ⓓ	49	Ⓐ Ⓑ Ⓒ Ⓓ	69	Ⓐ Ⓑ Ⓒ Ⓓ	89	Ⓐ Ⓑ Ⓒ Ⓓ
10	Ⓐ Ⓑ Ⓒ Ⓓ	30	Ⓐ Ⓑ Ⓒ Ⓓ	50	Ⓐ Ⓑ Ⓒ Ⓓ	70	Ⓐ Ⓑ Ⓒ Ⓓ	90	Ⓐ Ⓑ Ⓒ Ⓓ
11	Ⓐ Ⓑ Ⓒ Ⓓ	31	Ⓐ Ⓑ Ⓒ Ⓓ	51	Ⓐ Ⓑ Ⓒ Ⓓ	71	Ⓐ Ⓑ Ⓒ Ⓓ	91	Ⓐ Ⓑ Ⓒ Ⓓ
12	Ⓐ Ⓑ Ⓒ Ⓓ	32	Ⓐ Ⓑ Ⓒ Ⓓ	52	Ⓐ Ⓑ Ⓒ Ⓓ	72	Ⓐ Ⓑ Ⓒ Ⓓ	92	Ⓐ Ⓑ Ⓒ Ⓓ
13	Ⓐ Ⓑ Ⓒ Ⓓ	33	Ⓐ Ⓑ Ⓒ Ⓓ	53	Ⓐ Ⓑ Ⓒ Ⓓ	73	Ⓐ Ⓑ Ⓒ Ⓓ	93	Ⓐ Ⓑ Ⓒ Ⓓ
14	Ⓐ Ⓑ Ⓒ Ⓓ	34	Ⓐ Ⓑ Ⓒ Ⓓ	54	Ⓐ Ⓑ Ⓒ Ⓓ	74	Ⓐ Ⓑ Ⓒ Ⓓ	94	Ⓐ Ⓑ Ⓒ Ⓓ
15	Ⓐ Ⓑ Ⓒ Ⓓ	35	Ⓐ Ⓑ Ⓒ Ⓓ	55	Ⓐ Ⓑ Ⓒ Ⓓ	75	Ⓐ Ⓑ Ⓒ Ⓓ	95	Ⓐ Ⓑ Ⓒ Ⓓ
16	Ⓐ Ⓑ Ⓒ Ⓓ	36	Ⓐ Ⓑ Ⓒ Ⓓ	56	Ⓐ Ⓑ Ⓒ Ⓓ	76	Ⓐ Ⓑ Ⓒ Ⓓ	96	Ⓐ Ⓑ Ⓒ Ⓓ
17	Ⓐ Ⓑ Ⓒ Ⓓ	37	Ⓐ Ⓑ Ⓒ Ⓓ	57	Ⓐ Ⓑ Ⓒ Ⓓ	77	Ⓐ Ⓑ Ⓒ Ⓓ	97	Ⓐ Ⓑ Ⓒ Ⓓ
18	Ⓐ Ⓑ Ⓒ Ⓓ	38	Ⓐ Ⓑ Ⓒ Ⓓ	58	Ⓐ Ⓑ Ⓒ Ⓓ	78	Ⓐ Ⓑ Ⓒ Ⓓ	98	Ⓐ Ⓑ Ⓒ Ⓓ
19	Ⓐ Ⓑ Ⓒ Ⓓ	39	Ⓐ Ⓑ Ⓒ Ⓓ	59	Ⓐ Ⓑ Ⓒ Ⓓ	79	Ⓐ Ⓑ Ⓒ Ⓓ	99	Ⓐ Ⓑ Ⓒ Ⓓ
20	Ⓐ Ⓑ Ⓒ Ⓓ	40	Ⓐ Ⓑ Ⓒ Ⓓ	60	Ⓐ Ⓑ Ⓒ Ⓓ	80	Ⓐ Ⓑ Ⓒ Ⓓ	100	Ⓐ Ⓑ Ⓒ Ⓓ

절취선

JPT 990점 완전정복 해답용지 1회

독해문제 (Part 5~Part 8)

No	ANSWER	No	ANSWER	No	ANSWER	No	ANSWER	No	ANSWER
101	Ⓐ Ⓑ Ⓒ Ⓓ	121	Ⓐ Ⓑ Ⓒ Ⓓ	141	Ⓐ Ⓑ Ⓒ Ⓓ	161	Ⓐ Ⓑ Ⓒ Ⓓ	181	Ⓐ Ⓑ Ⓒ Ⓓ
102	Ⓐ Ⓑ Ⓒ Ⓓ	122	Ⓐ Ⓑ Ⓒ Ⓓ	142	Ⓐ Ⓑ Ⓒ Ⓓ	162	Ⓐ Ⓑ Ⓒ Ⓓ	182	Ⓐ Ⓑ Ⓒ Ⓓ
103	Ⓐ Ⓑ Ⓒ Ⓓ	123	Ⓐ Ⓑ Ⓒ Ⓓ	143	Ⓐ Ⓑ Ⓒ Ⓓ	163	Ⓐ Ⓑ Ⓒ Ⓓ	183	Ⓐ Ⓑ Ⓒ Ⓓ
104	Ⓐ Ⓑ Ⓒ Ⓓ	124	Ⓐ Ⓑ Ⓒ Ⓓ	144	Ⓐ Ⓑ Ⓒ Ⓓ	164	Ⓐ Ⓑ Ⓒ Ⓓ	184	Ⓐ Ⓑ Ⓒ Ⓓ
105	Ⓐ Ⓑ Ⓒ Ⓓ	125	Ⓐ Ⓑ Ⓒ Ⓓ	145	Ⓐ Ⓑ Ⓒ Ⓓ	165	Ⓐ Ⓑ Ⓒ Ⓓ	185	Ⓐ Ⓑ Ⓒ Ⓓ
106	Ⓐ Ⓑ Ⓒ Ⓓ	126	Ⓐ Ⓑ Ⓒ Ⓓ	146	Ⓐ Ⓑ Ⓒ Ⓓ	166	Ⓐ Ⓑ Ⓒ Ⓓ	186	Ⓐ Ⓑ Ⓒ Ⓓ
107	Ⓐ Ⓑ Ⓒ Ⓓ	127	Ⓐ Ⓑ Ⓒ Ⓓ	147	Ⓐ Ⓑ Ⓒ Ⓓ	167	Ⓐ Ⓑ Ⓒ Ⓓ	187	Ⓐ Ⓑ Ⓒ Ⓓ
108	Ⓐ Ⓑ Ⓒ Ⓓ	128	Ⓐ Ⓑ Ⓒ Ⓓ	148	Ⓐ Ⓑ Ⓒ Ⓓ	168	Ⓐ Ⓑ Ⓒ Ⓓ	188	Ⓐ Ⓑ Ⓒ Ⓓ
109	Ⓐ Ⓑ Ⓒ Ⓓ	129	Ⓐ Ⓑ Ⓒ Ⓓ	149	Ⓐ Ⓑ Ⓒ Ⓓ	169	Ⓐ Ⓑ Ⓒ Ⓓ	189	Ⓐ Ⓑ Ⓒ Ⓓ
110	Ⓐ Ⓑ Ⓒ Ⓓ	130	Ⓐ Ⓑ Ⓒ Ⓓ	150	Ⓐ Ⓑ Ⓒ Ⓓ	170	Ⓐ Ⓑ Ⓒ Ⓓ	190	Ⓐ Ⓑ Ⓒ Ⓓ
111	Ⓐ Ⓑ Ⓒ Ⓓ	131	Ⓐ Ⓑ Ⓒ Ⓓ	151	Ⓐ Ⓑ Ⓒ Ⓓ	171	Ⓐ Ⓑ Ⓒ Ⓓ	191	Ⓐ Ⓑ Ⓒ Ⓓ
112	Ⓐ Ⓑ Ⓒ Ⓓ	132	Ⓐ Ⓑ Ⓒ Ⓓ	152	Ⓐ Ⓑ Ⓒ Ⓓ	172	Ⓐ Ⓑ Ⓒ Ⓓ	192	Ⓐ Ⓑ Ⓒ Ⓓ
113	Ⓐ Ⓑ Ⓒ Ⓓ	133	Ⓐ Ⓑ Ⓒ Ⓓ	153	Ⓐ Ⓑ Ⓒ Ⓓ	173	Ⓐ Ⓑ Ⓒ Ⓓ	193	Ⓐ Ⓑ Ⓒ Ⓓ
114	Ⓐ Ⓑ Ⓒ Ⓓ	134	Ⓐ Ⓑ Ⓒ Ⓓ	154	Ⓐ Ⓑ Ⓒ Ⓓ	174	Ⓐ Ⓑ Ⓒ Ⓓ	194	Ⓐ Ⓑ Ⓒ Ⓓ
115	Ⓐ Ⓑ Ⓒ Ⓓ	135	Ⓐ Ⓑ Ⓒ Ⓓ	155	Ⓐ Ⓑ Ⓒ Ⓓ	175	Ⓐ Ⓑ Ⓒ Ⓓ	195	Ⓐ Ⓑ Ⓒ Ⓓ
116	Ⓐ Ⓑ Ⓒ Ⓓ	136	Ⓐ Ⓑ Ⓒ Ⓓ	156	Ⓐ Ⓑ Ⓒ Ⓓ	176	Ⓐ Ⓑ Ⓒ Ⓓ	196	Ⓐ Ⓑ Ⓒ Ⓓ
117	Ⓐ Ⓑ Ⓒ Ⓓ	137	Ⓐ Ⓑ Ⓒ Ⓓ	157	Ⓐ Ⓑ Ⓒ Ⓓ	177	Ⓐ Ⓑ Ⓒ Ⓓ	197	Ⓐ Ⓑ Ⓒ Ⓓ
118	Ⓐ Ⓑ Ⓒ Ⓓ	138	Ⓐ Ⓑ Ⓒ Ⓓ	158	Ⓐ Ⓑ Ⓒ Ⓓ	178	Ⓐ Ⓑ Ⓒ Ⓓ	198	Ⓐ Ⓑ Ⓒ Ⓓ
119	Ⓐ Ⓑ Ⓒ Ⓓ	139	Ⓐ Ⓑ Ⓒ Ⓓ	159	Ⓐ Ⓑ Ⓒ Ⓓ	179	Ⓐ Ⓑ Ⓒ Ⓓ	199	Ⓐ Ⓑ Ⓒ Ⓓ
120	Ⓐ Ⓑ Ⓒ Ⓓ	140	Ⓐ Ⓑ Ⓒ Ⓓ	160	Ⓐ Ⓑ Ⓒ Ⓓ	180	Ⓐ Ⓑ Ⓒ Ⓓ	200	Ⓐ Ⓑ Ⓒ Ⓓ

절취선

JPT 990점 완전정복 해답용지 2회

청해문제 (Part 1~Part 4)

No	ANSWER	No	ANSWER	No	ANSWER	No	ANSWER	No	ANSWER
1	Ⓐ Ⓑ Ⓒ Ⓓ	21	Ⓐ Ⓑ Ⓒ Ⓓ	41	Ⓐ Ⓑ Ⓒ Ⓓ	61	Ⓐ Ⓑ Ⓒ Ⓓ	81	Ⓐ Ⓑ Ⓒ Ⓓ
2	Ⓐ Ⓑ Ⓒ Ⓓ	22	Ⓐ Ⓑ Ⓒ Ⓓ	42	Ⓐ Ⓑ Ⓒ Ⓓ	62	Ⓐ Ⓑ Ⓒ Ⓓ	82	Ⓐ Ⓑ Ⓒ Ⓓ
3	Ⓐ Ⓑ Ⓒ Ⓓ	23	Ⓐ Ⓑ Ⓒ Ⓓ	43	Ⓐ Ⓑ Ⓒ Ⓓ	63	Ⓐ Ⓑ Ⓒ Ⓓ	83	Ⓐ Ⓑ Ⓒ Ⓓ
4	Ⓐ Ⓑ Ⓒ Ⓓ	24	Ⓐ Ⓑ Ⓒ Ⓓ	44	Ⓐ Ⓑ Ⓒ Ⓓ	64	Ⓐ Ⓑ Ⓒ Ⓓ	84	Ⓐ Ⓑ Ⓒ Ⓓ
5	Ⓐ Ⓑ Ⓒ Ⓓ	25	Ⓐ Ⓑ Ⓒ Ⓓ	45	Ⓐ Ⓑ Ⓒ Ⓓ	65	Ⓐ Ⓑ Ⓒ Ⓓ	85	Ⓐ Ⓑ Ⓒ Ⓓ
6	Ⓐ Ⓑ Ⓒ Ⓓ	26	Ⓐ Ⓑ Ⓒ Ⓓ	46	Ⓐ Ⓑ Ⓒ Ⓓ	66	Ⓐ Ⓑ Ⓒ Ⓓ	86	Ⓐ Ⓑ Ⓒ Ⓓ
7	Ⓐ Ⓑ Ⓒ Ⓓ	27	Ⓐ Ⓑ Ⓒ Ⓓ	47	Ⓐ Ⓑ Ⓒ Ⓓ	67	Ⓐ Ⓑ Ⓒ Ⓓ	87	Ⓐ Ⓑ Ⓒ Ⓓ
8	Ⓐ Ⓑ Ⓒ Ⓓ	28	Ⓐ Ⓑ Ⓒ Ⓓ	48	Ⓐ Ⓑ Ⓒ Ⓓ	68	Ⓐ Ⓑ Ⓒ Ⓓ	88	Ⓐ Ⓑ Ⓒ Ⓓ
9	Ⓐ Ⓑ Ⓒ Ⓓ	29	Ⓐ Ⓑ Ⓒ Ⓓ	49	Ⓐ Ⓑ Ⓒ Ⓓ	69	Ⓐ Ⓑ Ⓒ Ⓓ	89	Ⓐ Ⓑ Ⓒ Ⓓ
10	Ⓐ Ⓑ Ⓒ Ⓓ	30	Ⓐ Ⓑ Ⓒ Ⓓ	50	Ⓐ Ⓑ Ⓒ Ⓓ	70	Ⓐ Ⓑ Ⓒ Ⓓ	90	Ⓐ Ⓑ Ⓒ Ⓓ
11	Ⓐ Ⓑ Ⓒ Ⓓ	31	Ⓐ Ⓑ Ⓒ Ⓓ	51	Ⓐ Ⓑ Ⓒ Ⓓ	71	Ⓐ Ⓑ Ⓒ Ⓓ	91	Ⓐ Ⓑ Ⓒ Ⓓ
12	Ⓐ Ⓑ Ⓒ Ⓓ	32	Ⓐ Ⓑ Ⓒ Ⓓ	52	Ⓐ Ⓑ Ⓒ Ⓓ	72	Ⓐ Ⓑ Ⓒ Ⓓ	92	Ⓐ Ⓑ Ⓒ Ⓓ
13	Ⓐ Ⓑ Ⓒ Ⓓ	33	Ⓐ Ⓑ Ⓒ Ⓓ	53	Ⓐ Ⓑ Ⓒ Ⓓ	73	Ⓐ Ⓑ Ⓒ Ⓓ	93	Ⓐ Ⓑ Ⓒ Ⓓ
14	Ⓐ Ⓑ Ⓒ Ⓓ	34	Ⓐ Ⓑ Ⓒ Ⓓ	54	Ⓐ Ⓑ Ⓒ Ⓓ	74	Ⓐ Ⓑ Ⓒ Ⓓ	94	Ⓐ Ⓑ Ⓒ Ⓓ
15	Ⓐ Ⓑ Ⓒ Ⓓ	35	Ⓐ Ⓑ Ⓒ Ⓓ	55	Ⓐ Ⓑ Ⓒ Ⓓ	75	Ⓐ Ⓑ Ⓒ Ⓓ	95	Ⓐ Ⓑ Ⓒ Ⓓ
16	Ⓐ Ⓑ Ⓒ Ⓓ	36	Ⓐ Ⓑ Ⓒ Ⓓ	56	Ⓐ Ⓑ Ⓒ Ⓓ	76	Ⓐ Ⓑ Ⓒ Ⓓ	96	Ⓐ Ⓑ Ⓒ Ⓓ
17	Ⓐ Ⓑ Ⓒ Ⓓ	37	Ⓐ Ⓑ Ⓒ Ⓓ	57	Ⓐ Ⓑ Ⓒ Ⓓ	77	Ⓐ Ⓑ Ⓒ Ⓓ	97	Ⓐ Ⓑ Ⓒ Ⓓ
18	Ⓐ Ⓑ Ⓒ Ⓓ	38	Ⓐ Ⓑ Ⓒ Ⓓ	58	Ⓐ Ⓑ Ⓒ Ⓓ	78	Ⓐ Ⓑ Ⓒ Ⓓ	98	Ⓐ Ⓑ Ⓒ Ⓓ
19	Ⓐ Ⓑ Ⓒ Ⓓ	39	Ⓐ Ⓑ Ⓒ Ⓓ	59	Ⓐ Ⓑ Ⓒ Ⓓ	79	Ⓐ Ⓑ Ⓒ Ⓓ	99	Ⓐ Ⓑ Ⓒ Ⓓ
20	Ⓐ Ⓑ Ⓒ Ⓓ	40	Ⓐ Ⓑ Ⓒ Ⓓ	60	Ⓐ Ⓑ Ⓒ Ⓓ	80	Ⓐ Ⓑ Ⓒ Ⓓ	100	Ⓐ Ⓑ Ⓒ Ⓓ

절취선

독해문제 (Part 5~Part 8)

No	ANSWER	No	ANSWER	No	ANSWER	No	ANSWER	No	ANSWER
101	Ⓐ Ⓑ Ⓒ Ⓓ	121	Ⓐ Ⓑ Ⓒ Ⓓ	141	Ⓐ Ⓑ Ⓒ Ⓓ	161	Ⓐ Ⓑ Ⓒ Ⓓ	181	Ⓐ Ⓑ Ⓒ Ⓓ
102	Ⓐ Ⓑ Ⓒ Ⓓ	122	Ⓐ Ⓑ Ⓒ Ⓓ	142	Ⓐ Ⓑ Ⓒ Ⓓ	162	Ⓐ Ⓑ Ⓒ Ⓓ	182	Ⓐ Ⓑ Ⓒ Ⓓ
103	Ⓐ Ⓑ Ⓒ Ⓓ	123	Ⓐ Ⓑ Ⓒ Ⓓ	143	Ⓐ Ⓑ Ⓒ Ⓓ	163	Ⓐ Ⓑ Ⓒ Ⓓ	183	Ⓐ Ⓑ Ⓒ Ⓓ
104	Ⓐ Ⓑ Ⓒ Ⓓ	124	Ⓐ Ⓑ Ⓒ Ⓓ	144	Ⓐ Ⓑ Ⓒ Ⓓ	164	Ⓐ Ⓑ Ⓒ Ⓓ	184	Ⓐ Ⓑ Ⓒ Ⓓ
105	Ⓐ Ⓑ Ⓒ Ⓓ	125	Ⓐ Ⓑ Ⓒ Ⓓ	145	Ⓐ Ⓑ Ⓒ Ⓓ	165	Ⓐ Ⓑ Ⓒ Ⓓ	185	Ⓐ Ⓑ Ⓒ Ⓓ
106	Ⓐ Ⓑ Ⓒ Ⓓ	126	Ⓐ Ⓑ Ⓒ Ⓓ	146	Ⓐ Ⓑ Ⓒ Ⓓ	166	Ⓐ Ⓑ Ⓒ Ⓓ	186	Ⓐ Ⓑ Ⓒ Ⓓ
107	Ⓐ Ⓑ Ⓒ Ⓓ	127	Ⓐ Ⓑ Ⓒ Ⓓ	147	Ⓐ Ⓑ Ⓒ Ⓓ	167	Ⓐ Ⓑ Ⓒ Ⓓ	187	Ⓐ Ⓑ Ⓒ Ⓓ
108	Ⓐ Ⓑ Ⓒ Ⓓ	128	Ⓐ Ⓑ Ⓒ Ⓓ	148	Ⓐ Ⓑ Ⓒ Ⓓ	168	Ⓐ Ⓑ Ⓒ Ⓓ	188	Ⓐ Ⓑ Ⓒ Ⓓ
109	Ⓐ Ⓑ Ⓒ Ⓓ	129	Ⓐ Ⓑ Ⓒ Ⓓ	149	Ⓐ Ⓑ Ⓒ Ⓓ	169	Ⓐ Ⓑ Ⓒ Ⓓ	189	Ⓐ Ⓑ Ⓒ Ⓓ
110	Ⓐ Ⓑ Ⓒ Ⓓ	130	Ⓐ Ⓑ Ⓒ Ⓓ	150	Ⓐ Ⓑ Ⓒ Ⓓ	170	Ⓐ Ⓑ Ⓒ Ⓓ	190	Ⓐ Ⓑ Ⓒ Ⓓ
111	Ⓐ Ⓑ Ⓒ Ⓓ	131	Ⓐ Ⓑ Ⓒ Ⓓ	151	Ⓐ Ⓑ Ⓒ Ⓓ	171	Ⓐ Ⓑ Ⓒ Ⓓ	191	Ⓐ Ⓑ Ⓒ Ⓓ
112	Ⓐ Ⓑ Ⓒ Ⓓ	132	Ⓐ Ⓑ Ⓒ Ⓓ	152	Ⓐ Ⓑ Ⓒ Ⓓ	172	Ⓐ Ⓑ Ⓒ Ⓓ	192	Ⓐ Ⓑ Ⓒ Ⓓ
113	Ⓐ Ⓑ Ⓒ Ⓓ	133	Ⓐ Ⓑ Ⓒ Ⓓ	153	Ⓐ Ⓑ Ⓒ Ⓓ	173	Ⓐ Ⓑ Ⓒ Ⓓ	193	Ⓐ Ⓑ Ⓒ Ⓓ
114	Ⓐ Ⓑ Ⓒ Ⓓ	134	Ⓐ Ⓑ Ⓒ Ⓓ	154	Ⓐ Ⓑ Ⓒ Ⓓ	174	Ⓐ Ⓑ Ⓒ Ⓓ	194	Ⓐ Ⓑ Ⓒ Ⓓ
115	Ⓐ Ⓑ Ⓒ Ⓓ	135	Ⓐ Ⓑ Ⓒ Ⓓ	155	Ⓐ Ⓑ Ⓒ Ⓓ	175	Ⓐ Ⓑ Ⓒ Ⓓ	195	Ⓐ Ⓑ Ⓒ Ⓓ
116	Ⓐ Ⓑ Ⓒ Ⓓ	136	Ⓐ Ⓑ Ⓒ Ⓓ	156	Ⓐ Ⓑ Ⓒ Ⓓ	176	Ⓐ Ⓑ Ⓒ Ⓓ	196	Ⓐ Ⓑ Ⓒ Ⓓ
117	Ⓐ Ⓑ Ⓒ Ⓓ	137	Ⓐ Ⓑ Ⓒ Ⓓ	157	Ⓐ Ⓑ Ⓒ Ⓓ	177	Ⓐ Ⓑ Ⓒ Ⓓ	197	Ⓐ Ⓑ Ⓒ Ⓓ
118	Ⓐ Ⓑ Ⓒ Ⓓ	138	Ⓐ Ⓑ Ⓒ Ⓓ	158	Ⓐ Ⓑ Ⓒ Ⓓ	178	Ⓐ Ⓑ Ⓒ Ⓓ	198	Ⓐ Ⓑ Ⓒ Ⓓ
119	Ⓐ Ⓑ Ⓒ Ⓓ	139	Ⓐ Ⓑ Ⓒ Ⓓ	159	Ⓐ Ⓑ Ⓒ Ⓓ	179	Ⓐ Ⓑ Ⓒ Ⓓ	199	Ⓐ Ⓑ Ⓒ Ⓓ
120	Ⓐ Ⓑ Ⓒ Ⓓ	140	Ⓐ Ⓑ Ⓒ Ⓓ	160	Ⓐ Ⓑ Ⓒ Ⓓ	180	Ⓐ Ⓑ Ⓒ Ⓓ	200	Ⓐ Ⓑ Ⓒ Ⓓ

정해문제 (Part 1~Part 4)

No	ANSWER	No	ANSWER	No	ANSWER	No	ANSWER	No	ANSWER
1	Ⓐ Ⓑ Ⓒ Ⓓ	21	Ⓐ Ⓑ Ⓒ Ⓓ	41	Ⓐ Ⓑ Ⓒ Ⓓ	61	Ⓐ Ⓑ Ⓒ Ⓓ	81	Ⓐ Ⓑ Ⓒ Ⓓ
2	Ⓐ Ⓑ Ⓒ Ⓓ	22	Ⓐ Ⓑ Ⓒ Ⓓ	42	Ⓐ Ⓑ Ⓒ Ⓓ	62	Ⓐ Ⓑ Ⓒ Ⓓ	82	Ⓐ Ⓑ Ⓒ Ⓓ
3	Ⓐ Ⓑ Ⓒ Ⓓ	23	Ⓐ Ⓑ Ⓒ Ⓓ	43	Ⓐ Ⓑ Ⓒ Ⓓ	63	Ⓐ Ⓑ Ⓒ Ⓓ	83	Ⓐ Ⓑ Ⓒ Ⓓ
4	Ⓐ Ⓑ Ⓒ Ⓓ	24	Ⓐ Ⓑ Ⓒ Ⓓ	44	Ⓐ Ⓑ Ⓒ Ⓓ	64	Ⓐ Ⓑ Ⓒ Ⓓ	84	Ⓐ Ⓑ Ⓒ Ⓓ
5	Ⓐ Ⓑ Ⓒ Ⓓ	25	Ⓐ Ⓑ Ⓒ Ⓓ	45	Ⓐ Ⓑ Ⓒ Ⓓ	65	Ⓐ Ⓑ Ⓒ Ⓓ	85	Ⓐ Ⓑ Ⓒ Ⓓ
6	Ⓐ Ⓑ Ⓒ Ⓓ	26	Ⓐ Ⓑ Ⓒ Ⓓ	46	Ⓐ Ⓑ Ⓒ Ⓓ	66	Ⓐ Ⓑ Ⓒ Ⓓ	86	Ⓐ Ⓑ Ⓒ Ⓓ
7	Ⓐ Ⓑ Ⓒ Ⓓ	27	Ⓐ Ⓑ Ⓒ Ⓓ	47	Ⓐ Ⓑ Ⓒ Ⓓ	67	Ⓐ Ⓑ Ⓒ Ⓓ	87	Ⓐ Ⓑ Ⓒ Ⓓ
8	Ⓐ Ⓑ Ⓒ Ⓓ	28	Ⓐ Ⓑ Ⓒ Ⓓ	48	Ⓐ Ⓑ Ⓒ Ⓓ	68	Ⓐ Ⓑ Ⓒ Ⓓ	88	Ⓐ Ⓑ Ⓒ Ⓓ
9	Ⓐ Ⓑ Ⓒ Ⓓ	29	Ⓐ Ⓑ Ⓒ Ⓓ	49	Ⓐ Ⓑ Ⓒ Ⓓ	69	Ⓐ Ⓑ Ⓒ Ⓓ	89	Ⓐ Ⓑ Ⓒ Ⓓ
10	Ⓐ Ⓑ Ⓒ Ⓓ	30	Ⓐ Ⓑ Ⓒ Ⓓ	50	Ⓐ Ⓑ Ⓒ Ⓓ	70	Ⓐ Ⓑ Ⓒ Ⓓ	90	Ⓐ Ⓑ Ⓒ Ⓓ
11	Ⓐ Ⓑ Ⓒ Ⓓ	31	Ⓐ Ⓑ Ⓒ Ⓓ	51	Ⓐ Ⓑ Ⓒ Ⓓ	71	Ⓐ Ⓑ Ⓒ Ⓓ	91	Ⓐ Ⓑ Ⓒ Ⓓ
12	Ⓐ Ⓑ Ⓒ Ⓓ	32	Ⓐ Ⓑ Ⓒ Ⓓ	52	Ⓐ Ⓑ Ⓒ Ⓓ	72	Ⓐ Ⓑ Ⓒ Ⓓ	92	Ⓐ Ⓑ Ⓒ Ⓓ
13	Ⓐ Ⓑ Ⓒ Ⓓ	33	Ⓐ Ⓑ Ⓒ Ⓓ	53	Ⓐ Ⓑ Ⓒ Ⓓ	73	Ⓐ Ⓑ Ⓒ Ⓓ	93	Ⓐ Ⓑ Ⓒ Ⓓ
14	Ⓐ Ⓑ Ⓒ Ⓓ	34	Ⓐ Ⓑ Ⓒ Ⓓ	54	Ⓐ Ⓑ Ⓒ Ⓓ	74	Ⓐ Ⓑ Ⓒ Ⓓ	94	Ⓐ Ⓑ Ⓒ Ⓓ
15	Ⓐ Ⓑ Ⓒ Ⓓ	35	Ⓐ Ⓑ Ⓒ Ⓓ	55	Ⓐ Ⓑ Ⓒ Ⓓ	75	Ⓐ Ⓑ Ⓒ Ⓓ	95	Ⓐ Ⓑ Ⓒ Ⓓ
16	Ⓐ Ⓑ Ⓒ Ⓓ	36	Ⓐ Ⓑ Ⓒ Ⓓ	56	Ⓐ Ⓑ Ⓒ Ⓓ	76	Ⓐ Ⓑ Ⓒ Ⓓ	96	Ⓐ Ⓑ Ⓒ Ⓓ
17	Ⓐ Ⓑ Ⓒ Ⓓ	37	Ⓐ Ⓑ Ⓒ Ⓓ	57	Ⓐ Ⓑ Ⓒ Ⓓ	77	Ⓐ Ⓑ Ⓒ Ⓓ	97	Ⓐ Ⓑ Ⓒ Ⓓ
18	Ⓐ Ⓑ Ⓒ Ⓓ	38	Ⓐ Ⓑ Ⓒ Ⓓ	58	Ⓐ Ⓑ Ⓒ Ⓓ	78	Ⓐ Ⓑ Ⓒ Ⓓ	98	Ⓐ Ⓑ Ⓒ Ⓓ
19	Ⓐ Ⓑ Ⓒ Ⓓ	39	Ⓐ Ⓑ Ⓒ Ⓓ	59	Ⓐ Ⓑ Ⓒ Ⓓ	79	Ⓐ Ⓑ Ⓒ Ⓓ	99	Ⓐ Ⓑ Ⓒ Ⓓ
20	Ⓐ Ⓑ Ⓒ Ⓓ	40	Ⓐ Ⓑ Ⓒ Ⓓ	60	Ⓐ Ⓑ Ⓒ Ⓓ	80	Ⓐ Ⓑ Ⓒ Ⓓ	100	Ⓐ Ⓑ Ⓒ Ⓓ

절취선

독해문제 (Part 5~Part 8)

No	ANSWER	No	ANSWER	No	ANSWER	No	ANSWER	No	ANSWER
101	Ⓐ Ⓑ Ⓒ Ⓓ	121	Ⓐ Ⓑ Ⓒ Ⓓ	141	Ⓐ Ⓑ Ⓒ Ⓓ	161	Ⓐ Ⓑ Ⓒ Ⓓ	181	Ⓐ Ⓑ Ⓒ Ⓓ
102	Ⓐ Ⓑ Ⓒ Ⓓ	122	Ⓐ Ⓑ Ⓒ Ⓓ	142	Ⓐ Ⓑ Ⓒ Ⓓ	162	Ⓐ Ⓑ Ⓒ Ⓓ	182	Ⓐ Ⓑ Ⓒ Ⓓ
103	Ⓐ Ⓑ Ⓒ Ⓓ	123	Ⓐ Ⓑ Ⓒ Ⓓ	143	Ⓐ Ⓑ Ⓒ Ⓓ	163	Ⓐ Ⓑ Ⓒ Ⓓ	183	Ⓐ Ⓑ Ⓒ Ⓓ
104	Ⓐ Ⓑ Ⓒ Ⓓ	124	Ⓐ Ⓑ Ⓒ Ⓓ	144	Ⓐ Ⓑ Ⓒ Ⓓ	164	Ⓐ Ⓑ Ⓒ Ⓓ	184	Ⓐ Ⓑ Ⓒ Ⓓ
105	Ⓐ Ⓑ Ⓒ Ⓓ	125	Ⓐ Ⓑ Ⓒ Ⓓ	145	Ⓐ Ⓑ Ⓒ Ⓓ	165	Ⓐ Ⓑ Ⓒ Ⓓ	185	Ⓐ Ⓑ Ⓒ Ⓓ
106	Ⓐ Ⓑ Ⓒ Ⓓ	126	Ⓐ Ⓑ Ⓒ Ⓓ	146	Ⓐ Ⓑ Ⓒ Ⓓ	166	Ⓐ Ⓑ Ⓒ Ⓓ	186	Ⓐ Ⓑ Ⓒ Ⓓ
107	Ⓐ Ⓑ Ⓒ Ⓓ	127	Ⓐ Ⓑ Ⓒ Ⓓ	147	Ⓐ Ⓑ Ⓒ Ⓓ	167	Ⓐ Ⓑ Ⓒ Ⓓ	187	Ⓐ Ⓑ Ⓒ Ⓓ
108	Ⓐ Ⓑ Ⓒ Ⓓ	128	Ⓐ Ⓑ Ⓒ Ⓓ	148	Ⓐ Ⓑ Ⓒ Ⓓ	168	Ⓐ Ⓑ Ⓒ Ⓓ	188	Ⓐ Ⓑ Ⓒ Ⓓ
109	Ⓐ Ⓑ Ⓒ Ⓓ	129	Ⓐ Ⓑ Ⓒ Ⓓ	149	Ⓐ Ⓑ Ⓒ Ⓓ	169	Ⓐ Ⓑ Ⓒ Ⓓ	189	Ⓐ Ⓑ Ⓒ Ⓓ
110	Ⓐ Ⓑ Ⓒ Ⓓ	130	Ⓐ Ⓑ Ⓒ Ⓓ	150	Ⓐ Ⓑ Ⓒ Ⓓ	170	Ⓐ Ⓑ Ⓒ Ⓓ	190	Ⓐ Ⓑ Ⓒ Ⓓ
111	Ⓐ Ⓑ Ⓒ Ⓓ	131	Ⓐ Ⓑ Ⓒ Ⓓ	151	Ⓐ Ⓑ Ⓒ Ⓓ	171	Ⓐ Ⓑ Ⓒ Ⓓ	191	Ⓐ Ⓑ Ⓒ Ⓓ
112	Ⓐ Ⓑ Ⓒ Ⓓ	132	Ⓐ Ⓑ Ⓒ Ⓓ	152	Ⓐ Ⓑ Ⓒ Ⓓ	172	Ⓐ Ⓑ Ⓒ Ⓓ	192	Ⓐ Ⓑ Ⓒ Ⓓ
113	Ⓐ Ⓑ Ⓒ Ⓓ	133	Ⓐ Ⓑ Ⓒ Ⓓ	153	Ⓐ Ⓑ Ⓒ Ⓓ	173	Ⓐ Ⓑ Ⓒ Ⓓ	193	Ⓐ Ⓑ Ⓒ Ⓓ
114	Ⓐ Ⓑ Ⓒ Ⓓ	134	Ⓐ Ⓑ Ⓒ Ⓓ	154	Ⓐ Ⓑ Ⓒ Ⓓ	174	Ⓐ Ⓑ Ⓒ Ⓓ	194	Ⓐ Ⓑ Ⓒ Ⓓ
115	Ⓐ Ⓑ Ⓒ Ⓓ	135	Ⓐ Ⓑ Ⓒ Ⓓ	155	Ⓐ Ⓑ Ⓒ Ⓓ	175	Ⓐ Ⓑ Ⓒ Ⓓ	195	Ⓐ Ⓑ Ⓒ Ⓓ
116	Ⓐ Ⓑ Ⓒ Ⓓ	136	Ⓐ Ⓑ Ⓒ Ⓓ	156	Ⓐ Ⓑ Ⓒ Ⓓ	176	Ⓐ Ⓑ Ⓒ Ⓓ	196	Ⓐ Ⓑ Ⓒ Ⓓ
117	Ⓐ Ⓑ Ⓒ Ⓓ	137	Ⓐ Ⓑ Ⓒ Ⓓ	157	Ⓐ Ⓑ Ⓒ Ⓓ	177	Ⓐ Ⓑ Ⓒ Ⓓ	197	Ⓐ Ⓑ Ⓒ Ⓓ
118	Ⓐ Ⓑ Ⓒ Ⓓ	138	Ⓐ Ⓑ Ⓒ Ⓓ	158	Ⓐ Ⓑ Ⓒ Ⓓ	178	Ⓐ Ⓑ Ⓒ Ⓓ	198	Ⓐ Ⓑ Ⓒ Ⓓ
119	Ⓐ Ⓑ Ⓒ Ⓓ	139	Ⓐ Ⓑ Ⓒ Ⓓ	159	Ⓐ Ⓑ Ⓒ Ⓓ	179	Ⓐ Ⓑ Ⓒ Ⓓ	199	Ⓐ Ⓑ Ⓒ Ⓓ
120	Ⓐ Ⓑ Ⓒ Ⓓ	140	Ⓐ Ⓑ Ⓒ Ⓓ	160	Ⓐ Ⓑ Ⓒ Ⓓ	180	Ⓐ Ⓑ Ⓒ Ⓓ	200	Ⓐ Ⓑ Ⓒ Ⓓ

절취선

저자소개

나카무라 하루카

동경여자대학 현대문화학부 지역문화학과(한국문화전공)를
졸업하고 성신여자대학교 대학원 석사과정을 졸업(문학석사)하였다.
수년간 일본어 학원 주임강사를 역임하고
현재 일본에서 연구활동을 계속하고 있다.

1판 2쇄   2010년 10월 30일

저자   나카무라 하루카
발행인   이기선
발행처   제이플러스
            121-826 서울시 마포구 망원2동 467-30
전화   332-8320
팩스   332—8321
홈페이지 www.jplus114.com
등록일자 1998년 12월 9일
ISBN   978-89-92215-55-8

값 16,000원(MP3 CD 포함)
Copyrightⓒ jplus 2008